ANNETTE VON DROSTE-HÜLSHOFF
AM BODENSEE

Walter Gödden   Jochen Grywatsch

ANNETTE VON DROSTE-HÜLSHOFF AM BODENSEE

Ein Reiseführer zu den Droste-Stätten
in Meersburg und Umgebung

mit Fotografien von Karl Heinz Baltzer

Turm-Verlag

Der Verlag dankt der Nyland-Stiftung, Köln, für die
Gewährung eines Druckkostenzuschusses

Die Deutsche Bibliothek – CIP-Einheitsaufnahme
Gödden, Walter :
Annette von Droste-Hülshoff am Bodensee :
Ein Reiseführer zu den Droste-Stätten
in Meersburg und Umgebung /
Walter Gödden ; Jochen Grywatsch.
Mit Fotogr. von Karl Heinz Baltzer.
– Meersburg : Turm-Verl., 1998
ISBN 3-929874-02-4
NE: Grywatsch, Jochen; Baltzer, Karl Heinz [Ill.]; GT

1. Auflage 1998
© Turm-Verlag, Meersburg
Direktvertrieb in Westfalen über den Ardey-Verlag, Münster
Alle Rechte vorbehalten. Dieses Werk sowie einzelne
Teile desselben sind urheberrechtlich geschützt.
Jede Verwertung in anderen als den gesetzlich zulässigen Fällen
ist ohne vorherige Zustimmung des Verlages nicht zulässig.
Printed in Germany
Umschlagbild: Meersburg von Nordwesten
Satz und Lithographie: Rhema – Tim Doherty, Münster
Druck: B.o.s.s und Medien, Kleve
ISBN 3-929874-02-4

INHALT

VORWORT

ZUR EINFÜHRUNG

Warum dieses Buch? 11 – Meersburger Tagebuch 12 –
Dichtung und Wahrheit 15

TEIL 1
DAS ALTE SCHLOSS MEERSBURG

Das alte Schloß 19 – Reisepläne 20 – Vormittags, nachmittags, abends. Notizen zum Tagesablauf 23 – Spaziergänge in „miraculeuser" Luft 27 – Folgen des „Kuraufenthaltes" 29 – Die Bibliothek 30 – Gelehrte Besucher. „Fingernagelporträts" 32 – Der erste Besuch (1841/42) 37 – Eine literarische Koproduktion 37 – Eigene literarische Pläne 39 – Schücking: Förderer und Seelenfreund 42 – Der zweite Besuch (1843/44). Einzug in die Spiegeley 44 – Neue Schaffenslaunen 46 – Der dritte Besuch (1846/48). Das Sterbezimmer 48

TEIL 2
MEERSBURG – BLÄTTERN IM BILDERBUCH DER STADT

Die Stadtschreiberin 55 – Die Lorgnette 58 – Who is Who in Meersburg? Der Apothekergehilfe 59 – Wilhelm von Baumbach 60 – Maximilian Hufschmid 60 – Das Kesselsche Institut im Neuen Schloß 60 – Die Meersburger Klosterfrauen im „Gotteshaus zur Sammlung" 62 – Dr. Kraus 63 – August und Hubert Luschka 63 – Das Lehrerseminar im ehemaligen Priesterseminar 63 – Ludwig Stantz 65 – Franz Xaver Stiele 66 – Ferdinand Tscheppe 67 – Johann Vogel 67 – Was bleibt? Meersburg im Wandel 68 – Wohin in Meersburg? 68 – Das Gasthaus „Zum Bären" und sein Lesekabinett 68 – Ein Liebhabertheater, das im Rathaussaal residiert 69 – Das Gasthaus „Zum Wilden Mann" und sein „stehendes" Theater 70 – Das „Glaserhäusle" 72 – Der Ödenstein 74 – Der „Schussenrieder Hof" 74 – Der „Frieden" 75 – Die „Krone" 75 – Die „Traube" 75

TEIL 3
DAS FÜRSTENHÄUSLE

Das Gebäude und seine Geschichte 81 – Die geschäftstüchtige Winzerin 87 – Das umliegende Rebgelände 88 – Jennys „Krautgarten" und „Lusthäuschen" 89

TEIL 4
AUSFLÜGE IN DIE UMGEBUNG VON MEERSBURG

Die Touristin 93 – Baitenhausen 93 – Birnau 93 – Daisendorf 96 – Ermatingen 96 – Friedrichshafen 97 – Hagnau 97 – Haltnau 98 – Heiligenberg 101 – Hersberg 105 – Hornberg 108 – Kirchberg 109 – Konstanz 110 – Langenargen/Montfort 112 – Ludwigshafen 113 – Mainau 113 – Schloß Salem 113 – Schramberg 115 – Sigmaringen 115 – Stein am Rhein. Rheinfall bei Schaffhausen 116 – Stetten 118 – Stockach 118 – Stuttgart 118 – Überlingen 119 – Uhldingen 119 – Wartensee (Rorschach/Schweiz) 119 –

TEIL 5
SÜDDEUTSCHE REISESTATIONEN DER DROSTE

Reisen durch die Biedermeierzeit 125 – Die Hin- und Rückreise nach Eppishausen 1835/1836 129 – Der erste Meersburg-Besuch 1841/1842 129 – Der zweite Meersburg-Besuch 1843/1844 130 – Der dritte Meersburg-Besuch 1846/1848 131

TEIL 6
DER AUFENTHALT IN DER SCHWEIZ

Literarisches Vorspiel 137 – Erste Pläne zu einem Besuch in der Schweiz 139 – Laßberg und die Droste 139 – Aufbruch nach Eppishausen 140 – Eppishausener Bekanntschaften 145 – Carl Heinrich Imhoff 145 – Dr. Knabenhans 145 – Ottmar Friedrich Heinrich Schönhuth 145 – Bernhard Zeerleder von Steinegg 146 – Literarische Ausbeute 147 – Ausflüge rund um Eppishausen: Altnau 147 – Appenzeller Land (Wildkirchli, Seealpsee) 148 – Bad Pfäfers 149 – Schloß Berg 149 – Biessenhofen 154 – Bischofszell 154 – Glärnisch 156 – Guggenbühl 156 – Hauptwil 156 – Ötlishausen 157 – Rigi 158 – Säntis 158 – Sulgen 159 – Zihlschlacht 159

LITERATUR (AUSWAHL) 161

BILDQUELLEN 164

PERSONENREGISTER 166

Ob ich mich freue nach Haus zu kommen? – nein, Levin, nein – … es wird mir sehr schwer von hier zu gehn
(an Levin Schücking, 15.5.1842)

Dergleichen romantische Wunderlichkeiten können nur in Meersburg passiren, sie gehören zum wunderlichen alten Schlosse mit dem wunderlichen alten Gerümpel darin, zu Laßberg, den Alpen, und dem Herrn Figel …
(an Louise Schücking, 4.3.1844)

Darum gehe ich auch, trotz meines Verlangens nach Hause, doch betrübt von hier … ich habe jetzt zweymal ein ganzes Jahr hier zugebracht, ein paar recht schöne friedliche Abschnitte meines Lebens, wo ich viel gearbeitet, und mich mit jedem Fleckchen der Umgegend eingewöhnt habe, und Gott weiß ob ich wieder her komme
(an August von Haxthausen, 2.8.1844)

Die Schenke am See. Reinschrift für die Gedichtausgabe von 1844.

VORWORT

1998 ist ein ganz besonderes Jahr für die Stadt Meersburg und auch für das Alte Schloß, die Burg Meersburg. Als Wahrzeichen der Stadt und des Bodensees thront die guterhaltene Wehranlage seit Jahrhunderten auf hohem Molassefelsen über der Altstadt und dem See.
In ihren Mauern starb vor 150 Jahren, am 24. Mai 1848, die westfälische Dichterin Annette von Droste-Hülshoff. Seit 1841 hielt sie sich drei Mal im ehemaligen fürstbischöflichen Residenzstädtchen auf und war in dieser Zeit ein stets gern gesehener Gast in der Familie des Burgherrn, des Freiherrn Joseph von Laßberg, der mit ihrer Schwester Jenny verheiratet war.
Nach zeitraubenden, strapaziösen und kostspieligen Reisen am Ziel angekommen, blieb die Autorin immer für längere Zeit. Ihre Aufenthalte im Alten Schloß Meersburg dauerten im Zeitraum 1841/1842 und 1843/1844 jeweils etwa ein Jahr. Der dritte Besuch begann im Oktober 1846 und endete mit ihrem Tod im Revolutionsjahr 1848.
Die Zeit auf der Meersburg wurde zur produktivsten Schaffensphase im Leben der Dichterin. Fern ihrer Heimat und den ihr dort auferlegten Zwängen konnte sie auf der Burg „unbelästigt" leben und sich entfalten. Viele ihrer schönsten und bekanntesten Gedichte entstanden schon beim ersten Besuch, angespornt durch die berühmte „Dichterwette" mit dem jungen Levin Schücking, den sie wie keinen anderen als literarischen Ratgeber schätzte.
Das Andenken an die wohl bedeutendste Dichterin des 19. Jahrhunderts wird auf der Meersburg in Ehren gehalten. Ein Museumsrundgang führt die Besucher in die von ihr ab 1843 bewohnten Räume, man sieht das Wohn- und Sterbezimmer und das Arbeitszimmer, ihre geliebte „Spiegeley". Wer über Leben und Wirken der Dichterin mehr erfahren möchte, kann an speziellen Führungen „Auf den Spuren Annette von Droste-Hülshoffs durch die Meersburg" teilnehmen und weitere Stätten auf der Burg kennenlernen, die mit der Dichterin in Verbindung stehen, wovon Briefe und Gedichte Zeugnis ablegen.
Im Gedenkjahr zum 150. Todestag der Dichterin präsentiert der Turm-Verlag als besonderen Beitrag diesen Reiseführer, der auch Einblicke gibt in das Werk und den Lebensalltag der Dichterin auf der Meersburg. Man ist erstaunt, daß sie trotz ihrer schwachen Gesundheit so viel unterwegs war: Mit der Kutsche zu den Wohnsitzen bekannter Familien und zu sehenswerten Plätzen in der Umgebung. In Meersburg selbst genoß sie ausgedehnte Spaziergänge, auf deren Pfaden noch heute die Meersburger Feriengäste wandeln können. Das Bekenntnis der Droste, „so betrachte ich Meersburg wie die zweite Hälfte meiner Heimath", ist nach der Lektüre des vorliegenden Buches verständlicher denn je.
Die beiden Autoren, Dr. Walter Gödden und Dr. Jochen Grywatsch, mit denen mich eine langjährige herzliche Freundschaft verbindet, haben meine Idee zu diesem Reiseführer hervorragend umgesetzt. Dafür möchte ich ihnen danken und meine Anerkennung aussprechen.

Meersburg, im Februar 1998

Vinzenz Naeßl-Doms
Burgherr auf der Meersburg

ZUR EINFÜHRUNG

WARUM DIESES BUCH?
Soviel auch über die Droste-Stätten am Bodensee geforscht und geschrieben wurde – es fehlte noch immer ein praktischer Reiseführer, der die biographischen und literarischen Bezüge vollständig darbietet. Frühere Untersuchungen hatten ihr Augenmerk ganz wesentlich auf die originären „Anlaufstellen" der Droste gerichtet, auf das Alte Schloß Meersburg und das Fürstenhäusle oberhalb Meersburgs als heutige Droste-Museen. Für das vorliegende Vademekum haben wir hingegen ein umfassendes Gesamtbild angestrebt, das den gesamten Bodenseeraum (einschließlich Schloß Eppishausen im Thurgau) einbezieht und auch sämtliche süddeutschen Reisestationen Annette von Droste-Hülshoffs Revue passieren läßt.

Als wir das vorliegende Buch konzipierten, lag uns nichts ferner als nostalgischer Schmelz oder beschaulich-betuliche Annette-Liebhaberei. Wir wurden eher von journalistischem Interesse und Rechercheelust angetrieben: Ein Projekt-Neustart auf vertrautem Terrain, ein erneutes Durchstöbern und Sortieren tausender zwar bekannter, aber dennoch neu zu sortierender Quellen und Zeugnisse, eine Neubewertung von Memorabilien unterschiedlichster Natur. Das Puzzle, das sich dabei Stück für Stück herauskristallisierte, verfolgt die Absicht, Lebenswirklichkeit und Alltagsrealität eines längst versunkenen Jahrhunderts in Ansätzen wieder aufscheinen zu lassen. Welchen Stellenwert hatten die Meersburger Jahre im Leben der Dichterin? Wie spiegeln sie sich in den Briefen und ihren literarischen Werken wider? Unter welchen Lebensumständen verbrachte die Autorin ihre Jahre am Bodensee? Zahlreiche Verbindungsfäden galt es anzuspinnen und zu entwirren, um einer der wichtigsten Phasen im Leben der Droste auf die Spur zu kommen.

Viele Stätten haben wir erstmals oder noch einmal aufgesucht, haben alte Landkarten studiert, Reiserouten rekonstruiert, haben in den Biographien von vermeintlichen Neben-Neben-Personen geblättert, haben Archive geplündert und nach zeitgenössischem Bildmaterial Ausschau gehalten. Aufbauen konnten wir dabei auf Materialien, die während der letzten beiden Jahrzehnte von der Münsterer Droste-Forschung (Historisch-kritische Droste-Ausgabe) erarbeitet wurden, an der beide Verfasser seit Jahren mitwirken. Die wichtigsten Quellen waren die Korrespondenz der Dichterin und die Aufzeichnungen ihrer Schwester Jenny, verh. von Laßberg, die die Lebensspuren der Droste gleichsam tagebuchartig lebendig werden lassen.

Die Anregung zur vorliegenden Publikation verdanken wir Vinzenz Naeßl-Doms, dem Burgherrn des Alten Schlosses Meersburg, dem die Verfasser in langjähriger Freundschaft verbunden sind. Zahlreichen weiteren Personen, die uns mit Rat und Tat weitergeholfen haben, sind wir zu Dank verpflichtet. An erster Stelle ist hier – wieder einmal – Karl Heinz Baltzer zu nennen, der uns sein umfangreiches Fotoarchiv zur Verfügung stellte. Wertvolle Hilfen erhielten wir von Dr. Franz Schwarzbauer, Kulturamtsleiter der Stadt Meersburg, sowie von Frau Gertrud Schmidt-Nafz, Betreuerin des Droste-Museums „Fürstenhäusle". Ferner gilt unser Dank Heidi Schulte und Lelo Cécile Burkert-Auch für die redaktionelle Durchsicht des Manuskriptes.

Droste-Büste vor der Alten Meersburg.

Meersburg. Lithographie von A. Pecht, ca. 1845. – Zwar gehen die ältesten urkundlichen Nennungen der Meersburg nur bis auf die Jahre 1113 und 1142 zurück, doch bestätigen das Bauwerk selbst und die Anwesenheit Dagoberts I. am Bodensee, auf den nach einer alten Sage die Gründung der Meersburg zurückgehen soll, daß die Burg bereits Anfang des 7. Jahrhunderts erbaut sein muß. 1268 kam sie in die Hand der Bischöfe von Konstanz. Im Zuge der Säkularisation fiel sie 1803 an den badischen Staat, der sie 1838 an Joseph von Laßberg verkaufte.

MEERSBURGER TAGEBUCH

Stellen wir uns Annette von Droste-Hülshoff einmal ganz anders vor. Nicht an ihrem Schreibtisch sitzend und über ihre Manuskripte gebeugt, sondern als ganz normale Sight-Seeing-Touristin, die es ans „schwäbische Meer" verschlagen hat und die nun – Neugierde ist einer ihrer Hauptcharakterzüge – keine Gelegenheit ausläßt, um mit ihrem merkwürdigen „Registrierblick" Land und Leute gleichsam zu „sezieren".

Eine halbe Weltreise hatte sie hinter sich, als sie die Stadtmauern passierte. Und obwohl das Reisen in der Biedermeierzeit – durch den Siegeszug von Dampfschiffahrt und Eisenbahn – viel schneller und auch bequemer geworden war, haftete solchen Expeditionen noch immer der Ruch des Abenteuerlichen an. Annette von Droste-Hülshoff ließ in ihren Reisebildern vom Bodensee keine Gelegenheit aus, um solche Facetten literarisch zu entfalten und zu kultivieren. Wie immer in ihren Briefen, hat sie unendlich viel zu erzählen, zumeist persönlich Gefärbtes, in das Nachrichten über das eigene Befinden, das literarische Schaffen, den Zeitvertreib vor Ort und neue Bekanntschaften und Freunde einflossen; auch ist von Ausflügen und kühnen Reiseplänen die Rede, wobei mehrfach das Stichwort Italien fällt – Wunschträume, die freilich im Sande verliefen. Und dennoch: Es gibt kaum ein Ausflugsziel in der Umgebung, das die Autorin nicht angesteuert hat; vieles davon, das meiste, hat in ihren Briefen einen Nachklang gefunden.

Für die Dichterin wurde der Bodensee zum Dreh- und Angelpunkt einer neuen Welt. Hier konnte sie freier atmen, hier konnte sie vielen Pflichten und Drangsalierungen entfliehen, unter denen sie in der Heimat litt, hier stellte sich, nicht zuletzt durch mannigfache Anregungen und Abwechslung, gesundheitliche Erholung ein. Und hier war sie ungemein schöpferisch. Im Winter 1841/1842 entstand – im Beisein ihres wichtigsten literarischen Partners Levin Schücking – fast ein ganzer Gedichtband, der zweieinhalb Jahre später im renommierten Cotta-Verlag erschien und der Autorin in der literarischen Welt Gehör verschaffte. *Wir haben doch ein Götterleben hier geführt*, resümierte die Autorin später Schücking gegenüber, und: *Unser Zusammenleben ... in Meersburg ⟨war⟩ gewiß die heimischeste und herzlichste Zeit unseres beyderseitigen Lebens, und die Welt kömmt mir seitdem gewaltig nüchtern vor* (Brief vom 10.10.1842).

Durch eine Fügung glücklicher Begleitumstände wurden die Meersburger Jahre zu einem Höhepunkt im Leben der Droste. Die anfänglich nur mit Scheu und Zurückhaltung angetretenen Reisen an den Bodensee wurden mehr und mehr zu Exkursionen in eine Gegend, in der sich die Autorin – auch literarisch – zu Hause fühlte: *So betrachte ich Meersburg wie die zweite Hälfte meiner Heimath und bin auch wirklich recht gern dort, – nicht nur, was den Aufenthalt im Schlosse anbelangte (wo mir wirklich so viele Liebe und Nachsicht mit meinen Seltsamkeiten zu Theile wird ...), sondern auch das Städtchen ist so angenehm, als seine Kleinheit dies irgend gestattet; man ist völlig unbelästigt, kann ganz angenehmen Umgang finden, Music, Lecture, mehr, als man erwarten konnte, und darf auch, andererseits, sich zurückziehn, z. B. wie ich, fast isolirt leben ohne Nachrede und piquirtes Wesen fürchten zu dürfen* (an Philippa Pearsall, 27.8.1844).

Stück für Stück verband die Autorin die neuen Lokalitäten mit Erinnerungen, Stimmungen, Reflexionen. Eine – typisch biedermeierliche – Meersburger Schatztruhe tut sich auf, deren Zeugnisse zusammengenommen einen eigenen kleinen Briefband füllen würden; mit den Gedichten, die damals in Meersburg entstanden, würde sogar ein sehr stattliches Buch daraus.

Aus Übermut, ein wenig wohl auch aus Trotz, konnte in der so ganz anderen Landschaft des Bodenseeraums ein Lieblingstraum der Dichterin Kontur gewinnen: Ihr Wunsch nach einer unbehelligten Poetenexistenz, den sie sich durch den Erwerb des Fürstenhäusles zu erfüllen hoffte. Dort, in ihrem kleinen, oberhalb Meersburgs gelegenem „Tusculum", das sie im November 1843 *zu einem Spottpreis* ersteigerte, wollte sie eine Poeten-Klause aufschlagen und – endlich einmal – ganz nach eigenen Vorstellungen leben und schreiben. Ein weiterer Hoffnungsschimmer in ihrem ereignisarmen Leben, der nicht in Erfüllung gehen sollte.

Zählen wir zusammen: Insgesamt drei Mal besuchte die Droste das alte Meersburger Schloß; zunächst von September 1841 bis Ende Juli 1842; dann, das zweite Mal, von Ende September 1843 bis Ende September 1844; der dritte und letzte Aufenthalt dauerte von September 1846 bis zum Tod der Autorin am 24. Mai 1848. In der Summe sind dies über dreieinhalb Jahre. Rechnen wir noch den Besuch in Eppishausen im Thurgau vom August 1835 bis zum Oktober 1836 hinzu, waren es fast fünf Jahre, die die Droste in der Bodenseeregion zubrachte.

In dieser Zeit schrieb sie rund vierzig Briefe (die jeweils vier Quartseiten umfaßten und im Druck mehrere Seiten füllen) an ihre Familie und Bekannten in Münster (35 aus Meersburg, 4 aus Eppishausen; die Rede ist wohlgemerkt nur von den überlieferten Briefen, zumindest ebenso viele Schreiben gingen nachweislich verloren). Dreizehn dieser Briefe sind an den literarischen und persönlichen Freund Levin Schücking gerichtet, sieben an die Münsterer Freundin Elise Rüdiger; bei acht Schreiben handelt es sich um die üblichen Familienbriefe, die ebenfalls bis zum Rand gefüllt sind mit Nachrichten aus der Ferne. Die gut 120 Briefseiten halten uns auf dem laufenden, wir sind über die Biographie und Umstände der literarischen Produktion der Autorin stets gut informiert. Ergänzungen liefert, wie erwähnt, das Tagebuch ihrer Schwester Jenny, das über den Meersburger Tagesablauf und alle Ausflüge in die Umgebung penibel Protokoll führt.

Insgesamt entstanden in Meersburg etwa 80 literarische Texte. Viele davon geben – eine Art Liebeserklärung – ihren lokalen Bezug schon

Meersburg um 1850. Stahlstich von Joh. Poppel.

Schluß des Briefes der Droste an Jenny von Laßberg vom 29. Januar 1839

im Titel zu erkennen, wie *Am Bodensee, Das Alte Schloß, Am Thurme* oder *Die Schenke am See*. Man wird die Texte unter „Reisebilder vom Bodensee" rubrizieren dürfen, obwohl sie in keiner Gedichtausgabe so firmieren, Reisebilder, die ihren literarischen Rang dadurch beweisen, daß sie sich von jeder traditionellen Bodensee-Hymnik fernhalten und aufgesetztes Pathos durch eine subjektive Bewegtheit ersetzen. Hinzu kommen – im weiteren Sinne – andere, Levin Schücking gewidmete Gedichte wie *An **** (*Kein Wort*), *An **** (*O frage nicht*) und *Lebt wohl*.

Annette von Droste-Hülshoffs Poesien lassen sich jedoch nicht einfach an den Bodensee „verpflanzen". Die Autorin brachte viele ihrer Stoffe lediglich dorthin mit, um sie in einer freieren Atmosphäre mit leichterer Hand niederzuschreiben. So fand sie erst fern ihrer Heimat die Muße und Inspiration, ihre westfälischen Themen – die *Haidebilder* (darunter auch *Der Knabe im Moor*) und die *Westphälischen Schilderungen* – abzuschließen. Die meisten ihrer „typischen" Westfalentexte entstanden also nicht am Weiher vor der Rüschhauser Haustür, sondern fernab der Heimat am *schwäbischen Meer*.

Durch ihre Reisen an den Bodensee wurde

die Droste ein Stück aus ihrer Unmündigkeit entlassen. Hier fand sie ein kulturfreundliches Klima vor, das sie in Westfalen vermißte. Angesichts der geringen Erfolge, die sie dort mit ihren Gedichten hatte, dachte sie sogar daran, sich gänzlich literarisch umzuorientieren. Im August 1844, noch vor Erscheinen ihres zweiten Gedichtbandes, resümierte sie in einem Brief an August von Haxthausen: *Es ist seltsam wie man an Einem Orte (hier in Oberdeutschland, Sachsen, et cet) so gut angesehn, und zugleich an einem andern (Westphalen) durchgängig schlimmer als übersehn seyn kann! – ich muß mich mehr als ich es selber weiß der schwäbischen Schule zuneigen.* In verlegerischer Hinsicht hatte sie diesen Schritt bereits vollzogen. Die Gedichtausgabe erschien im renommierten Cotta-Verlag, der seine Standorte in Stuttgart und Tübingen besaß.

DICHTUNG UND WAHRHEIT

Nicht nur an die literarischen Texte, die damals in Meersburg entstanden, stellte die Autorin höchste Ansprüche, sondern auch an ihre Reisebriefe. Diese zählen zu den farbigsten und lebendigsten der deutschen Briefliteratur. Es handelt sich um wahre Kunstbriefe, an denen die Autorin oft mehrere Tage schrieb und auf die sie unendlich viel Mühe und Energie verwandte. Die Daheimgebliebenen warteten sehnsüchtig auf solche kleinen Geschenke aus der Ferne, deren Eintreffen so etwas wie ein kleiner Festtag im Kalender war. Wenn die Droste eine ellenlange Schilderung ihrer Reise von Rüschhaus nach Meersburg 1846 mit den Worten beschließt: *Sehn Sie, lieb Lies* ⟨gemeint ist Elise Rüdiger⟩, *dies ist mein Reiseroman, einen so ledernen haben Sie wohl Ihre Lebtage nicht gelesen*, so war das natürlich pures understatement. Sie wußte selbst, daß sie – wieder einmal – die hohe Kunst des Briefeschreibens und damit ihr überlegenes literarisches Talent unter Beweis gestellt hatte. Aus dem Briefwerk der Droste lassen sich über hundert kleine, eigenständige Erzählepisoden herauslösen. Viele davon, einige der schönsten, spielen am Bodensee.

Es sind dies Briefe, in denen – ganz anders als bei den oft abgerungenen, letztlich aber erlebnisarmen Familienbriefen – die Erzählfreude der Droste triumphiert. Eine einfache Geschichte konnte zum Ereignis ausstaffiert, ja zum Abenteuer aufgebauscht werden. Einmal ins Erzählen gekommen, vermischten sich dann ein ums andere Mal Dichtung und Wahrheit. Nur zwei kleine Beispiele. Im Herbst 1843 berichtet die Autorin, daß sie bei einem Spaziergang nach Haltnau in ein Unwetter geraten und diesem nur unter Lebensgefahr entkommen sei. In der örtlichen Presse, die genaue Angaben über die Wetterlage enthält, ist jedoch an keiner Stelle von einem Unwetter die Rede. – Im Oktober 1846 in Meersburg eingetroffen, gibt die Droste ihrer Bonner Tante Pauline von Droste-Hülshoff einen ersten Bericht über den Reiseverlauf und erwähnt darin, daß sie

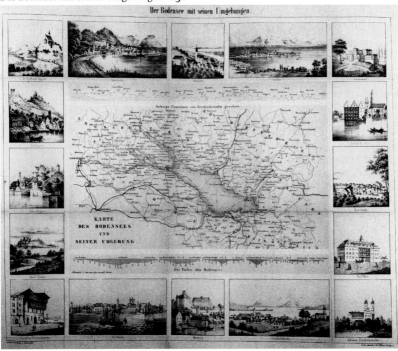

Der Bodensee mit seinen Umgebungen. 1836

– nach einer wahren Odyssee – *Abends sechs Uhr* gesundheitlich angeschlagen in Meersburg *herein triumphirt* sei. Dabei habe sie die letzte Wegstrecke mit einem Lohnfuhrwerk unter halsbrecherischen Umständen zurücklegen müssen. Auch ihrem Bruder Werner gibt sie zu Protokoll, sie sei erst spätabends – allerdings mit Extrapost – in Meersburg eingetroffen, das Bett in ihrem Quartier sei bereits hergerichtet gewesen. Tatsächlich war die Autorin jedoch, wie wir aus dem Tagebuch Jenny von Laßbergs wissen, schon mittags gegen 2 Uhr in Meersburg eingetroffen, und von einer starken gesundheitlichen Schwächung ist aus anderen Quellen nichts zu erfahren.

Die brieflichen, jeweils mehrseitigen Schilderungen sind geradezu Paradebeispiele für biedermeierliche „Musterbriefe", und so wollen wir es der Autorin gerne nachsehen, wenn sie es mit der Wahrheit einmal nicht so genau nimmt, dafür aber – zum Nutzen des heutigen Lesers – um so erlebnisreicher erzählt. Dies gilt insbesondere für die Schilderungen der Hin- und Rückreisen an den bzw. vom Bodensee. Das Frappante daran: Es sammelte sich immer dann lebhafter Erzählstoff an, wenn die Dichterin auf eigene Faust *durch die Welt segelte*, d. h. nicht mit der Familienkutsche (und in Begleitung ihrer Mutter) unterwegs war, sondern mit der öffentlichen Schnellpost (→ S. 125).

Annette von Droste-Hülshoff entwickelte sich zusehends zu einer routinierten Reisenden, die sich zuletzt nicht scheute, auf eigene Faust durch die Lande zu reisen. Dabei wechselte sie später ihre Verkehrsmittel fast nach Belieben. Mehrtägige Reisen an den Bodensee waren für sie mit der Zeit längst keine epochalen Unternehmungen mehr. Auch sie wurde allmählich zu einer „Weltbürgerin" – jener Spezies neuzeitlicher Erdenbürger, die sie in ihrem Romanfragment *Bei uns zu Lande* noch karikiert hatte. Es setzte ein schrittweiser Selbstfindungsprozeß ein, der bewirkte, daß auch die vermeintlich so stockbiedere Annette von Droste-Hülshoff sich *ihr* Stück der „großen Welt" eroberte; sie erweiterte ihren Horizont, lernte, sich mit stets neuen Lebensbedingungen zu arrangieren und sie für sich – biographisch wie literarisch – nutzbar zu machen.

**TEIL 1
DAS ALTE SCHLOSS MEERSBURG**

DAS ALTE SCHLOSS

Auf der Burg haus' ich am Berge,
Unter mir der blaue See,
Höre nächtlich Koboldzwerge,
Täglich Adler aus der Höh',
Und die grauen Ahnenbilder
Sind mir Stubenkameraden,
Wappentruh' und Eisenschilder
Sopha mir und Kleiderladen.

Schreit' ich über die Terrasse
Wie ein Geist am Runenstein,
Sehe unter mir die blasse
Alte Stadt im Mondenschein,
Und am Walle pfeift es weidlich,
– Sind es Käuze oder Knaben? –
Ist mir selber oft nicht deutlich,
Ob ich lebend, ob begraben.

Mir genüber gähnt die Halle,
Grauen Thores, hohl und lang,
Drin mit wunderlichem Schalle
Langsam dröhnt ein schwerer Gang;
Mir zur Seite Riegelzüge,
Ha, ich öffne, laß die Lampe
Scheinen auf der Wendelstiege
Lose modergrüne Rampe,

Die mich lockt wie ein Verhängniß,
Zu dem unbekannten Grund;
Ob ein Brunnen? ob Gefängnis?
Keinem Lebenden ist's kund;
Denn zerfallen sind die Stufen,
Und der Steinwurf hat nicht Bahn,
Doch als ich hinab gerufen,
Donnert's fort wie ein Orkan.

Ja, wird mir nicht baldigst fade
Dieses Schlosses Romantik,
In den Trümmern, ohne Gnade,
Brech' ich Glieder und Genick;
Denn, wie trotzig sich die Düne
Mag am flachen Strande heben,
Fühl' ich stark mich wie ein Hüne,
Von Zerfallendem umgeben.

(Das alte Schloß, 1841/42)

▶ Die Meersburg ist täglich durchgehend für Besucher geöffnet, von März bis Oktober von 9.00 Uhr bis 18.30 Uhr, von November bis Februar von 10.00 Uhr bis 18.00 Uhr.

Als die Droste zum ersten Mal Meersburg besuchte, wußte sie aus brieflichen Nachrichten zumindest in einer Hinsicht, was sie erwartete: Ein ungemein großes Schloß. Ihr Schwager Joseph von Laßberg hatte sich – hauptsächlich aufgrund der unsicheren politischen Lage in der Schweiz – seit Ende 1836 mit dem Gedanken getragen, seinen bisherigen Wohnsitz Schloß Eppishausen (→ S. 140) zu veräußern und sich am Bodensee niederzulassen. Er besichtigte in der Folgezeit mehrere Objekte rund um den See – neben Schloß Meersburg noch Burg Herblingen bei Schaffhausen, Schloß Hersberg bei Immenstaad (→ S. 105) und die Burgen Hohenems und Hinterems bei Bregenz. Seine Wahl fiel schließlich auf die Meersburg, auf die er im Juni 1837 ein Gebot abgab. Nach mehrmonatigem Warten erhielt er im Februar 1838 von der Domänenkammer in Karlsruhe den Zuschlag zum Preis

Schloß Meersburg von Nordwesten. Lithographie um 1860.

von 10 000 statt der ursprünglich veranschlagten 12 000 Gulden.

Im Vorfeld des Kaufes hatte sich die Droste noch skeptisch geäußert: *Wo Laßberg sein* ⟨Lücke im Ms.⟩ *Lager aufschlagen wird, war, nach den letzten Briefen, noch ganz ungewiß, er hat auf Meersburg geboten, aber noch keine Antwort, ich glaube Jenny ⟨wäre⟩ es lieber wenn sie das Gut bey Schaffhausen* ⟨Burg Herblingen⟩ *bekämen, was doch ordentlich auf dem Lande liegt ⟨und⟩ nicht so wüst groß ist, als das Meersburger Schloß mit seinen vier Thürmen, wo sie sich mit ihren vier Domestiquen ganz in verlieren, und obendrein mitten in einem Landstädtchen wohnen, wo die sämmtliche Bevölkerung ihnen von unten auf in die Fenster sieht, da es etwas höher liegt,– mich würde das ganz unglücklich machen, alle Gene einer Stadt ohne ihre Vortheile, außer daß sie die Kirche so nah haben, Jenny rechnet auch noch die Schule für Etwas (es ist nämlich eine Pension da), aber der Laßberg müste ja steinalt werden, wenn er noch erleben wollte, daß die kleinen Stümpchen in Pension kämen* … (an Sophie von Haxthausen, 30.12.1837).

Auch Laßberg selbst hob in der ihm eigenen Orthographie das Monumentale des Gebäudes hervor. Er hatte nämlich „wenigstens 35, meist große heizbare Zimmer, und noch wol ebensoviel oder noch mer andere Gemächer" erworben, „5 Gewölbe Keller, 2 laufende Bronnen mit trefflichem Quellwasser. Eine menge unterirdische gewölbe. Eine zisterne mitten im hause. Burgverließ. Kapelle. Badezimmer. Unterirdischer Gang bis an den Bodensee. Eisgrube. Und was mich über alles freut einen 53 fuß langen und 23 fuß breiten gewölbten, hellen saal, der ehemals zum Archiv diente und in dem ich alle meine bücher, handschriften etc.

Die Meersburg. Zeichnung von Leonhard Hohbach, um 1850

aufstellen kann, mit einem anstoßenden runden gemache, das ich als studien und schreibzimmer benutzen, und von dem ich, durch eine glastüre auf die bücherkasten sehen kann" (an seinen Sohn Hermann von Liebenau, 19.2.1838).

Im September 1838 zog die Familie Laßberg in das Alte Schloß Meersburg ein. Der gesamte Umzug dauerte noch weit bis in das Jahr 1839. In Meersburg wollte sich Laßberg im Alter fast nur noch seiner Familie und seinen wertvollen Sammlungen widmen.

REISEPLÄNE

Schon bald wurden erste Pläne zu einem Besuch der Hülshoffs in Meersburg geschmiedet. Die Mutter der Droste hatte bereits den Umzug der Laßbergs von Eppishausen nach Meersburg mitgemacht. Im Juli 1939 brach sie erneut in Richtung Bodensee auf. Noch ein weiterer Besuch aus Münster machte in dieser Zeit auf der Burg Station. Am 13. August 1839 gab eine Münsterer Bekannte der Droste, die Schriftstellerin Luise von Bornstedt, von dort aus zu Bericht: „fern über Berg und Thäler befinde ich mich wunderbarer Weise umgeben von einer Art westphälischen Heimath …; zu allen Fenstern … sieht der majestätische See hinein, und zwar azur blau oder gold schillernd wenn er nicht in Regen und Nebel mit den Wolken vermischt einem dampfenden riesigen Wasserbecken gleicht, übrigens aber gefallen wir uns so außerordentlich hier das ich nur mit Wehmuth daran denken kann daß über wenigen Wochen 180 Stunden Weges zwischen dem mir schon so heimathlichen Aufenthalt von Meersburg nach Münster liegen werden." Schmackhaft gemacht werden sollte der Droste ihr erster Besuch am Bodensee aber nicht nur durch solche blumigen Worte, sondern auch durch immer neue Briefe ihrer Schwester. Am 16. Dezember 1839 schrieb Jenny von Laßberg der Droste: „… überhaupt ists hier doch viel besser ⟨als in Eppishausen⟩, ich weiß gewiß liebe Nette, daß du 10mal lieber hier sein würdest, die Leute sind ganz anders als die Schweizer, und fast wie bei uns die Bürger in Münster, sehr höflich, viel gebildeter als im Thurgau, nicht neugierig, aber freilich nicht so religiös als bei uns, doch gibt es hier auch viele die fast täglich zur Kirche gehen."

Im Januar 1840 schrieb Jenny ihrer Mutter: „überhaupt zeigen sich die Meersburger gegen uns sehr freundschaftlich, und besonders trägt das Seminar (→ S. 63) sehr zu unserer Zufriedenheit bei, die Lehrer sind so wohlerzogene bescheidene junge Leute, die für alles Interesse haben, besonders für Musik, das wäre angenehm für Nette." Ein weiteres Schreiben Jennys an ihre Schwester ist vom 29. April 1840 überliefert: „gewiß wird es dir hier ungleich besser gefallen als in Eppishausen, auch findest du im

Sommer sehr viel Unterhaltung, sowohl durch Musik, als in andrer Hinsicht."
Doch alle Überredungsversuche halfen nichts. Auch im Spätsommer 1840 ließ die Droste ihre Mutter allein reisen und verschanzte sich hinter dem Vorwand, ihre desolate Finanzlage lasse eine Mitreise nicht zu. Tatsächlich wirkten jedoch die negativen Erfahrungen des Eppishausen-Aufenthaltes 1835/36 (→ S. 140) noch immer nach. Hinzu kam ihre Befürchtung, in Meersburg nicht *ungenirt* leben zu können, d. h. zuviel Rücksicht auf andere Personen nehmen zu müssen. Außerdem hatte die Droste durch die Mitarbeit an Projekten Schückings einige erfolgsprechende literarische Fäden angesponnen, die durch ein Jahr „in der Fremde" wieder hätten zunichte werden können.

Die Mutter brachte für die Entscheidung ihrer Tochter, im Rüschhaus zurückzubleiben, kein Verständnis auf. Sie ließ Laßberg wissen: „daß Nette mich nicht begleitet, wissen Sie, lieber Laßberg gewiß schon. Da ich ihre Entschuldigung nicht allein übernehmen wollte, so schrieb sie am Tage meiner Abreise einen langen Brief an die liebe Jänny, wo sie ihr alle ihre Gründe weitläufig auseinandersetzte. Ein großer Teil von dem, was sie sagt, ist wahr, andern Teils aber geht es der guten Nette wie vielen unverheyratheten Frauenzimmern, Gemächlichkeit ist ein Hauptzug des Karakters, und diesem Hange kann sie nirgens so ungestört folgen, wie in Rüschhaus, wo sie (besonders jetzt) vollkommen souverain herrscht, ebenso unumschränkt wie Adam im Paradies vor Erschaffung seiner lieben Hälfte" (Brief vom 27.10.1840).

Die Droste ihrerseits war froh, die Absage durchgesetzt zu haben. Sie sei eine *Stockmünsterländerinn* und finde *den münsterischen Mond bedeutend gelber als den schweizer*, schrieb sie am 20. Juli 1841 ihrem Onkel August von Haxthausen. Ihrem Vetter Reinhard von Brenken hatte sie einige Monate zuvor gestanden: *Von Meersburg erhielt ich vor vierzehn Tagen die letzten Nachrichten. Damals war Gottlob Alles wohl dort, und die Kälte noch nicht so groß, ein Umstand, nach dem ich mich immer erkundige, denn der Himmel weiß, wie es mich gefroren hat vor fünf Jahren in der Schweiz. Doch ists am See immer gelinder, und meine Mutter schreibt schon vor acht Wochen, daß die Schweiz seit vierzehn Tagen schneeweiß vor ihr liege. Gott segne mir unser Westphalen!* (Brief vom 19.1.1841)

In der Tat waren die ersten Schilderungen, die die Autorin von Meersburg aus durch ihre Mutter erhielt, nicht gerade verlockend. Sie erinnerten sie stark an Eppishausen und den dortigen eisigen Winter 1835/36. Ihre Mutter hatte geschrieben: „Es ist hier doch schon recht kalt,

Jenny von Laßberg. Zeichnung von Leonhard Hohbach, 1848

die Schweiz liegt schneeweiß vor mir, und die hiesigen großen Zimmer sind doch kaum lauwarm zu nennen. Du frörst rein tot, wärst jetzt schon längst begraben" (Brief vom 11.12.1840). Der Aufenthalt der Droste in Meersburg war jedoch allenfalls „aufgeschoben" und keineswegs „aufgehoben". Als die Reise dann, wie die Droste sagte, erneut *auf's Tapet* kam, stand sie für sie unter anderen, günstigeren Vorzeichen. Levin Schücking, ihr 17 Jahre jüngerer literarischer Freund, konnte mit von der Partie sein (→ S. 42). Am 19. September 1841 verabschiedete sich die Droste brieflich von Christoph Bernhard Schlüter. Noch einmal brachte sie ihre mit der Abreise verbundenen gemischten Gefühle zum Ausdruck: *Obwohl ganz begraben in Kleidern und Papieren, und in all dem Tumulte der einer Abreise vorher zu gehn pflegt, kann ich doch unser gutes Ländchen nicht auf mehrere Monate verlassen, ohne meinem liebsten Freunde Lebewohl zugerufen zu haben, – es ist nämlich nach vielem Hin und herschwanken, wobey ich mich zuletzt für völlig passiv erklärt, und Alles dem Willen Gottes und meiner Mutter überlassen habe, endlich festgesetzt, daß ich meine Schwester nach Meersburg begleiten, den Winter über dort bleiben und im Frühlinge von meinem Bruder wieder abgeholt werden soll, ... – kurz, es ist mahl so! ich reise mit! und bemühe mich der Sache die angenehmste Seite abzugewinnen, da mir doch mahl die Qual der Wahl nicht geworden ist – auch soll der Aufenthalt in Meersburg um Vieles angenehmer seyn als der in Eppishausen, schon des einträchtigen friedlichen Woh-

Die Meersburg, Ostseite. Heutige Ansicht.

nens unter Glaubensgenossen und im Schutze geordneter Gesetze wegen, was man dort so drückend vermißte ... Gott bewahre mich vor dem Heimweh! ich habe es das vorige Mahl ⟨in Eppishausen⟩ auf eine arge Weise gehabt – indessen werde ich doch keine Viertelstunde allein seyn können, ohne daß meine Gedanken in Rüschhaus, Hülshoff, Münster wären ...".

Zwei Tage später erfolgte die Abreise. Am 30. September traf man nach Zwischenstationen in Köln, Bonn, Königswinter, Koblenz, Mainz und Mannheim, Tübingen und Stockach in Meersburg ein.

Levin Schückings Ankunft erfolgte am 9. Oktober. In seinen „Lebenserinnerungen" entwirft er folgendes Stimmungsbild über seinen „Einzug ins Schloß":

„Es war dunkel geworden, als ich, von dem reizenden alten Reichsstädtchen Ueberlingen herkommend, vor dem Posthaus im oberen Meersburg abgesetzt wurde; in nächtlichem Dunkel schon schritt ich über die Holzbrükke, welche über den tiefen, in die Felsen gehauenen Burggraben des alten Schlosses an das Burgthor führt. Unten in der Tiefe rauschte eine Mühle, glänzten die Lichter des am Seeufer liegenden unteren Theiles des Städtchens und drüber weithin leuchtete im Sternenlicht wie matter Stahl die Fläche des Bodensees. Ein alter Burgwart öffnete das Eingangspförtchen: sein Laternenlicht fiel in dem langen niederen Thorgewölbe, das ich betrat, auf eine Tafel mit einem großen Beil über einer ausgestreckten Hand und der Unterschrift ‚Burgfrieden', und dann in die tückischen Augen eines schwarzen Hatzrüden, der mich höchst mißtrauisch anschnupperte. In den Hof herab, der sich gegen den See hin öffnete, fiel der Lichtschein der erhellten Wohngemächer im ersten Stock des Burggebäudes: im Inneren führte eine Holztreppe zu ihnen empor, und ich stand bald vor dem alten Freiherrn, dem letzten zum Ritter geschlagenen Manne im römischen Reiche und berühmt als ‚Meister Sepp von Eppishusen' bei allen schwäbischen Geschichtsfreunden und bei allen Germanisten in deutschen Landen. Eine hohe, trotz seiner Jahre sich straff aufrecht haltende Gestalt mit einem schönen, ausdrucksvollen Kopfe, mit edlen, aber mehr strengen und verschlossenen als offenen Zügen, mit weißem Haar unter einem rothen Käppchen und in einem grünen Schnürrock erhob er sich von einer Tric-Trac-Tafel, an der er mit einem Bekannten aus dem Städtchen spielte, und bewillkommnete mich freundlich, mit der aristokratischen Hand seinen dünnen weißen Knebelbart zupfend. Wie ganz zu seiner Burgfrau geschaffen, stand sein Gemahl neben dem alten siebzigjährigen Ritter – ebenfalls eine hohe schlanke Gestalt mit schwanenhaft vorgebeugtem Hals und seinen edlen Zügen, nicht im mindesten der Schwester Annette ähnlich: Niemand in der Welt hätte sie für desselben Blutes Kinder gehalten. Die letztere kam, schwer athmend wie immer, wenn es für sie Treppen zu ersteigen galt, aus ihren Gemächern herüber; dann tauchten noch zwei kleine Mädel von fünf oder sechs Jahren auf, des alten Herrn Zwillingstöchterchen, und darauf beschränkte sich der Kreis der Insassen der weiten alten Schloßburg."

Am Bodensee

Ueber Gelände, matt gedehnt,
Hat Nebelrauch sich wimmelnd gelegt,
Müde, müde die Luft am Strande stöhnt,
Wie ein Roß, das den schlafenden Reiter trägt;
Im Fischerhause kein Lämpchen brennt,
Im öden Thurme kein Heimchen schrillt,
Nur langsam rollend der Pulsschlag schwillt
In dem zitternden Element.

Ich hör' es wühlen am feuchten Strand,
Mir unter'm Fuße es wühlen fort,
Die Kiesel knistern, es rauscht der Sand,
Und Stein an Stein entbröckelt dem Bord.
An meiner Sohle zerfährt der Schaum,
Eine Stimme klaget im hohlen Grund,
Gedämpft, mit halbgeschlossenem Mund,
Wie des grollenden Wetters Traum.

Ich beuge mich lauschend am Thurme her,
Sprühregenflitter fährt in die Höh',
Ha, meine Locke ist feucht und schwer!
Was treibst du denn, unruhiger See?
Kann dir der heilige Schlaf nicht nahn?
Doch nein, du schläfst, ich seh es genau,
Dein Auge decket die Wimper grau,
Am Ufer schlummert der Kahn.

Hast du so Vieles, so Vieles erlebt,
Daß dir im Traume es kehren muß,
Daß deine gleißende Nerv' erbebt,
Naht ihr am Strand eines Menschen Fuß?
Dahin, dahin! die einst so gesund,
So reich und mächtig, so arm und klein,
Und nur ihr flüchtiger Spiegelschein
Liegt zerflossen auf deinem Grund.

Der Ritter, so aus der Burg hervor
Vom Hange trabte in aller Früh;
– Jetzt nickt die Esche vom grauen Thor,
Am Zwinger zeichnet die Mylady. –
Das arme Mütterlein, das gebleicht
Sein Leichenhemde den Strand entlang,
Der Kranke, der seinen letzten Gang
An deinem Borde gekeucht;

Das spielende Kind, das neckend hier
Sein Schneckenhäuschen geschleudert hat,
Die glühende Braut, die lächelnd dir
Von der Ringelblume gab Blatt um Blatt;
Der Sänger, der mit trunkenem Aug'
Das Metrum geplätschert in deiner Flut,
Der Pilger, so am Gesteine geruht,
Sie Alle dahin wie Rauch!

Bist du so fromm, alte Wasserfey,
Hältst nur umschlungen, läßt nimmer los?
Hat sich aus dem Gebirge die Treu'
Geflüchtet in deinen heiligen Schoos?
O, schau mich an! ich zergeh wie Schaum,
Wenn aus dem Grabe die Distel quillt,
Dann zuckt mein längst zerfallenes Bild
Wohl einmal durch deinen Traum!

(1841/1842)

VORMITTAGS, NACHMITTAGS, ABENDS.
NOTIZEN ZUM TAGESABLAUF

Bei ihrem ersten Besuch mußte die Droste zunächst zahlreiche „offizielle" Begrüßungszeremonien über sich ergehen lassen: *Es ist hier bisher so kunterbunt zugegangen Jedermann hat seine Schuldigkeit thun, und uns begrüßen*

Die Meersburg von Nordwesten. Heutige Ansicht.

Die Meersburg von Westen. Heutige Ansicht.

wollen, alle Tage Besuche geben oder nehmen, und, wenn noch ein Stündchen übrig blieb, in der Gegend umher galoppiren, um die schöne Landschaft recht mit Löffeln einzunehmen, schreibt sie am 30. Oktober 1841 an Elise Rüdiger. Sie habe ihr *Lebtage ... nicht geglaubt, daß ich so viel Strapazen verdauen könnte aber Abends war ich auch so hin, daß ich mich mit Gewalt aufrütteln mußte, um nicht in den Kleidern aufs Bett zu fallen* (ebd.). Nachdem der erste Begrüßungstrubel abgeebbt war, kehrte der Alltag ein. Er verlief nach einem regelmäßigen Tagesplan, der in den Wintermonaten wie folgt aussah: *bis es so warm im Zimmer geworden ist, daß ich aufstehn kann, und bis ich dann meine Strümpfe gestopft, gefrühstückt, mich angekleidet, und einen kleinen Besuch bey Jenny und den Kindern gemacht habe, ist es immer schon halb elf oder zehn, und ich muß jede Minute zu Rathe halten, wenn ich diesen Winter ⟨in literarischer Hinsicht⟩ was Ordentliches zu Stande bringen will.*
Bis zum Mittagessen, das auf 12 Uhr festgesetzt war, blieben der Autorin also eineinhalb bis zwei Stunden zur literarischen Arbeit. Gelegentlich unternahm sie in dieser Zeit noch „eine kleine Reise über allerlei Corridore und Treppen", um Schücking in seinem „Bücherthurm" aufzusuchen (Schücking: Lebenserinnerungen).
Mittags wurde dann lange zu Tisch gesessen, wobei jeder über seinen Zeitvertreib berichtete (*hier gehts einen Tag wie den Andern, – das Gespräch dreht sich ohne Abwechslung um die Kinder, die Blumen, die Vögel, und die Manusskripte*), aber auch viel über Literatur gesprochen wurde (*wir haben uns mit den Ni-*

belungen zu Tische gesetzt, und sind damit aufgestanden). Hierauf hieß es dann (ab etwa 15 Uhr) *spazieren ... bis es dunkel und der Nachmittag hin ist.*
Abends traf man sich zur geselligen Runde im Speisezimmer. Dann erschien – eine jahrelange feste Tradition auf der Burg – Maximilian Hufschmid (→ S. 60), um mit Laßberg das Brettspiel „Langer Puff" zu spielen, während die Droste mit Schücking und ihrer Schwester ihre neu entstandenen Texte durchsprach (*Jeden Abend um Acht, wenn wir schon Alle im Speisezimmer sind, Laßberg aber noch seine Parthie erst ausspielt, lese ich Jenny und Schücking vor was ich den Tag geschrieben;* an Therese von Droste-Hülshoff, 28.1.1842).
Gelegentlich glänzte die Droste bei solchen Abendgesellschaften mit dem Erzählen ihrer berüchtigten Gespenstergeschichten. Wir wissen dies aus einem Brief des Freiherrn von Brenken, der im Mai 1842 das Schloß besucht hatte: „Dann kam Nette, und erzählte uns ... die furchtbarsten Geschichten von Dingen, die da sind, und nicht sein sollen."
Die Droste unterhielt auch mit Gesangsdarbietungen. Am 26. November 1841 berichtete Laßberg seinem Freund Leonhard Hug, daß seine Schwägerin „mit einer brillanten Singstimme und wirklich gründlichen musikalischen Talenten und Fertigkeit" ausgestattet sei. Im März 1844 schrieb Jenny von Laßberg in einem Familienbrief: „Nette sitzt neben mir und singt eine Arie um die andere, es geht ihr wohl und sie ist sehr munter ..."
Die späten Abendstunden gehörten wieder der literarischen Arbeit. Dann wurde *bey Licht* das *bereits Fertige ... abgeschrieben* – eine für

die Autorin mühselige, allerdings mit Blick auf eine Veröffentlichung unverzichtbare Arbeit, bei der sie von ihrer Schwester und Schücking unterstützt wurde: *ich sehe ein eigenhändiges Abschreiben vor Augen, was mit der Schneckenpost gehn, und mich dennoch sehr angreifen wird. – Zum Glück haben Jenny und Schücking mir in Meersburg schon ein gutes Stück vorgearbeitet, säh' ich das Ganze vor mir, so ließ ich die Hände in den Schooß fallen, und nähm statt des Lorbeers mit der Schlafmütze vorlieb* (an Sibylle Mertens-Schaaffhausen, 24.5.1843). Teilweise entstanden in den Abendstunden noch neue Texte: ⟨*Ich liege*⟩ *wach im Bette, und mache im Dunkeln Gedichte … die ich nicht in die Sammlung* ⟨*die Gedichte 1838*⟩ *gegeben habe, und mit denen die zerstreut* ⟨*hinzu*⟩*gekommen sind, könne ich es wohl bis Frühjahr zu einem zweyten Bändchen bringen* (an Elise Rüdiger, 18.12.1841). Gelegentlich konnte es zu mißliebigen Störungen dieser festen „Haus- und Tagesordnung" kommen, nämlich dann, wenn sich Besucher einstellten oder unverhofft eintrafen: *es geht hier jetzt so bunt zu, fast kein Tag ohne Besuch (NB: zumeist Damen) wo meine Unterhaltung das Beste thun muß (da Jenny den ganzen Tag in der Erde kratzt) daß man beym Aufstehn Morgens nie weiß, ob man nach der Dampfbootstunde noch zu einer einzigen Zeile kömmt* (an Schücking, 27.5.1842). Am 4. März 1844 klagt die Droste Louise von Gall: *Wir haben Damenbesuch gehabt, keinen der Rede werthen, aber um desto zeitraubenderen, da ich natürlich um so mehr muß ziehen helfen, je schwerer die Unterhaltung rutscht, so komme ich erst heute wieder zum Schreiben … sie* ⟨*die Fürstin Salm-Reifferscheidt*⟩ *ist eine gute freundliche Seele, und ich habe ihr nun auch versprochen auf einige Tage zu ihr zu kommen, wenns erst sonnig und grün draußen ist, obwohl ich meine Zeit sehr nöthig habe – nicht als wenn ich so fleißig wäre, Sie würden mich faul nennen, liebe Louise, es geht mancher Tag hin, wo ich keine Feder ansetze, aber dann bin ich unwohl, nicht grade krank, aber auf den Punkt es zu werden, und muß ohne Gnade meinen Tag zwischen Spazieren und Ausruhn vertheilen, um über solche halbe Anfälle weg zu kommen, – die Zeiten wo ich arbeiten kann sind mir gar karg zugemessen und ein Schatz den ich nur mit blutendem Herzen auswärts verschleudere, während es doch doppelt fatal ist in der Schwebe zwischen gesund und krank unter Fremden noch charmant seyn zu müssen, – deshalb hacke ich mich in meinem Stalle fest wie eine störrige Geis.*

Zumindest einige Zeit nahm auch die Beaufsichtigung und Betreuung der 1836 geborenen Laßberg-Zwillinge Hildegard und Hildegunde in Anspruch. Rechnet man noch einige, freilich

Hildegard und Hildegunde von Laßberg. Zeichnung von J. Gause, 1839.

nicht allzu häufige Besuche in der Stadt mit ein (*Ich gehe zuweilen zu Kessels oder den guten Klosterfrauen*), so wird deutlich, wie knapp die Zeit für die literarische Beschäftigung bemessen war. Wenn Schücking in seinen „Lebenserinnerungen" anführt: „Sie aber zog es vor, zu sinnen, zu träumen, und wenn es hoch kam, einen nöthigen Brief in die Heimath zu schreiben", will man ihm das nicht ganz abnehmen. Die Vielzahl neu entstandener Texte bezeugt im Gegenteil, daß die Droste im Meersburger Winter höchste Konzentration auf ihre literarische Arbeit verwandte, statt, wie im Rüschhaus, in den Tag hineinzuleben und sich dem Müßiggang hinzugeben.

Die letzten Tage vor der Heimreise waren gänzlich verplant. Das offizielle Besuchskarussell kam wieder in Schwung. Die Autorin war nicht mehr ihre eigene Herrin, sondern wurde *umgetrieben wie ein Mühlenrad*. Am 27. August 1844 schreibt sie an Philippa Pearsall: *Hätten sich nur nicht so viele Bekannte für diese wenigen Tage zum Abschiedsbesuchen ansagen lassen, so käme ich doch noch im Fluge zu Ihnen; nun aber darf ich nicht von der Stelle …* An anderer Stelle spricht sie von den *Vorqualen* ihrer Abreise und führt dabei neben dem *Packen meiner verschiedenen Kisten* auch Abschiedsbesuche in Schloß Berg (→ S. 149), Hersberg (→ S. 105) und Wartensee (→ S. 119) (*jeder Ort für mehrere Tage*) sowie in Konstanz und Bischofszell an (Brief an Levin und Louise Schücking, 20.6.1844). Bei solchen Gelegenheiten müsse sie ihr *Leben mit melancholischem Lächeln und Händedrücken hinbringen* (an Schücking, 27.5.1842).

Die Meersburg von Nordwesten. Zeitgenössische Ansicht.

Obwohl man auf der Meersburg vorwiegend mit sich selbst beschäftigt war (Laßberg mit seinen Manuskripten, Jenny neben den häuslichen Pflichten mit der Blumenzucht), verwandte man viel Mühe auf kleine Familienfeiern. Über ihren Namenstag (Elisabeth) am 19. November 1843 berichtet die Droste: *wir haben tüchtig gelacht, und ich bin sehr hübsch beschenkt worden, – Mineralien – griechische Silbermünzen – ein Dampfboot als Schreibzeug, – zwey Mundtassen – ein geschliffenes Glas – aber mit dem Schreiben war's vorbey ...* (an Elise Rüdiger, 22.11.1843).

Viel Aufwand wurde zum Namenstag von Laßbergs Sohn Carl betrieben: *Wir haben am 4ten November seinen Namenstag gefeyert, nach unsern besten Kräften, Laßberg und Jenny mit sehr schönen Geschenken, wir Andern mit kleinen aber gutgemeinten, – auch die Kinder brachten ein Trinkglas und eine Mundtasse, trugen Kränzchen und sagten ein paar Verse her, das freute ihn am allermeisten, er war feuerroth, dem Weinen nahe, und sagte „Gott segne die klein Mädele, daß sie den alten Bruder so lieb habent"* (ebd.). Auch Laßberg wurde zu seinem Namenstag (19. März) immer wieder mit Geschenken überrascht. 1842 verfaßte die Droste für ihre Nichten Hildegunde und Hildegard einige kindliche Verse, die diese bei der Gratulation aufsagten (*Bin noch ein kleines Kind; Wärm dir, wärm deine liebe Hand*).

Auch an kirchlichen Feiertagen und am Neujahrsfest war man in Meersburg in bester Festtags- und Feierlaune. *Vorgestern, am Silvestertage, habe ich die letzte Zeile geschrieben, und bis Mitternacht gearbeitet, weil es mir ominös schien nicht mit dem Jahre zugleich abzuschließen; – Ich hatte eben mein Dintefaß zugemacht, und kleidete mich aus, als die Glocke schlug, und, unter lautem Hurrah, eine Gewehrsalve die neue Zeit ein- und mein Manuskript todt- oder ihm Victoria schoß, – was von Beydem? ... Gestern verging unter Kirchengehn, Besuch, Neujahr-Abgewinnen, kurz dem ganzen Einzugstrouble der neuen Epoche, und heute läuft Alles wieder im alten Gleise ...* (an Elise Rüdiger, 5.1.1844).

Solche Tage bildeten jedoch die Ausnahme. *Wir leben hier so ruhig voran, ohne sonderliche Abwechslung,* berichtet die Droste am 5. Januar 1844 Elise Rüdiger – diesmal bereits bezogen auf ihren zweiten Meersburg-Besuch 1843/44. An Schücking schrieb sie: *Was ich in meiner Einsamkeit treibe? – ich lese, beendige die Abschrift meiner Gedichte, und sehe mir in der Dämmerung über den See das Abendroth an, was eigends mir zu Liebe in diesem Jahre unvergleichlich schön glüht,– ich wollte, Sie könnten's mit ansehn,– auch der See und die Alpen waren im September und Octomber fast täglich mit Tinten überhaucht, von denen ich früher keine Vorstellung gehabt,– alle Zacken der Alpenreihe roth wie glühendes Eisen, und scheinbar durchsichtig,– andre Mahle der See vollkommen schmaragdgrün, auf jeder Welle einen goldnen Saum. – Es ist mir unbegreiflich, daß ich habe ein rundes Jahr hier seyn können, ohne daß nur Ein solcher Moment eintrat, und jetzt war es mindestens ein um den andern Tag, und ich habe mir fast die Augen schwach daran gesehn. – Ach, es ist doch eine schöne schöne Gegend! Sie kennen sie nur noch gar nicht in ihrem beau jour – Sie sehn, die Natur thut Alles, mir an Poesie von Außen zu ersetzen, was mir in den Mauern fehlt ...* (Brief vom 14.12.1843).

SPAZIERGÄNGE IN „MIRACULEUSER" LUFT

... *außerdem renne ich täglich ein paar Stunden spatzieren, und hoffe mit der Zeit so mager und behende wie eine Peitschenschnur zu werden. – der Anfang ist bereits gemacht, meine Gestalt fällt ab, und meine Brust erweitert sich – diese miraculeuse Luft weiß die Gaben verständig zu vertheilen, ich werde ganz mager, Schücking stark, so hat Jedes was ihm Noth thut* (an Elise Rüdiger, 18.12.1842).

ich spazire täglich eine Strecke am See hinunter, was, mit dem Wege hinauf, eine ordentliche Tour für mich ist, und doch wird es mir nicht viel schwerer als zu Rüschhaus an manchen Tagen die Treppe zu steigen, und ich hoffe wirklich, daß dieser Aufenthalt mir wieder für eine lange Zeit gut thun soll (an Therese von Droste-Hülshoff, 29.10.1841).

Einen festen Programmpunkt bildeten die erwähnten nachmittäglichen Spaziergänge, zunächst im „Familienverbund", dann meist in Begleitung Levin Schückings. Die der Droste ärztlich ‚vorgeschriebenen weiten Spaziergänge' bildeten ihre Meersburger „Haupttagesaufgabe" (Schücking: Lebenserinnerungen). Die ausführlichste Schilderung der Uferspaziergänge stammt von Schücking: „Wie auf den heimathlichen Kämpen Steine, wurden auch hier vom Strande die Früchte des schwäbischen Meeres aufgelesen – Muscheln, Schnecken, Tange – und mit dem großen schildpattgefaßten Augenglas gemustert, um endlich demselben Schicksal wie die Steine zu verfallen.

Geplaudert wurde im langsamen Weiterschreiten von Menschen, von Büchern und von denen, welche sie schrieben; aber der liebe Gott hatte uns Beide nicht mit den Scheuklappen für Alles und Jedes, was nicht zum Fache gehört, auf die Welt kommen lassen, mit jenen Scheuklappen für Alles, was rechts und links von ihrem Wege liegt, die aus so manchen berühmten Leuten so herzbrechend langweilige Gesellen machen, weil nichts sie interessirt als ihr Ich und ihr Schaffen in Gegenwart, Vergangenheit und Zukunft. So wurde denn viel auch geplaudert von Vorgängen in der Heimath, von den Tagesinteressen, von befreundeten und bekannten Gestalten, und Annette wußte oft daran psychologische Zergliederungen zu knüpfen, welche ihren merkwürdigen Scharfblick in die Seelen der Menschen bewiesen. ‚Wenn Ihnen ein Ehegatte viel von seinem Glück spricht, so können Sie darauf schwören, daß beide leben wie Hund und Katze.' Oder: ‚Schlimm sind die guten Menschen, die bereitwillig ein Unrecht eingestehen, und sich bessern wollen. Nur auf die Reue hartnäckiger Sünder ist Verlaß.' – ‚Wenn Zwei sich lieben, glaubt immer der Eine des Anderen Liebe ⟨sei⟩ noch viel größer als die seine.' – ‚Ein Aristokrat ist auch der ärmste Bauer. Etwas, davon er überzeugt, versteht er besser wie alle Anderen: dem Saatkorn den richtigen Wurf zu geben, oder einem spatlahmen Pferd zu helfen – in dem Ding ist er der Oberste.' – Das waren die Bemerkungen, die, humoristisch gewendet, sich in ihr Plaudern flochten. Ich kam zuweilen, im Angesicht der riesigen Alpenbühne, auf meine Sehnsucht nach dem

Meersburg von Südosten. Lithographie von E. Emminger, um 1825.

Meersburg am Bodensee. Stahlstich von F. Foltz, um 1840/50.

sonnigen Jenseits dieser hohen Scheidewand, nach dem Lande Italien, zu reden. Annette aber theilte diese Schwärmerei nicht im mindesten. Sie glaubte, man werde von da grausam enttäuscht zurückkehren. Die Art von Idealität, welche am Großen, Prächtigen, Glanzumflossenen, von aller Welt Gepriesenen und Verherrlichten sich nährt, war nicht die ihre, und wie sie durch keine Namen sich imponiren ließ, so auch nicht durch den Klang des Wortes Italien" (Lebenserinnerungen).

Auf den *Spaziergängen* wurden wiederholt literarische Fragen erörtert. Unter anderem entstand ein Streitgespräch über den politisch revolutionären Dichter Georg Herwegh, den die Droste scharf kritisierte (Lebenserinnerungen). Der Rückweg vom Seeufer erfolgte meist über die Weinberge, wobei man dem Glaserhäuschen (→ S. 72), dessen urigem Wirt Figel und verschiedenen Gasthäusern eine Aufwartung machte (→ S. 68). In späteren Briefen an Schücking sind vor allem die Erinnerungen an diese Spaziergänge lebendig geblieben: *Ob mich freue nach Hause zu kommen? – nein, Levin, nein – was mir diese Umgebungen vor sechs Wochen noch so traurig machte, macht sie mir jetzt so lieb, daß ich mich nur mit schweren Herzen von ihnen trennen kann. – Hör Kind! – ich gehe jeden Tag den Weg nach Haltenau, setze mich auf die erste Treppe, wo ich dich zu erwarten pflegte, und sehe, ohne Lorgnette, nach dem Wege bei Vogels Garten hinüber, kömmt dann Jemand, was jeden Tag ein paarmahl passirt, so kann ich mir, bey meiner Blindheit, lange einbilden du wärst es, und du glaubst nicht, wie viel mir das ist – auch dein Zimmer habe ich, hier wo ich mich Stundenlang in deinen Sessel setzen kann, ohne daß mich jemand stört, – und den Weg zum Thurm, den ich so oft Abends gegangen bin, – und mein eignes Zimmer mit dem Kanapee und Stuhl am Ofen – Ach Gott überall! – kurz, es wird mir schwer von hier zu gehn* (Brief vom 5.5.1842) *– und jeden Nachmittag geh ich meine alten Wege am Seeufer, zwar mutterseelen allein, aber doch vergnügt, weil mich nichts stört, nicht mahl ein neuer Rebpfahl ...* (Brief vom 15.12.1843) *– Lieber Levin, ich besuche jetzt unsre alten Plätze am See sehr selten oder vielmehr gar nicht – die alten Erinnerungen sind nothwendig durch neue verdrängt ...* (an Louise und Levin Schücking, 20.6.1844).

Während des zweiten Besuches auf der Meersburg war die mitgereiste Elise Rüdiger für kurze Zeit, vom 3. bis zum 14. Oktober 1843, ein fast gleichwertiger Ersatz für Schücking. Die Droste schrieb der Freundin später: *Wir haben jetzt Schnee, ich folglich Anlage zum Rheumatismus, und habe seit vierzehn Tagen meine alten Gänge am Strande aufgeben müssen, aber der See liegt unter meinem Fenster, und jeden Nachmittag sind Sie meine Fata Morgana* (Brief vom 5.1.1844) *– unser Strand ist diesen Winter unterm Schnee recht melancholisch gewesen, und wenn ich mir Ihr Persönchen in die starre Blitzerey hindenken wollte, liefs mir kalt über den Rücken, aber der See blieb immer der alte, schöne, grüne, da kamen Sie im Dampfboot heran gebraußt ...* (Brief vom 3.4.1844). Eine weitere Schilderung schließt ein beeindruckendes Naturpanorama mit ein: *alle Nachmittage um drey (außer vorgestern wo es hart* *regnete) habe ich an unserem Strande gesessen, der mir durch Sie so lieb geworden ist, daß keine andere Erinnerung neben Ihrem lieben Gesichtchen dort ein Haarbreit Raum findet. – Es hat mich ein paarmahl selbst überrascht, wenn beym zufälligen Zurückblicken mir Einer meiner alten Lieblingsplätze ins Auge fiel, wie ich so alle Tage dran her trotte, als wärens Laternenpfähle oder Rebstöcke, O Vanitas Vanitatum! – Ich habe auf unserm Kiesgrund noch schöne schöne Dinge gesehn, und das Herz hat mir ordentlich geblutet daß Sie nicht da waren, – zweymahl ein Alpenglühen, wogegen das frühere gar nicht in Betracht kam, die ganze Alpenkette wie rothes Eisen, und sonst noch prächtige mir ganz fremde Beleuchtungen, Z. B. einmahl die Kuppen der Berge ganz dunkelviolett, der Fuß ebenfalls, und um die Mitte ein breiter Wolkengürtel, in dem das Abendroth den brennendsten Purpur wiederstrahlte, und der wie ein Lavastrom in allen Tinten wallte, es war unbeschreiblich schön und fremdartig! – auch der See hat noch ein paarmahl sein Bestes gethan an Grüne und Schmelz, und einen Sturm habe ich erlebt, o einen Grospapa aller Stürme! und habe Gott gedankt daß ich ihn allein überstehn mußte* (an Elise Rüdiger, 22.11.1843).

Dies gilt auch für die folgende Schilderung in einem Brief an das Ehepaar Schücking in Augsburg: *es stürmt furchtbar, der See wirft haushohe Spritzwellen, und ist von einem Farbenspiel wie ich ihn nie gesehen – im Vordergrund tief smaragdgrün, dann eine dunkelviolette Bahn, und am Horizont wie junges Buchenlaub, und alle Farben von der grösten Reinheit und Bestimmtheit, – das ist nur so bey starkem Sturme mit Sonnenschein dabey, und war im vorigen Herbste öfters, aber seitdem nicht wieder, – Ihr habt es recht übel getroffen keinen solchen Tag hier erlebt zu haben, dann sieht man erst was die Landschaft seyn kann* (an Levin und Louise Schücking, 20.6.1844).

FOLGEN DES „KURAUFENTHALTES"

Die Therapie erfüllte ihren Zweck: Die Spaziergänge trugen wesentlich zur Besserung der stets angegriffenen und schwankenden Gesundheit der Dichterin bei. Mehrere Zeugnisse belegen, daß die Autorin gesundheitlich sehr von ihrer neuen Umgebung profitierte. Im Dezember 1841 heißt es in einem Familienbrief: „Nette ist so wohl, daß sie alle Tage spazieren geht, gar nicht mehr bei Tage schläft und nicht zu Bett liegt, ist sehr viel gesünder jetzt." Am 13. November berichtete Laßberg Carl von Gaugreben: „Nette hat sich schon ganz gut hier im Schwabenlande angewoenet, und findet selbst, daß ire gesundheit sich schon betraechtlich gebessert hat. wir lassen sie ganz nach eigenem wunsch und neigung leben und damit scheint sie auch wol vergnügt zu sein. Die milde witterung des nachherbstes tut uns allen wol und Nette macht alle tage große Spaziergaenge." Ein weiteres Zeugnis liegt vom 25. April 1842 vor: „Mama wünscht sehr Nette möchte bald zurückkommen, dies ist mir sehr leid nicht allein weil ich sie gern hier habe, sondern vorzüglich ihrer Gesundheit wegen, die jetzt viel besser ist, und ich fürchte alle alte Uebel stellen sich wieder ein, wenn sie in ihre alte Lebensart kommt …" (Jenny von Laßberg an Mathilde von Merode).

Die Droste versuchte, ihre Bewegungstherapie auch dann noch fortzusetzen, als der Winter Einzug gehalten hatte: *Meine Spatziergänge habe ich bis vor acht Tagen regelmäßig fortgesetzt, seitdem ist es aber so glatt geworden, daß ich in einem Tage wohl 7–8 Mahl gefallen bin, – nun habe ich mir die Terasse vom Fasser rein fegen lassen, und spatziere dort täglich einige Stunden, was mir, faute de mieux, auch recht gut thut* (an Therese von Droste-Hülshoff, 28.1.1842). Auf diese Weise überstand sie die harten Wintermonate weit besser als in Westfalen: *der Frühling scheint so langsam zu kommen, und ich fürchte Sie treffen die Gegend noch im halben Negligee, was mich doch ärgern würde, denn sie kann süperbe Toilette machen, das kann ich Sie versichern! – doch spürt man auch den Winter hier weniger als anderwärts, das immer lebendige rollende Gewässer und die immer gleich grau durchklüfteten Alpen ersetzen Vieles* (an Louise Schücking, 4.3.1844).

Ihrer besorgten Mutter gegenüber stellt die Autorin stets die guten gesundheitlichen Fortschritte heraus: *Mit meiner Gesundheit geht es noch immer verhältnißmäßig sehr gut, obwohl mich dieses Winterwetter natürlich etwas zurück setzt, und zuweilen wieder ein wenig Beklemmung et cet. bringt, – wenn ich aber bedenke wie es in den beyden letzten Wintern war, wo ich wochenlang den schrecklichsten Husten und Auswurf mit Fieber hatte, so kann ich mein jetziges Befinden nicht genug rühmen* (Brief vom 28.1.1842). Nach ihrer Rückkehr ins Rüschhaus fiel der Autorin die klimatische Umstellung zunächst nicht leicht. Im September 1842 schreibt sie: *Es geht mir denn so leidlich, von meinen Gesichtsschmerzen bin ich, Gottlob, total geheilt, durch eine wahrhaft wunderbar wirkende Salbe, die mir ein altes Layenschwesterchen in Meersburg gegeben, aber übrigens ist mir doch zuweilen hundsschlecht, und ich kann des Climas noch ganz und gar nicht gewöhnen, obwohl ich alle Tage renne wie ein Postbothe* (an Schücking, 12.9.1842).

Es war jedoch nicht alles „eitel Sonnenschein". Gelegentlich stellten sich auch in Meersburg gesundheitliche Probleme ein. Am 7. Juli 1842 berichtet sie Schücking anläßlich der Übersendung einer (heute verschollenen) Abschrift der *Westphälischen Schilderungen*: *Unter welchen Schmerzen und in wie einzelnen Zeilen ich die beykommende Abschrift zusammen gestoppelt habe, kannst du sonach wohl denken, und wirst mir deshalb nicht nur die Verzögerung sondern auch die vielen Correcturen verzeihn, da ich oft kaum wußte was ich schrieb, und jedenfalls nicht wagen durfte das Geschriebene nachzulesen* ... Sie hoffte damals: *Wenn meine Gesichtsschmerzen jetzt wirklich dauernd nachlassen, werde ich weiter an meinen Gedichten schreiben, und hoffe sie dir noch vor meiner Abreise schicken zu können* .... Dieser Wunsch ging freilich nicht in Erfüllung. Die Abschriften für die Gedichtausgabe von 1844 gelangten erst zum Jahresende 1843, also anderthalb Jahre später, zum Abschluß.

Auch beim zweiten Besuch hören wir gelegentlich von Erkrankungen. Ende Januar 1844 konnte die Droste mehrere Tage lang ihr Zimmer nicht verlassen. Im April verhinderten Anzeichen einer neuerlichen Erkrankung die Abfassung neuer Gedichttexte. Am 17. April 1844 berichtet sie Schücking: *Ich bin krank gewesen, Levin, – schon vor der Charwoche piano angefangen, und die Charwoche hat mich ganz kaputt gemacht, – seit Ostermontag im Bette, mit zugeschwollenem Halse und Fieber, – vorgestern zum erstemal aufgestanden, gestern die Gedichte abgeschrieben, und heute noch geschwind ein Apendix und dann zur Post! – Wozu viel schreiben, da es mich noch sehr angreift* ...

Mitte Juni 1844 litt die Droste unter *nervösem*

Joseph von Laßberg. Ölgemälde.

Husten. Sie durfte vorübergehend ihr Zimmer nicht verlassen. Die Erkrankung traf sie in einer literarisch produktiven Phase. Trotz dieser Rückschläge fiel das Fazit des zweiten Meersburg-Besuches sehr positiv aus: *Ich habe ... ein ganz angenehmes Jahr dort ⟨in Meersburg⟩ verlebt ... mir ... bekam das Klima wieder ausgezeichnet gut, und ich habe mich das Jahr durch recht verwöhnt mit freyem Athmen, so es mich jetzt recht hart ankömmt, wenn mir die feuchte münsterische Luft die alten Beklemmungen tagweise wieder bringt. – Doch halten die guten Nachwirkungen noch an, und ich möchte keineswegs mit meinem Zustande vor anderthalb Jahren tauschen* (an Pauline von Droste-Hülshoff, 30.10.1844).

Während ihres letzten Meersburg-Aufenthalts litt die Droste fast fortwährend unter ihrer schwachen und instabilen Gesundheit. Es war ihr bewußt: *habe ich wirklich noch Jahre zu leben, so müssen wenigstens die nächsten und gefährlichsten in diesem Clima durchvegetirt werden – so sagen wenigstens die Aerzte, und Andre auch, – selbst Mama* (an Elise Rüdiger, 7.8.1847; → auch S. 48).

DIE BIBLIOTHEK

Vom Bücherstaub hat Schücking nicht zu leiden, sie sind immer so sorgfältig abgefegt und vielfach benutzt worden, daß kein Stäubchen darauf lag ... (an Elise Rüdiger, 18.12.1841)

Joseph von Laßberg hatte sich, wenn auch literarisch wenig geschult, so doch als Sammler, Liebhaber und Kenner insbesondere mittelalterlicher Literatur einen nicht unbedeutenden Namen erworben. Den Grundstock seiner Sammlung hatte ihm seine 1822 verstorbene Gönnerin und Lebensgefährtin, die Fürstin Elisabeth von Fürstenberg, geb. von Thurn und Taxis, vermacht: Handschriften und Bücher von fast unermeßlichem Wert. Diese „Schätze", die Laßberg in den Besitz einer der wertvollsten Privatsammlungen seiner Zeit brachten, wurden für ihn zu einem neuen Lebensinhalt. Ludwig Uhland, Gustav Schwab, Justinus Kerner, Jacob Grimm, Hoffmann von Fallersleben und viele andere Dichter und Gelehrte – sie alle waren in Meersburg wie schon in Eppishausen gern gesehene Gäste und Studiosi. 1845 beherbergte das alte Schloß nach Laßbergs Worten wieder einmal „alle Tage Gäste aus allen vier Ecken der Welt". Kurz berichtet er: „Seit einem Viertel iar war mein Haus keinen Tag von Gästen und Besuchern leer: diese guten und lieben Leute nemen alle meine Zeit in Beschlag und doch bestehet das Leben aus lauter Zeit!!!" (an Franz Pfeiffer, 6.8.1845)

Laßbergs Bibliothek – eine wahre Fundgrube für jeden Forscher – wuchs in Meersburg auf über 11000 Bände an, von denen 3120 aus dem

Bereich der Literatur stammten. Hinzu kamen etwa 200 Handschriften, darunter als wertvollstes Stück die sogenannte Handschrift C des Nibelungenliedes. Nach Laßbergs Tod (1855) gelangte die Bibliothek, die bereits zwei Jahre zuvor wieder in den Besitz des Fürstentums Fürstenberg übergegangen war, in die Hofbibliothek in Donaueschingen. Eine anschauliche Beschreibung dieser außergewöhnlichen Bibliothek lieferte 1851 Ottmar Schönhuth (→ S. 145) in seinem „Neuen Führer um den Bodensee und zu den Burgen des Höhgaus".

Laßberg trat auch selbst als „Schriftgelehrter" auf. Unter dem Titel „Lieder Saal, das ist: Sammelung altteutscher Gedichte, aus ungedrukten Quellen" (3 Bde. Konstanz 1820–1825) gab er eine der Haupthandschriften der Reimpaar-Kleindichtung des 13. und 14. Jahrhunderts heraus (Fürstenberg Ms. 104; heute Württembergische Landesbibliothek Stuttgart). Diese Sammlung umfaßt 261 Dichtungen und bietet einen Querschnitt durch Gattungen der spätmittelalterlichen Kleinformen (Märe, Minnerede, Bispel, Fabel, Lehr- und Scherzrede, gereimter Liebesbrief und Wundergeschichte). Der vierte Band des „Lieder Saals", in dem auch der Text der Nibelungenhandschrift C publiziert wurde, erschien 1846, also noch zu Lebzeiten der Droste. Laßberg veranstaltete weiterhin zahlreiche Privatdrucke wie zum Beispiel „Ein schoen alt Lied von Grave Friz von Zolre, dem Oettinger und der Belagerung von Hohen Zolren, nebst noch etlichen anderen Liedern. Also zum ersten mal, guten Freunden zu Lust und Lieb, in druk ausgegeben durch den alten Meister Sepp, auf der alten Meersburg" (1842).

Für Schücking und die Droste war es eine altertümlich-skurrile Welt, in die sie bei ihrem Besuch auf der Meersburg 1841 eintauchten. Die Droste hatte Schückings Aufenthalt heimlich „eingefädelt" – zum späteren Verdruß ihrer Mutter, bei der der freigeistige Schücking nicht gut angesehen war. Laßberg hatte sich bereit erklärt, Schücking für einige Monate als Bibliothekar anzustellen. Diese Tätigkeit stand im Zusammenhang mit seinen damals angebahnten Verhandlungen mit dem fürstenbergischen Hof über den Ankauf seiner Bibliothek und Handschriftensammlung. Schücking sollte die Inventarisierung der Bibliothek übernehmen. Die Besoldung (300 Gulden) wurde vom Fürsten Karl Egon II. von Fürstenberg übernommen.

Über seine Ankunft auf dem Alten Schloß berichtet Schücking: „Es gab eine Welt von neuen Eindrücken zu verarbeiten in den nächsten Tagen – eine ganz fremde und eigenartige Welt; Naturscenarien großartigster Schönheit, beim volltönenden Klange großer Namen erstehende Gestalten der Vergangenheit; bei jedem Anlaß sich ergebende bedeutungsvolle Beziehungen zu verehrten Männern der Gegenwart. Da war das schwäbische Meer, in dessen Fluth sich die Thürme des alten Kostnitz spiegelten wie das Gelände des blühenden Thurgaus, wie die Alpenkette der ‚sieben Kurfürsten' und des Säntis; da unten links stiegen die blauenden Höhen des Vorarlberges und Räthiens auf, zwischen denen durch die Cäsa piana lugte, rosig im Abendroth verdämmernd, verlockend an die Zauber Italiens mahnend: da unten rechts glänzte die Mainau und barg sich dem Auge die Reichenau mit der Grabstätte eines deutschen Kaisers: Sanct Gallen, Hohenems, Lindau, Arbon, das Haus der gewaltigen Montfort, die Burgen der Werdenfels, die zahlreichen Sitze berühmter Minnesänger – das Alles lag in dem culturhistorischen Rayon der alten Meersburg, stand voran in den Interessen ihres Besitzers. Und die alte Burg selber, war sie nicht von Dagobert, dem Frankenkönige, gebaut, war nicht an ihrem uralten Belfried der Hammer Karl Martells zu sehen, hatte sie nicht zu dem Stammgut des hohenstaufischen Hauses gehört und war eine Zeit lang bewohnt worden von dem vielbesungenen jungen König Conradin, kurz ehe er sich rüstete zu seinem Zuge über die Alpen? ... Eine solche Umgebung war ganz geeignet, eine romantische Stimmung wachzurufen und mittelalterliche Schwärmereien zu entzünden, denen sich dann reichste Nahrung darbot in den pfeilgetragenen Gewölben und runden Thurmzimmern der Burg, worin die Bibliothek Aufnahme gefunden hatte, welche neben dem berühmten Nibelungen-Codex, dem ältesten und reichhaltigsten aller, den die Germanisten mit dem Buchstaben C bezeichnen, als sei er der Codex par exellence, eine Anzahl anderer wichtigster Handschriften, klassischer Autoren, mittelhochdeutscher Dichter, Chroniken, Evangeliarien u. s. w. enthielt. Der alte Freiherr mußte nach solchen Schätzen sein Leben lang gefahndet haben mit dem Eifer eines Renaissance-Menschen, wie Aeneas Sylvius, Petrarca und Poggio Braccolini; auch war fast ein ganzes Vermögen in solche Sammlungen gewandert, welche jetzt von nah' und fern, von zünftigen Gelehrten und Dilettanten in Alterthumskunde und germanistischer Wissenschaft besucht wurden, die, herzlicher Bewillkommnung und gastlicher Aufnahme sicher, auf der alten Meersburg ein- und ausflogen wie die Schwalben, und denen der alte Herr mit rührender Unermüdlichkeit seine Unterstützung bei ihren Studien, seine Beihülfe aus dem reichen Schatze seines Wissens gewährte."

Bei der Überwachung der bibliothekarischen Pflichten war Laßberg nicht allzu streng, Schücking konnte in seinem Bücherturm weitgehend unbehelligt arbeiten: *... die vielen selt-*

Meersburg von Südosten. Lithographie von Julius Greth, um 1860.

nen Bücher machen ihm ⟨Schücking⟩ auch große Freude (da Laßberg es gar nicht so genau nimmt, wenn er auch täglich einige Stunden ließt, statt zu arbeiten) (an Elise Rüdiger, 30.10.1841).

Auch Schücking hatte sich, wie die Droste, einen festen Zeit- und Arbeitsplan zurechtgelegt: *Am Strande spatziert er aber täglich eine Stunde, und freut sich wie ein Kind, wenn die Wellen ihm entgegen branden und spritzen ... oder geht ins Museum, wo viele Zeitschriften gehalten werden, um au courant der Litteratur und Politik zu bleiben, zuweilen, wenn er zu Keinem von diesen aufgelegt ist, kömmt er auch zu uns ins Wohnzimmer ...* (an Elise Rüdiger, 30.10.1841). In einem anderen Brief heißt es: *Mit Schücking geht es sehr gut hier, er hält sich sehr still, hat gar keine Bekanntschaft in der Stadt, und kömmt den ganzen Tag nicht von seinen Büchern fort, außer gleich nach Tische, wo er den Weg zum Frieden einmahl auf und ab läuft, um sich Bewegung zu machen* (an Therese von Droste-Hülshoff, 28.1.1842). Und: *Er geht täglich zwey Stunden spatzieren, und hat die Abende ganz für sich, (von halb Fünf bis Acht) die er bald mit uns, seltner im Museum, am öftersten in seinem Zimmer, mit eigenen Productionen beschäftigt, zubringt* (an Elise Rüdiger, 18.12.1841).

Was seine eigenen Projekte anging, war Schücking äußerst schöpferisch. Er verfaßte die Novelle „La Fleur" (erschienen in: „Europa", Bd. 2, 1842), weite Teile des Romans „Ein Schloß am Meer" (2 Bde. Leipzig 1843), zahlreiche Gedichte sowie - in Zusammenarbeit mit der Droste (→ S. 37) - den Roman „Das Stifts-Fräulein".

GELEHRTE BESUCHER – „FINGERNAGELPORTRÄTS"

„es ist wahr, daß wir oft zu viel Besuch haben, das ist lästig aber auch für mich, Nette blieb auf ihrem Zimmer, so oft es ihr gefiel" (aus einem Familienbrief Jenny von Laßbergs vom 14.12.1842)

Auch im Winter 1841/1842 beherbergte das Alte Schloß zahlreiche illustre Gäste. Die Autorin nahm hieran jedoch nur Anteil, wenn ihr danach zumute war: *sonst waren Besuche genug hier, meistens fremde Gesichter und Namen, und mir nur sichtbar wenn sie über Tisch blieben.* An anderer Stelle schreibt sie: *Droben gehts derweil bunt zu, die gelehrten Besuche treten sich fast einander die Schuhe aus, wovon ich mir denn nachher bey Tische erzählen lasse, und bis jetzt noch keinen Namen gehört habe der es mir leid machte daß ich nicht zur Hand war - lauter Professoren X. Y. und Z. Mir fehlt hier gar nichts wie Sie, aber Sie fehlen mir arg, und ich kann kaum ein Dampfboot aus meinem Fenster heranbrausen sehn, ohne in Gedanken nach meiner Lorgnette zu greifen, ob Sie vielleicht auf dem Verdecke stehn ...* (an Elise Rüdiger, 5.1.1844).

Die Droste begegnete Laßbergs glühender Begeisterung für die Literatur des Mittelalters mit Distanz. Sie empfand die schier endlosen Debatten über Klöster und Klostergeschichten ebenso langweilig wie unersprießlich. Ein drastisches Urteil über Laßbergs „Geheimwissenschaft" findet sich im Eppishausenbrief an Schlüter (→ S. 144). An Elise Rüdiger schreibt sie am 22. November 1843: *Hier giebts auch manches neue Gesicht, und mitunter grundgelehrte, aber nicht eins darunter wo ich die Feder um ansetzen möchte und selbst die Namen dieser lateinischen und Nibelungen Steckenreuter würden Ihnen fremd seyn.* Über ihren dritten Besuch heißt es: *Wir sind hier von Besuchen überschwemmt, – zumeist Gelehrte, die sich, bey Laßbergs hohem Alter, beeilen noch von seiner Bibliothek zu profitiren, – Ich bekomme davon nur zu sehen, was zu Tische oder über Nacht bleibt, alle andern Glorien ziehen an meinem Thurme vorüber, ohne sich mir durch ihren Abglanz zu verrathen* (an Pauline von Droste-Hülshoff, 14.10.1846).

Ludwig Uhland. Lithographie von Th. Russer.

Einige dieser *Glorien* wollte sich die Droste jedoch nicht entgehen lassen. Hierzu gehörte der Besuch **Ludwig Uhlands** (1787–1862), der sich am 17. und 18. Oktober 1841 auf dem Schloß aufhielt. Über die Begegnung schreibt sie: *„und nun zu Uhland, dessen Aeußeres keinesswegs vortheilhaft ist, und der doch gefällt, wiederum durch große Bescheidenheit, Einfachheit und einen überwiegenden Zug von Güte, sonst ist er häßlich, seine Gestalt stämmig, fast gemein, feuerrothes Gesicht, und dazu stammelt er, was ihn so verlegen macht, daß er zuweilen aus Angst von einem Fuße auf den andern springt, aber plötzlich fährt ein geistiges Blitzen über sein Gesicht, oder ein unbeschreiblicher Zug von Milde und Theilnahme, daß man ihm gern die Hand drücken möchte, wenn man nicht dächte es bringe ihn in die gröste Verlegenheit. Er und Laßberg haben sich sehr lieb, und beyde sprangen (da Laßberg, seit seinem Falle vor fünf Jahren, hinkt) auf die komischeste Weise vor Freude im Zimmer umher, als sie sich begrüßten, dann gieng es bald an gelehrte Gespräche, in die Bibliotheck et cet, und wir Frauenzimmer kamen gar nicht in Betracht, hatten aber doch mitunter das Zuhören …* (an Elise Rüdiger, 29.10.1841).

Solch kuriose „Fingernägelporträts" finden sich in den Briefen der Droste zuhauf. Hier – als Kostprobe für die viel zuwenig bekannte humoristische Seite der Dichterin – ihre Beschreibung einer weiteren wissenschaftlichen Koryphäe, des Naturphilosophen und Mediziners **Lorenz Oken** (1779–1851): *Vor einigen Tagen war Prof. Oken hier, – ich sah ihn schon vor acht Jahren in Eppishausen, und mochte ihn damals nicht, seines argen Cynismus halber, jetzt hat ihn das Alter sehr gemildert, er ist ein liebenswürdiger freundlicher Greis geworden,* *originell und unnüsel wie Jakob Grimm. – Der arme Schelm war zu Fuße von Zürich nach Ulm getrabt, um die Spuren einer Römerstraße zu verfolgen, – immer im vollen Platzregen, – und hatte fast nirgends Anderes als Koth und nasses Gesträuch gefunden, was seinen armen alten Körper so rheumatisch gemacht hatte wie ein Barometer. – er trocknete und wärmte sich hier ein Bißchen aus, und trabte dann trübselig wieder nach Zürich zu. – Sonst habe ich hier noch viele berühmte Leute gesehn, lauter Niebelungenreuter, die viel zu gelehrt sprachen als daß ich sie verstanden hätte* (an August von Haxthausen, 2.8.1844).

Am 1. Mai 1842 traf mit dem berühmten kirchenpolitischen und pädagogischen Reformer **Ignaz Heinrich von Wessenberg** (1774–1860) eine besonders hochrangige Persönlichkeit auf der Meersburg ein. Die Droste hatte Schücking die Visite bereits zuvor angekündigt und da-

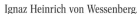

Ignaz Heinrich von Wessenberg.

bei – nicht ohne Stolz – einfließen lassen, daß Wessenberg eigens ihretwegen komme. Der Besucher selbst nötigte ihr jedoch keinen Respekt ab. Der ehemalige Generalvikar und Bistumsverweser in Konstanz, der 1827 seinen Abschied erzwungen hatte, fällt gar ihrem Spott anheim: *Ich habe Dir schon gesagt, daß Wessenberg hier war. Seine Persönlichkeit ist jetzt weder angenehm noch bedeutend; indessen habe ich ihn zu spät kennengelernt, da er offenbar schon sehr stumpf ist. Man sagt, er behandle Frauen gewöhnlich mit großer Geringschätzung und fast wie unmündige Kinder; mit mir hat er aber eine ehrenvolle Ausnahme gemacht, und nachdem er mir schon durch Baumbach viel Verbindliches über meine Gedichte und den Wunsch, meine Bekanntschaft zu machen, hatte zukommen lassen, trat er mir jetzt ziemlich taktlos und geziert mit den Worten entgegen: „Sie sind also die Dichterin! Wahrlich, Sie haben eine herrliche Ader, von seltner Kraft! et cet.", und Du glaubst nicht, mit welcher koketten, kleinlichen Ostentation er mich den übrigen Tag, halb protegierend, halb huldigend, zu unterhalten suchte, was ihm offenbar bitter schwer wurde; denn er muß jeden fremden Gedanken einige Minuten verarbeiten, ehe er ihn kapiert, und kömmt dann hintennach mit seinem schallenden Beifalle, wenn längst von anderm die Rede ist. Zudem scheint er mir unbegrenzt eitel; jede Miene, jede Kopfbewegung hat etwas Gnädiges; sein Gespräch ist durchspickt mit Hindeutungen auf seine literarische und kirchliche Stellung, erlebten Verfolgungen et cet., und er bringt, passend oder unpassend, überall „seinen intimen Freund, den Erzbischof Spiegel", an, dem er sich auch so genau im Äußern nachgebildet hat, daß die Ähnlichkeit wirklich frappant ist, nur daß der angeborne unnachahmlich schlaue Blick in jenes Gesichte in diesem sich fast lächerlich ausnimmt, weil die natürlichen Züge dagegen protestieren. Kurz, ich meine, diese große Eitelkeit und die allzeit damit verbundene Kleinlichkeit und Schwäche müssen Wessenbergs Bedeutendheit doch immer sehr geschadet haben, und ich kann mich, seit ich ihn gesehen, nicht enthalten, weit mehr dies für das Motiv seiner auffallenden Schritte zu halten als irgend etwas anderes. Er hat mich bei meiner nächsten Fahrt nach Konstanz aufs höflichste zu Tische geladen; ich werde aber wohl keinen Gebrauch davon machen. Und doch – soll ich es gestehn; – doch habe ich mich bemüht, liebenswürdig und geistreich vor ihm zu erscheinen, des Rufes wegen den er nun einmal hat. – so sind wir Menschen! – wir lassen uns auch eine papierne Krone gefallen, wenn wir wissen daß Andre sie für Gold halten* (an Schücking, 5.5.1842). Daß die Droste mit keinem Wort auf Wessenbergs eigene Poesien eingeht – seit 1834 lagen bei Cotta dessen gesammelten Dichtungen in vier Bänden vor, bis 1854 erschienen drei weitere Bände –, spricht ebenfalls für ihr geringes Interesse an seiner Person und seinem literarischen Wirken.

Nicht minder respektlos, ja geradezu amüsiert schildert sie ihre Begegnung mit **Friedrich Heinrich Bothe** (1771–1855), den sie im Sommer 1842 kennenlernte. Bothe war ein Privatgelehrter alter Schule, der eine Zeitlang in Konstanz wohnte. Er schlug sich mühsam mit Editionen und Übersetzungen griechischer und lateinischer Schriften durch, übersetzte auch aus dem Englischen, schrieb Lyrik, Romane und Dramen: *ich habe auch zwey halbe oder ganze Gelehrte kennen gelernt – erstlich B o t h e, den Herausgeber vieler Classiker, – einen wunderlichen, schnauzigen, dürren, alten Kauz, mit einem Stelzfuße, der nur einen Tag blieb, und den Jenny, nachdem sie ihn einen Augenblick allein gelassen, antraf, wie er, mitten im Zimmer stehend, sich meinen Grafen von Thal laut vordeklamirte, und ganz entzückt davon schien, worauf ihm Jenny das Buch mit nach Constanz gab, von wo er es mit einem so begeisterten Briefe zurück geschickt hat, daß ich eitel darauf werden könnte, wenn ich wüste ob der Mann Geschmack hat* (an Schücking 7.7.1842). An anderer Stelle schreibt sie über Bothes Brief: *Bothe, der bekannte Herausgeber der Klassiker, hat einen förmlich exaltierten Brief an Laßberg geschrieben, worin es fortwährend heißt: diese objektive Anschaulichkeit, diese Naivetät und Innigkeit, diese Kraft der Sprache, diese Lebendigkeit der Darstellung, fern von aller Manier et cet.* (an Schücking, 12.9.1842).

Das Talent der Droste, Personen mit wenigen Federstrichen originell und „merkwürdig" zu porträtieren, trifft auch auf ihre Beschreibung von **Georg Karl Frommann** (1814–1887) zu. Der spätere Bibliotheks- und Archivleiter des Germanischen Nationalmuseums in Nürnberg war ein bedeutender Editor altdeutscher Texte und zudem ein renommierter Dialektforscher. Er versuchte damals, in Coburg eine Schule zu gründen: *Heute mittag war ein gelehrter Herr aus Coburg hier, ein Herr F r o m a n n, der aussieht wie ein wunderliches altes Portrait, mit über den Teller geschnittenen Haaren, und daumdicken Augbrauen, sonst, wie mich dünkt, eine gutmüthige harmlose gelehrte Seele* (an Therese von Droste-Hülshoff, 28.1.1842).

Ein näheres, freundschaftliches Verhältnis entwickelte sich dagegen zu dem protestantischen Theologen und Forscher **Hermann Reuchlin** (1810–1873). Reuchlin hatte vor Antritt seines süddeutschen Pfarramtes eine Zeitlang in Paris gelebt und eine „Geschichte von Port-Royal" verfaßt, die 1839/1844 in zwei Bänden erschien. Im selben Zusammenhang

Garten auf der Meersburg. Aquarell von C. Dopfinger, etwa 1845.

veröffentlichte er 1840 „Pascals Leben und der Geist seiner Schriften".

Ihre erste Begegnung mit Reuchlin schildert die Droste ihrer Mutter mit den Worten: *dann war neulich Reuchlin aus Lindau hier, ein ebenfalls berühmter, sehr lebhafter und interessanter Mann, zwar nur protestantischer Pfarrer in Lindau, aber bekannt und angesehn im markgräflichen Hause zu Salmansweiler; er war nur auf einen Nachmittag da, will aber öfter wiederkommen* (Brief vom 28.1.1842).

Reuchlin machte sein Versprechen wahr und kam tatsächlich weitere Male auf die Burg: *außerdem war Reuchlin (der dich herzlich grüßt) zweymahl hier, und will vor meiner Abreise noch einmahl kommen ...* (an Schücking, 27.5.1842).

Im selben Jahr wurde Reuchlin nach Pfrondorf bei Tübingen versetzt. Als die Droste von Meersburg nach Hause reiste, lauerte er ihr und den mitreisenden Fräulein von Wintgen *Morgens zwischen Vier und Fünf* nahe Tübingen auf, nachdem er *schon eine Stunde auf Schusters Rappen abgetrabt hatte, um uns auf der Landstraße zu erwarten, um noch eine Stunde weit als blinder Passagier mitzufahren, von wo er dann, mit 7 Meilen Schritten seinem Dorfe zustieg, wo er noch um Neun predigen sollte* (an Schücking, 12.9.1842). In einer anderen Schilderung heißt es: *Sonntag Morgen um halb fünf waren wir in Tübingen, hier wurde uns beim Umspannen ein Billett in den Wagen gereicht vom (protestantischen) Pfarrer Reuchlin, einem Freunde Laßbergs früher unser Nachbar in Friedrichshafen und jetzt seit einigen Wochen als Pfarrer nah bei Tübingen versetzt, einem sehr gelehrten Herrn von dem ein historisches Werk, Port royal betitelt, jetzt großes Aufsehen macht. In dem Billette stand, „Da er sich die Freude nicht versagen könne, mir Lebewohl zu sagen, so würden wir ihn am nächsten Berge finden"* – *Das war ein Plaisir für Rosine! die durch Laßberg, der ihn sehr lieb hat, schon soviel Rühmliches von ihm gehört hatte, – sie hielt immer den Kopf zum Wagen hinaus, daß ihr der Regen in den Nacken lief – richtig! da stand er, den Regenschirm über dem Kopfe, stieg ein und fuhr wohl eine Stunde weit mit, von wo er dann eiligst auf einem Richtwege seinem Dorfe zutrabte, und die Wintgen in Exklamationen über sein bescheidenes Wesen und seine geistreiche Unterhaltung zurückließ* (an Therese von Droste-Hülshoff, 24.8.1842).

Als Reuchlin bei Elise Rüdiger in den Verdacht geriet, pietistischen Strömungen anzuhängen, was damals einen Geschmack von bigotter selbstgerechter Frömmelei und ultrakonservativer Gesinnung hatte, verteidigte die Droste ihn mit Nachdruck: *Aber was sagen Sie von meinem lieben Reuchlin? ein Pietist soll er seyn? – bey Gott ist kein Ding unmöglich, außer daß sich Einer selbst die Nase abbisse, aber sonst hätte ich eher das Gegentheil befürchtet, – sein Äußeres ist so fröhlich, rasch, entschlossen, seine Unterhaltung so hei-*

ter, kunstliebend, mittelalterlich, daß ich immer dachte Helm und Speer würden ihm besser stehn wie der schwarze Rock. – ich habe ihm leider noch nicht geschrieben, will aber nächstens daran (an Elise Rüdiger, 22.11.1842). Ob die Korrespondenz tatsächlich in Gang kam, ist nicht gänzlich ausgeschlossen, jedoch wenig wahrscheinlich. Wie so oft, scheint es die Droste beim Vorsatz belassen zu haben.

Literarische Folgen zeitigte ihre Meersburger Bekanntschaft mit **Albert Schott** (1809–1847), einem jungen Stuttgarter Gymnasialprofessor. Schotts Vater war ein enger Verbündeter Uhlands beim gemeinsamen Streben nach einer liberalen Verfassung Württembergs. Das Schottsche Haus in Stuttgart war lange Zeit Zentrum der württembergischen Fortschrittsbewegung. Bei seinen Arbeiten über Sagen und Volkslieder zog Uhland den jungen Albert Schott als Gehilfen heran. So kam jener vom 27. Juni bis zum 21. Juli 1842 auf die Meersburg, um in Laßbergs Archiv zu arbeiten und *allerley Excerpte für irgend ein Werk was er unter der Feder hat, zu machen. – er ist noch jung, oder scheint es, hat ein feines, blondes, kränkliches Aussehn, – ist im Umgang etwas überzart, aber gemütlich und spricht vorzüglich gern von seiner jungen Frau und seinen drey Kinderchen, was mir bei meiner Denkweise natürlich einen sehr angenehmen Eindruck macht und mich auf recht freundlichen Fuß zu ihm gestellt hat. Er ist ein großer Verehrer Freiligraths und der beste Freund Reuchlins* (an Schücking, 7.7.1842).

Schott wurde bald auf die Volksliedkenntnisse der Droste aufmerksam. Am 20. August 1842 berichtete er Uhland, daß sie die Lieder „gern und auf ansprechende, natürliche Weise mit Clavierbegleitung" vortrage. Dies brachte ihn auf den Gedanken, die Kenntnisse der Droste für die Uhlandsche Volksliedsammlung zu nutzen. Es entstand die Niederschrift von insgesamt 38 Volksliedern (32 Melodien, 6 Texte), die die Autorin zumeist noch aus ihrer Jugend kannte. Eine Abschrift der Texte wurde am 13. November 1842 Uhland zugesandt, der drei Stücke zusammen mit einer Danksagung an die Droste in seine Sammlung „Alte hoch- und niederdeutsche Volkslieder" aufnahm. Auf der Heimreise von Meersburg im Juli 1842 wurde die Droste in Stuttgart von Schott zum Essen und einer kleinen Besichtigungstour eingeladen (→ S. 118).

Noch ein weiterer Besuch auf dem Alten Schloß hatte literarische Folgen. Im September 1844 kamen **Guido Görres** (1805–1852) und seine Frau **Maria, geb. Vespermann**, für etwa drei Wochen zu Besuch. Guido Görres war der Sohn des berühmten katholischen Publizisten Joseph Görres. Wie sein Vater hatte er sich dem Schreiben zugewandt und 1838 die „Historisch-politischen Blätter für das katholische Deutschland" begründet, eine Zeitschrift, die sich für die Unabhängigkeit der Kirche vom Staat, für Toleranz und ökumenische Gesinnung und gegen eine Vorherrschaft Preußens einsetzte.

Die Droste stellt Görres und seine Frau mit den Worten vor: *Ich habe in Meersburg noch allerley nahmhafte Leute kennen gelernt, unter Andern Guido Görres, der mit seiner eben angetrauten Frau, einer Tochter der berühmten Metzger-Vespermann, drey Flitterwochen bey uns verlebte; – Er hat eine ungeheure Aehnlichkeit mit meinem Onkel August Haxthausen, und zwar, auf den ersten abord, nicht von der vortheilhaftesten Seite, gewinnt aber ungemein im Umgange, wo er bedeutenden Geist, nebst großer Gutmüthigkeit und Offenheit entwickelt. – Sie ist blutjung, hat la beauté du Diable, und nichts Bedeutendes, aber so viel Kindliches und Neulingartiges in Phisiognomie und Benehmen, daß Einem dadurch Alles was sie sagt, auch das mitunter recht Gescheute, fast kindisch vorkömmt, – wir hatten sie gern, und ihr schüchternes Gemüth hatte sich uns so angeschlossen, daß sie beym Abschiede bitterlich weinte. – Seltsam macht sich zu ihrem kleinen blonden Figürchen ein ausgezeichnetes musikalisches Talent, sie spielt nicht nur superbe Clavier, sondern phantasirt auch ganz hinreißend, und war eben daran eine Sammlung sehr schöner Liedercompositionen auf Texte ihres Mannes heraus zu geben, – sie arbeiten überhaubt gern gemeinschaftlich, – Görres machte ein Gedicht auf die alte Meersburg, und nach einer halben Stunde war ihre Composition mit Klavierbegleitung fertig – zu einem Gedichte das er mir niederschrieb setzte sie sogar in Einem Morgen die durch alle Strophen gehende Musick; – Es ist sonderbar, daß unter allen Talenten grade die Musick, das zarteste und unkörperlichste von Allen, sich häufig in scheinbar unbedeutenden Persönlichkeiten einquartiert, denn so lieb und gut die Görres ist, kann ich sie doch unmöglich für durchgängig genial halten* (an Schücking, 29.9.1844).

Die Autorin überließ Görres damals die 1842 auf der Meersburg entstandenen *Westphälischen Schilderungen aus einer westphälischen Feder* für einen Abdruck in den „Historisch-politischen Blättern", und zwar „unzensiert" – während sie zuvor Schücking eine Veröffentlichung in jedweder Form untersagt hatte, weil sie die Skizzen für *zu scharf* hielt. Der Artikel löste dann in der Tat eine – nach den Worten der Droste – *fatale Sensation* aus. Es erschienen in derselben Zeitschrift mehrere Entgegnungen, die mit dem Artikel hart ins Gericht gingen. Der Grund: Die Droste hatte bei ihrer Beschreibung der „westfälischen Nationalcharaktere" die Paderborner und Sauerländer viel zu negativ geschildert, „ihre" Münsterländer hingegen in den strahlendsten Farben beschrieben.

DER ERSTE BESUCH (1841/42)

... die alte Burg, mit ihren Thürmen, Wendelstiegen, ganzen Reihen von unterirrdischen Gefängnisgewölben, – wo die Gefangenen ihre Namen und alte Sprüche mit spitzen Steinen in die Felswand gekratzt haben – und nicht weniger als fünf verfallene Gängen in den Berg, deren Ausgang uns unbekannt ist ... (an Elise Rüdiger, 30.10.1841)

Schon im Vorfeld ihres ersten Besuches hegte die Droste den Wunsch, auf der Meersburg möglichst ungestört leben und arbeiten zu können. Sie ließ sich deshalb von Jenny *ein ganz abgelegenes Zimmer in ihrem alten weiten Schlosse, wo sich doch die wenigen Bewohner darin verlieren wie einzelne Fliegen, einräumen ..., – ein Raum so abgelegen, daß, wie Jenny einmahl hat Fremde darin logiren, und Abends die Gäste hingeleiten wollen, sie Alles in der wüstesten Unordnung und die Mägde weinend in der Küche getroffen hat, die vor Grauen daraus desertirt waren. ist das nicht ein poetischer Aufenthalt? – wenn ich dort keine Gespenster- und Vorgeschichten schreiben kann, so gelingt es mir nie* (an Schlüter, 19.9.1841). In einem späteren Brief heißt es, ihr sei auf dem Schloß *wirklich so viele Liebe und Nachsicht* mit ihren *Seltsamkeiten zu Theile* geworden, daß es sie *oft tief beschämt* habe.

Die Droste bewohnte bei ihren Besuchen unterschiedliche Zimmer. Während ihres ersten Aufenthalts 1841/42 befand sich ihr Quartier im nordöstlichen Turm des Schlosses auf der seeabgewandten Seite über der Kapelle. *Laßberg und Jenny thun Beide Alles mir mein Hierseyn angenehm zu machen; ich wohne übrigens in Deinem ersten Quartier, wo Alexander gestorben ist, was mir anfangs ein wenig grauserlich war, jetzt aber weiß ich nichts mehr davon, und ziehe diese Wohnung der andern weit vor, erstlich weil sie geräumiger und dann weil sie um vieles ruhiger und abgelegener ist* (an Therese von Droste-Hülshoff, 29.10.1841). Schücking beschreibt die Unterkunft wie folgt: „Annette von Droste hatte ich auf der Meersburg in einem runden Thurmgemach, rechts vom Eingange in die Burg installirt gefunden, wo sie, von den Wohngemächern der Familie entfernt ... ihre meisten Stunden zubrachte ..." (Lebenserinnerungen).

EINE LITERARISCHE KOPRODUKTION

Schon bald nach Schückings Eintreffen auf der Burg kam es zwischen der Droste und ihm zu einer literarischen Zusammenarbeit. Gemeint

Meersburg. Kapellenturm. Heutige Ansicht.

ist Schückings Gedicht „Die Meersburg am Bodensee", das ein Dankeschön Schückings an Laßberg für die gastfreie Aufnahme in seinem Haus darstellen sollte. Es erschien zuerst am 7. April 1842 im „Morgenblatt für gebildete Leser", dort jedoch – zum Bedauern Laßbergs – ohne die auf Laßberg bezogenen Stellen. Die vollständige, abermals überarbeitete Version, erschien in Schückings „Gedichten" (1846). Die Droste hat Schückings Text überarbeitet und einige für sie charakteristische Wendungen eingebracht. Hier die vollständige Fassung nach Schückings „Gedichten":

Die Meersburg am Bodensee.

(Conradins Sitz um 1262 und 67.)

Hoch über Felsen steht sie aufgebaut
Am Seegestad, daran die Wogen schlagen;
So hoch – was über ihr die Wolke braut,
Scheint sie mit grauen Zackenreihn zu tragen.

Inmitten steht, den Dagobert gesetzt,
Der Thurm, in dem der Schild Martells
                geklungen,
Ein fest Gemäu'r, so stark und unverletzt,
Als ob es sein Jahrtausend übersprungen.

Durch seine Scharten schau ich in das Land
Weit, weit hinaus, auf sonn'ge Uferstrecken,
Die wie ein Blumenkranz rings um den Rand
Von einem festtäglichen Silberbecken.

Die stillen Schiffe seh' ich, wie sie sacht
Segel und Masten unter'm Winde neigen;
Wie einen Mast, daran die Wolke flaggt,
Seh' ich das Alphorn in die Lüfte steigen.

Und diese Burg – ein fabelhaftes Haus,
Als ob' ein Mönch gemalt in seinen Psalter!
Mich überwölbt die Decke dieses Bau's
Mit bunten Träumen aus dem Mittelalter.

Ein Hornesstoß! es rasselt unter'm Thor,
Die Sporen klirren auf den Wendelstiegen;-
Dort, auf der Warte Söller, hoch empor,
Bis in die Lüfte, die den Habicht wiegen:

Das ist des Conradin Panier; es steht
Der Sonnenstrahl in seinen goldnen Falten;
– Er selbst – er hat dem Reiher nachgespäht
Und auf der Faust das Federspiel gehalten.

Jezt auf die Zinne mit dem Arm gestüzt
Blickt er hinab, wie ihn das Wasser spiegelt,
Sein träumend Haupt vom Abend angeblizt,
Vom weichen Föhn Italia's umflügelt.

Italia's! – es kommt wie Gruß geweht,
Wie laue Bergesluft der Apenninen;
War's nicht wie süßer Harzesduft, wenn spät
Die Sonne noch den Pinienwald durch-
                                    schienen? –

Er fährt empor – ein Falk, der Beute sieht, –
Das Herz hat Flügel und die Lüfte tragen
Da liegt's , da glüht's, Apuliens Gebiet,
Und nun ein heiß, ein königliches Jagen!

»– O Karl von Anjou – Anjou hüte sich!
Von diesen Alpen sieh es niederkommen;
Wie jäher Bergsturz kommt es über dich,
Wie sturmgepeitschte Fluthen
                            angeschwommen! –

Doch ha, verdammt! – noch in dieß blanke
                                    Schwert
Ist keine Scharte klingend eingehauen;
Laut wiehernd an der Krippe steht das Pferd,
Und muß am Halfter seinen Schaum zerkauen.

Wann wirst du, wann, in Eisen aufgezäumt,
Den Hohenstaufen in sein Erbe tragen? –
Wann wird dein Huf, von frischem Blut
                                    beschäumt,
Sich in den todten Schädel Anjous schlagen?

O schnödes Volk! – ihr laget Mann für Mann
Im Staub einst vor den Kaiser – Ghibellinen; –
Zu mir heran – o eine Schaar nur – dann
Nur einmal Blut auf diese Panzerschienen! –«

Er sendet glühend seine Blicke fort,
Die Alpenriesen vor ihm zu durchbrechen;
Sie aber stehen, düstre Warner, dort,
Wie Schilde hebend ihre Gletscherflächen,

Ringsum in Wetter eingehüllt, daß schwer
Um ihren Leib die Wolken niederhangen;
Blutrothe Blitze zucken daraus her,
Als sey's das Leuchten ihrer Gürtelspangen.

»Das war vordem! jetzt schüttelt euch die Hand,
Ein grauer Rittersmann und spricht will-
                                    kommen!

Und fragt nach jeder Burg in eurem Land,
Und weiß Geschichten, wie ihr nie
                                vernommen!

Er kennt sie All' – der Welfenlöwe steht
Vor seines Auges leis verhülltem Sinnen;
Er steht des sechsten Heinrich Majestät
Den Reichs-Aar pflanzen auf Palermo's Zinnen:

Die Sänger kennt er, die ihr Haus gestellt
Einst auf den Bergen hier nach allen Seiten.
Er kann zu ihnen hin, wie's ihm gefällt
Und sie zu ihm zum Morgenimbiß reiten.

Was sie gedacht, gedichtet, jedes Blatt,
Es ist als ihr Vermächtniß ihm geblieben:
Das Buch von Barlaam und Josaphat
Hat ihm von Ems Herr Rudolph auf-
                                geschrieben

Der alten Meister Selde und ihr Leid
Sie haben's seinem – ‚Liedersaal' gesungen;
In alten Mähren ist ihm ‚viel gefeit' –
Da steht es selbst: Das Buch der Nibelungen!

Und so wie einst, so öffnet sich noch heut
Vor edlen Meistern seiner Thore Gitter:
Und wie ein Bild aus längstverschollner Zeit,
Tritt ernst der Sänger zu dem grauen Ritter.

Es ist kein Traum! – Neigt eure Stirne tief
Vor dieser Stirn, die eine Welt getragen!
Was in dem Herzen seines Volkes schlief,
Was in der Brust des Einzelnen geschlagen:

Der hat's gefühlt, gesungen und gesagt!
Der hat der Zeit ihr altes Recht gefodert,
Der hat das Wort, das flammende, gewagt
Das wie ein leuchtend Osterfeu'r gelodert.

Süß wie das Herz, das Coucy's Knappe trug,
Entströmten die Gesänge seinem Munde,
Doch auch vernichtend wie der ‚Sängerfluch',
Scharf wie der Schwerthieb seiner
                    ‚schwäb'schen Kunde.'

Geräuschlos und bescheiden tritt er ein,
Demüthig fast, dem Wanderstab zur Seiten;
Viel ‚sanfte Tage' lassen ihren Schein,
Ein rosig Wehn, um seine Stirne gleiten.

So kennt ihr ihn, geht er auch still einher:
Der Uhland ist es – prunklos, ohne Flitter.
Ein hoher Gast – doch auch ein Wirth, wie der!-
Gott segne beide – Laßberg heißt der Ritter.

Das Fehlen der letzten elf auf Laßberg
bzw. Uhland bezogenen Strophen im Druck
des „Morgenblatts" rief bei Laßberg bittere
Enttäuschung hervor. Als das Gedicht erschien,
hatte Schücking bereits die Meersburg verlassen: *dein Gedicht auf die Meersburg was
mir schon eine schöne Verlegenheit zugezogen
hat, und zwar eine wohlverdiente, da die Idee
den guten Laßberg nebst Uhland auszumerzen
zwar nicht von mir ausgegangen, aber doch ap-*

probirt worden ist, und jetzt fiel es mir wie ein Stein aufs Herz, „Gott! das sieht ja ganz aus, als ob Levin sich öffentlich seiner schämte, als zu unbedeutend für ein Gedicht! – und nun grade im Morgenblatt, das Laßberg gleich vor Augen kömmt!" – *es währte auch nicht lange, so waren die Puppen am Tanz, – von allen Seiten wurde dem alten Herrn die schmeichelhafte Nachricht von „Levin Schückings schönem Gedichte auf seine Dagobertsburg" zugetragen – schriftlich wie mündlich – Pfeiffer, Baumbach, Stanz, die Meersburger Honoratioren, – Jeder wollte ihn zuerst bekomplimentiren, und ich wußte mir nicht anders zu helfen, als indem ich gestand es gelesen und von der Redaktion des Morgenblattes … auf eine Weise verkürzt gefunden zu haben, daß alle Strophen, die sich nicht auf das blos Landschaftliche und Historische bezogen, ausgelassen worden, – der arme Laßberg der so kindisch froh war, sich vor aller Welt besungen zu sehn, daß er mich fast aus dem Bette ins Museum gejagt hätte, um „das Blatt seiner Glorie" zu holen, war, wie mir schien, fast dem Weinen nah, als er dies hörte, und sagte mit der kläglichsten Stimme von der Welt „Wenn auf diese Art vielleicht Uhland und ich ausgemerzt sein sollten, so sollte mich das sehr freuen, denn ich mag nicht daß man von mir spricht" – er dauerte mich ordentlich, aber ich glaube nicht, daß er Verdacht auf deine eigne lieblose Hand hat* (Brief der Droste an Schücking vom 5.5.1842).

Zu einer intensiveren Zusammenarbeit zwischen der Droste und Schücking kam es auch bei seinem Roman „Das Stifts-Fräulein". Ein erster Abdruck aus diesem Werk erschien unter dem Titel „Der Jagdstreit" vom 16. bis 18. Februar 1842 im Cottaschen „Morgenblatt für gebildete Leser". Erstmals vollständig gelangte „Das Stifts-Fräulein" Anfang 1843 innerhalb der von August Lewald herausgegebenen „Dombausteine" zur Publikation. Ab der zweiten Auflage 1846 trug das Werk den Titel „Eine dunkle That".

In seinen „Lebenserinnerungen" schreibt Schücking: „und als ich alsdann einen Roman zu schreiben unternahm, der unter dem Titel ‚Eine dunkle That' (Leipzig 1846) erschienen ist, fügte sie (die Droste) ihm die reizende Schilderung eines Stiftsfräuleins in ihrem alten Curiengebäude ein, die etwa von Seite 63 bis 100 dieses Buches reicht." Der Anteil der Droste an dem Werk ist nicht mehr eindeutig zu bestimmen. Als sicher gilt lediglich, daß sie die Vorlagen für jene Passagen lieferte, die sich auf das Äußere des ihr aus der Jugendzeit bekannten Freckenhorster Damenstiftes beziehen. Im Zuge der Weiterarbeit griff Schücking stark in den Text ein und gab ihm „seine" Handschrift.

EIGENE LITERARISCHE PLÄNE

Im Vordergrund des ersten Besuches stand für die Droste jedoch die Arbeit an eigenen Projekten. Sie wollte in Meersburg an ihrem Westfalenroman *Bei uns zu Lande auf dem Lande* weiterschreiben, die Lieder des *Geistlichen Jahres* feilen und diese abschreiben sowie ihr Lustspiel *Perdu!* zum Abschluß bringen (an Therese von Droste-Hülshoff, 29.10.1841). Vor ihrer Abreise hatte sie Schlüter mitgeteilt: … *das Nöthige dazu ⟨zur literarischen Arbeit⟩ steckt schon tief im Koffer, und an Zeit und Ruhe wird es mir nicht fehlen* (Brief vom 19.9.1841). Dann jedoch nahm die literarische Produktion einen ganz anderen Verlauf als erwartet. Das erste Zeugnis über ihr schriftstellerisches Treiben nach der Ankunft findet sich im bereits teilweise zitierten Brief an Elise Rüdiger vom 18. Dezember 1841: ⟨*Ich liege⟩ wach im Bette, und mache im Dunkeln Gedichte, die ich nicht in die Sammlung ⟨der Gedichte 1838⟩ gegeben habe, und mit denen die zerstreut ⟨hinzu⟩gekommen sind, könnte ich es wohl bis Frühjahr zu einem zweyten Bändchen bringen, – ⟨am⟩ Tag schreibe ich an meinem größeren Buche, und Abends bey Licht wird das bereits Fertige* (später auch die geistlichen Lieder) *abgeschrieben. – Sie sehn ich bin fleißig …*. Vier Wochen später heißt es im Brief an die Mutter: *Ich habe schon einen ganzen Wust geschrieben, August* ⟨von Haxthausen⟩ *würde sich aber ärgern, wenn er hörte daß es meistens Gedichte sind, von denen ich gegen Ostern wohl einen neuen dicken Band fertig haben werde, während das Westphalen* ⟨Bei uns zu Lande auf dem Lande⟩ *nur langsam voran rückt* (Brief vom 28.1.1842). Bei ihrem dicht gedrängten Tagesprogramm müsse sie jede Minute *zu Rathe halten*, um den Winter über *was Ordentliches* zustande zu bringen.

Um sich gegenseitig anzuspornen, traten die Droste und Schücking in einen poetischen Wettstreit, der in einer folgenschweren Wette gipfelte. „Daß das lyrische Gedicht ihr eigentlichster Beruf, war die Ansicht und Ueberzeugung, die ich … zu verfechten pflegte; … gewiß ist, daß sie sich in diesem Augenblick stark genug dazu fühlte, sie ⟨die Poesie⟩ herbei zu commandiren – daß sie in sich einen Reichthum des Gemüths, der Empfindung und der Gedanken fühlte, aus dem sie gewiß war, nur immer schöpfen zu können, ohne den Schatz zu mindern; eine Fülle lyrischer ‚Stoffe', die ja eigentlich und im Ganzen von ihr noch gar nicht angetastet und angebrochen war. Sie meinte deshalb mit großer Zuversicht, einen reputirlichen Band lyrischer Gedichte werde sie mit Gottes Hülfe, wenn sie gesund bleibe, in den nächsten Wochen leicht schreiben können. Als ich widersprach, bot sie mir eine Wette an, und stieg dann gleich in ihren Thurm hinauf,

Das Titelblatt der Gedichtsausgabe von 1844.

um sofort an's Werk zu gehen. Triumphirend las sie am Nachmittag bereits das erste Gedicht ihrer Schwester und mir vor, am folgenden Tage entstanden gar zwei, glaub' ich – meine Doctrin erhielt von nun an fast Tag für Tag ihre wohl ausgemessene und verdiente Züchtigung. So entstand in weniger Monate Verlauf, in jenem Winter von 1841-1842, die weitaus größte Zahl der lyrischen Poesien, welche den Band ihrer ‚Gedichte' füllen" (Levin Schücking: Annette von Droste. Ein Lebensbild. 1862).

Gedichtverzeichnis der 1844er Ausgabe.

In seinen „Lebenserinnerungen" ergänzte Schücking: „Bei der oft angeregten Debatte, wo eigentlich der Schwerpunkt ihres Talents liege, für welche Art der Production sie sich concentriren solle, folgte sie endlich meinem Rath, weil dieser Rath mit der Aeußerung des Unglaubens an ihre Versicherung verbunden war, sie werde im Laufe der nächsten Monate einen ganzen Band lyrischer Gedichte aus dem Aermel schütteln können. ‚Das sollen sie sehen', sagte das selbstbewußte Fräulein und zog sich in ihren Thurm zurück, um das erste niederzuschreiben. In den nächsten Wochen entstanden nun ein und auch oft zwei Gedichte an einem Tage, – sie wußte die Wette glorreich zu gewinnen."

Erste Nachrichten vom Erfolg dieser Wette finden sich in einem Brief Schückings an Freiligrath vom 14. Januar 1842. Darin berichtete Schücking, daß die Droste jeden Tag ein Gedicht verfasse und am Ende des Winters eine Gedichtsammlung herauszugeben gedenke. Am 9. Februar teilte er demselben Adressaten mit: „Die Droste unterbrach mich eben, indem sie in meinen Turm kam, um mir ihr Gedicht vorzulesen; täglich wird eines fabriziert; jetzt sind es schon 53, und wenn die 100 voll sind, sollen sie als Sammlung herausgegeben werden; einige wirst Du wahrscheinlich nächstens im ‚Morgenblatt' lesen; sie werden übrigens von Tag zu Tag besser. Sie grüßt Dich herzlich." Am 6. März 1843 schrieb Schücking rückblickend an seine Braut Louise von Gall: „Daß sie ⟨die Droste⟩ jetzt eine bedeutende Sammlung Gedichte zum Druck vorbereitet, daran bin ich eigentlich schuld, denn ich habe ihr keine Ruhe gelassen, ... auf der alten Meersburg ... hat sie täglich ein oder zwei Gedichte liefern müssen."

Damals entstand in Meersburg mit rund 60 Gedichten der Grundstock für die zweite Gedichtsammlung der Droste, die durch Vermittlung Schückings im September 1844 bei Cotta erschien. Eine Auswahl der Texte sandte Schücking im Februar 1842 an die Redaktion des Cottaschen „Morgenblatts". Zwischen dem 16. Februar und dem 6. September 1842 gelangten folgende Texte zum Abdruck: *Der Knabe im Moor*; *Im Moose*; *Warnung an die Weltverbesserer (An die Weltverbesserer)*; *Gruß an *** (Gruß an Wilhelm Junkmann)*; *Die Taxuswand*; *Am Thurm (Am Thurme)* und *Junge Liebe*. Mit diesen Gedichten machte die Droste erstmals in der größeren Literaturwelt auf sich aufmerksam.

Die Entstehungschronologie der Texte des Meersburger Winters läßt sich nur ungefähr bestimmen. Dies gilt auch für *Das Spiegelbild*:

Das Spiegelbild

Schaust du mich an aus dem Kristall,
Mit deiner Augen Nebenball,
Kometen gleich die im Verbleichen;
Mit Zügen, worin wunderlich
Zwei Seelen wie Spione sich
Umschleichen, ja, dann flüstre ich:
Phantom, du bist nicht meines Gleichen!

Bist nur entschlüpft der Träume Hut,
Zu eisen mir das warme Blut,
Die dunkle Locke mir zu blassen;
Und dennoch, dämmerndes Gesicht,
Drin seltsam spielt ein Doppellicht,
Trätest du vor, ich weiß es nicht,
Würd' ich dich lieben oder hassen?

Zu deiner Stirne Herrscherthron,
Wo die Gedanken leisten Frohn
Wie Knechte, würd ich schüchtern blicken;
Doch von des Auges kaltem Glast,
Voll todten Lichts, gebrochen fast,
Gespenstig, würd, ein scheuer Gast,
Weit, weit ich meinen Schemel rücken.

Und was den Mund umspielt so lind,
So weich und hülflos wie ein Kind,
Das möcht in treue Hut ich bergen;
Und wieder, wenn er höhnend spielt,
Wie von gespanntem Bogen zielt,
Wenn leis' es durch die Züge wühlt,
Dann möcht ich fliehen wie vor Schergen.

Es ist gewiß, du bist nicht Ich,
Ein fremdes Daseyn, dem ich mich
Wie Moses nahe, unbeschuhet,
Voll Kräfte die mir nicht bewußt,
Voll fremden Leides, fremder Lust;
Gnade mir Gott, wenn in der Brust
Mir schlummernd deine Seele ruhet!

Und dennoch fühl ich, wie verwandt,
Zu deinen Schauern mich gebannt,
Und Liebe muß der Furcht sich einen.
Ja, trätest aus Kristalles Rund,
Phantom, du lebend auf den Grund,
Nur leise zittern würd ich, und
Mich dünkt – ich würde um dich weinen!

Als weiteres Beispiel aus der reichen Lyrikproduktion des Meersburger Winters sei hier eines der bekanntesten Gedichte der Droste, *Der Knabe im Moor*, aus dem Zyklus der *Haidebilder* ausgewählt. Eigener Angabe zufolge schrieb die Autorin diesen Zyklus in einem Zuge nieder:

Der Knabe im Moor

O schaurig ist's über's Moor zu gehn,
Wenn es wimmelt vom Haiderauche,
Sich wie Phantome die Dünste drehen
Und die Ranke häkelt am Strauche,
Unter jedem Tritt ein Quellchen springt,
Wenn aus der Spalte es zischt und singt,
O schaurig ist's über's Moor zu gehn,
Wenn das Röhricht knistert im Hauche!

Fest hält die Fibel das zitternde Kind
Und rennt als ob man es jage;
Hohl über die Fläche sauset der Wind –
Was raschelt drüben am Haage?
Das ist der gespenstige Gräberknecht,
Der dem Meister die besten Torfe verzecht;
Hu, hu, es bricht wie ein irres Rind!
Hinducket das Knäblein zage.

Vom Ufer starret Gestumpf hervor,
Unheimlich nicket die Föhre,
Der Knabe rennt, gespannt das Ohr,
Durch Riesenhalme wie Speere;
Und wie es rieselt und knittert darin!
Das ist die unselige Spinnerin,
Das ist die gebannte Spinnlenor',
Die den Haspel dreht im Geröhre!

Voran, voran, nur immer im Lauf,
Voran als wollt' es ihn hohlen;
Vor seinem Fuße brodelt es auf,
Es pfeift ihm unter den Sohlen
Wie eine gespenstige Melodey;
Das ist der Geigemann ungetreu,
Das ist der diebische Fiedler Knauf,
Der den Hochzeitheller gestohlen!

Da birst das Moor, ein Seufzer geht
Hervor aus der klaffenden Höhle;
Weh, weh, da ruft die verdammte Margreth:
»Ho, ho, meine arme Seele!«
Der Knabe springt wie ein wundes Reh,
Wär' nicht Schutzengel in seiner Näh',
Seine bleichenden Knöchelchen fände spät
Ein Gräber im Moorgeschwehle.

Da mählig gründet der Boden sich,
Und drüben, neben der Weide,
Die Lampe flimmert heimathlich,
Der Knabe steht an der Scheide.
Tief athmet er auf, zum Moor zurück
Noch immer wirft er den scheuen Blick:
Ja, im Geröhre war's fürchterlich,
O schaurig wars in der Haide!

Ihren politischen Standpunkt bringt die Droste am deutlichsten in ihren *Zeitbildern* zum Ausdruck, die auf Anraten Schückings ihre zweite Gedichtsammlung eröffnen. Das Gedicht *An die Weltverbesserer* entstand ebenfalls im Meersburger Winter 1841/1842 und verdeutlicht die konservative politische Grundhaltung der Dichterin, die hier gegen die damals populäre politische Vormärzdichtung der Zeit Partei ergreift:

An die Weltverbesserer

Pochest du an – poch' nicht zu laut,
Eh du geprüft des Nachhalls Dauer.

Drückst du die Hand – drück nicht zu traut,
Eh du gefragt des Herzens Schauer.
Wirfst du den Stein – bedenke wohl,
Wie weit ihn deine Hand wird treiben.
Oft schreckt ein Echo, dumpf und hohl,
Reicht goldne Hand dir den Obol,
Oft trifft ein Wurf des Nachbars Scheiben.

Höhlen giebt es am Meeresstrand,
Gewalt'ge Stalaktitendome,
Wo bläulich zuckt der Fackeln Brand,
Und Kähne gleiten wie Phantome.
Das Ruder schläft, der Schiffer legt
Die Hand dir angstvoll auf die Lippe,
Ein Räuspern nur, ein Fuß geregt,
Und donnernd überm Haupte schlägt
zusammen dir die Riesenklippe.

Und Hände giebts im Orient,
Wie Schwäne weiß, mit blauen Malen,
In denen zwiefach Feuer brennt,
Als gelt' es Liebesglut zu zahlen;
Ein leichter Thau hat sie genäßt,
Ein leises Zittern sie umflogen,
Sie fassen krampfhaft, drücken fest –
Hinweg, hinweg! du hast die Pest
In deine Poren eingesogen!

Auch hat ein Dämon einst gesandt
Den gift'gen Pfeil zum Himmelsbogen;
Dort rührt' ihn eines Gottes Hand,
Nun starrt er in den Aetherwogen.
Und läßt der Zauber nach, dann wird
Er niederprallen mit Geschmetter,
Daß das Gebirg' in Scherben klirrt,

Und durch der Erde Adern irrt
Fortan das Gift der Höllengötter.

Drum poche sacht, du weißt es nicht
Was dir mag überm Haupte schwanken;
Drum drücke sacht, der Augen Licht
Wohl siehst du, doch nicht der Gedanken.
Wirf nicht den Stein zu jener Höh'
Wo dir gestaltlos Form und Wege,
Und schnelltest du ihn einmal je,
So fall auf deine Knie und fleh',
Daß ihn ein Gott berühren möge.

Schücking kam das Verdienst zu, die Droste wiederholt zu konzentriertem Arbeiten und Durchfeilen der Gedichte angespornt zu haben. Damals las die Droste, wie wir hörten, Jenny und Schücking abends die neu entstandenen Texte vor: *sie sind Beyde sehr zufrieden damit, aber leider von so verschiedenem Geschmacke, daß der Eine sich immer über das am meisten freut, was dem Andern am wenigsten gelungen scheint, so daß sie mich ganz confus machen könnten, und ich am Ende doch meinen eignen Geschmack, als letzte Instanz, entscheiden lassen muß* (an Therese von Droste-Hülshoff, 28.1.1842).

SCHÜCKING: FÖRDERER UND SEELENFREUND

Noch lange lebten auf seiten der Droste die Erinnerungen an den gemeinsamen Aufenthalt und die so fruchtbare Meersburger Schaffensphase fort. Die folgenden Zitate aus späteren Briefen an Schücking haben indirekt noch mit der Meersburger Wette zu tun: *Unser Zusammenleben in Rüschhaus war die poetischeste und das in Meersburg gewiß die heimischeste und herzlichste Zeit unseres beyderseitigen Lebens, und die Welt kömmt mir seitdem gewaltig nüchtern vor. ... Säß mein liebstes Kind mir noch gegenüber, ich würde wieder zwey Gedichte täglich machen ...;* ⟨die poetische Produktion⟩ *rollte doch anders, wie wir jeden Abend vor einander triumphirten ...* (Brief vom 10.10.1842); und: *... die alte Burg und der See fallen mir doch hundertmahl ein, wenn ich die Regentropfen so an den trüben Scheiben niederrinnen sehe, und denke wie farbig, winterklar, und poetisch dort Alles war – wohl! wohl war es eine schöne Zeit! – und so Alles zusammen – die himmlische Gegend – die fast fabelhafte Burg – und drinnen die „fruchtbringende Gesellschaft" der alte Ritter, Sie, und ich – es waren „die schönen Tage von Aranjuez"* (Brief vom 17.11.1842).

Wie wichtig ein Anreger und kritischer Förderer wie Schücking für die Droste war, wird aus mehreren Zeugnissen deutlich. Mit Schückings Abreise am 2. April 1842 – er trat eine durch Ferdinand Freiligrath vermittelte Hauslehrerstelle beim Fürsten von Wrede in Ellingen

Levin Schücking. Stahlstich von A. Weger, um 1840.

Blick auf die Meersburger Unterstadt. Heutige Ansicht.

an – verlor die Droste ihren wichtigsten literarischen Ansprechpartner. Daß außer ihm nur wenige Anteil an ihrem Schreiben nahmen, bezeugt ihr Brief an Philippa Pearsall: *Es geht mir wie Ihnen, Philippa, ich habe Niemanden, der mich zum Wetteifer anregt ... ich habe Niemanden, der sich so recht für meine Arbeiten interessirt* (Brief vom 27.8.1844). Ähnlich klagt die Droste Levin und Louise Schücking: *ich bin sehr fleißig, lese, lerne, zeichne, habe aber zum Dichten erst die halbe Stimmung wieder gewonnen,– ich finde eben keine Theilnahme, weiß nicht wem ich Freude damit machen könnte, und so möchte ich es lieber blos denken* (Brief vom 20.6.1844). Die fehlende Möglichkeit zum literarischen Austausch bringt auch ein Brief Jenny von Laßbergs an Schücking vom 4. November 1842 zum Ausdruck: „Nette schreibt mir daß ihre Gedichte bald fertig seien, und sie sowohl vom Geyerpfiff als auch von der Judenbuche sehr gute Rezensionen gelesen habe, das freut mich, da es ihr Muth machen wird, die Gedichte herauszugeben; reden Sie ihr doch auch zu daß sie es thut; wäre sie hier geblieben, so hätte ich sie wohl antreiben wollen, aber jetzt ist niemand um sie der sich recht dafür interessirt; ich kann Ihnen nicht sagen wie ungern ich Nette verloren habe, und auch sie ging ungern ..."

Die Briefe der Droste an Schücking aus der ersten Nach-Meersburger Zeit sind voller vertraulicher Wendungen. Als Beispiel ihr Brief vom 5. Mai 1842: *ich habe schon zwey Stunden wachend gelegen, und in einem fort an dich gedacht, ach, ich denke immer an dich – immer, ... schreib mir nur oft – mein Talent steigt und stirbt mit deiner Liebe – was ich werde, werde ich durch dich und um deinetwillen, sonst wäre es mir viel lieber und bequemer mir innerlich allein etwas vorzudichten. ... Wir haben doch ein Götterleben hier geführt ...* Aufgrund solcher Zeugnisse wurde die Beziehung zwischen der Droste und dem um 17 Jahre jüngeren, weitgehend mittellosen Literaten zu einer romantischen Liebesbeziehung verklärt und trivialisiert. Die Wirklichkeit sah jedoch anders aus. Schücking schätzte die Droste als seine *allerliebste Seelenfreundin*; an eine darüber hinausgehende Beziehung war jedoch nicht zu denken. Seiner Braut Louise von Gall schrieb er offen: „es gibt kein innigeres und wohltuenderes Verhältnis wie das zwischen ihr ⟨der Droste⟩ und mir, wie es kein angenehmeres Leben für mich gegeben, wenn ich bei ihr auf ihrem einsamen Waldschlößchen mich habe verwöhnen lassen ... Sie brauchen deshalb nicht eifersüchtig zu werden, meine teure Braut, wenn es Ihnen dessen auch wert scheinen sollte. Die Droste wird stark in den Vierzigern sein, und sieht noch älter aus, weil sie kränklich ist: da kann man jemanden wohl sehr lieb haben, aber – eifersüchtig braucht man doch nicht darauf zu sein" (Brief vom 11.12.1842).

Vor Antritt seiner neuen Stelle reiste Schücking nach Stuttgart, um den Verleger Georg von Cotta zu treffen und erste Verhandlungen über die projektierte Gedichtausgabe der Droste zu führen. Auch ließ er die *Judenbuche* zurück, die vom 22. April bis zum 10. Mai 1842 in Cottas „Morgenblatt" erschien. Die Droste verfolgte das Erscheinen ihrer Novelle täglich im Meersburger „Museum" (→ S. 68).

Nach Schückings Abreise kam es zu einem

Turmzimmer auf der Meersburg. Lithographie von A. Pecht.

vorübergehenden Versiegen der literarischen Produktion. Doch schon im Mai wollte sie wieder *con furore* ans Werk. Sie befand sich *in der fruchtbaren Stimmung, wo die Gedanken und Bilder ihr ordentlich gegen den Hirnschädel pochten, und mit Gewalt ans Licht wollten* (Brief vom 5.5.1842). In dieser Phase erreichte sie eine Anfrage Schückings, der sie um Mithilfe bei einem Aufsatz über Westfalen für den Sammelband „Deutschland im 19. Jahrhundert" bat. Zugunsten dieses Beitrages stellte die Droste ihr eigenes Gedichtschaffen unverzüglich zurück. Aus den skizzenhaften Entwürfen des Westfalenromans *Bei uns zu Lande* entstand – halb ungewollt – ein eigenes Werk, ihre *Westphälischen Schilderungen* (→ S. 36).

Nach Abschluß dieser Arbeit hoffte die Droste, daß es nun *in einem Strome* so fortgehe, *Lyrisches, Balladen – Drama, – was weiß ich Alles! ... wärst du noch hier, mein Buch wäre längst fertig, denn jedes Wort von dir ist mir wie ein Spornstich* (an Schücking, 5.5.1842). Die weitläufigen Pläne gelangten jedoch nur ansatzweise zur Ausführung. Aufgrund einer Erkrankung brachte die Droste in Meersburg lediglich noch die Abschrift der *Westphälischen Schilderungen* zum Abschluß.

Auch die Reinschrift ihrer Gedichte hatte sie ursprünglich in Meersburg abschließen wollen. Bis zur Fertigstellung des Manuskripts war es jedoch noch ein weiter Weg. Auf die damalige, inspirierte Phase folgte der schwierige Prozeß des Überprüfens, Verwerfens, Neuansetzens. Am 16. Februar 1843 schrieb die Autorin Schücking, daß das *Dichten und Corrigiren* noch immer kein Ende gefunden habe, sie wolle sich nun mit dem Vorhandenen zufriedengeben. Dann folgte ein weiteres, fast ganz durch Krankheit verschenktes Jahr.

DER ZWEITE BESUCH (1843/44) – EINZUG IN DIE SPIEGELEY

Freylich ist auch Manches geblieben, vor Allem heimelte mich das Speisezimmer an, – Alles als wärs gestern – das kleine Kanapee am Ofen unter dem die Lachtauben gurren, – das Klavier, ganz mit denselben Notenblättern, die ein Jahr Rast gehalten – Laßbergs Noli me tangere-Winkel, – die alte Uhr auf dem Schreibtische, die immer Zwölf schlägt. – dort ist die Zeit eben so unbegreiflich still gestanden, wie sie anderwärts unbegreiflich gerannt ist ... (an Schücking, 15.12.1843)

Bei ihrem zweiten Besuch mußte die Droste – zunächst mit einigem Verdruß – in andere Räume, in die sogenannte „Spiegeley" – benannt nach dem ehemaligen Gefangenenwärter Spiegel, der hier zuvor gewohnt hatte –, umziehen. Die Räume befinden sich im südöstlichen Turm auf der seezugewandten Seite im unteren Teil der Burg und beherbergen heute ein eigenes kleines Droste-Museum. Die Autorin wußte die Vorzüge des neuen Quartiers bald zu schätzen: *Ungestörtheit habe ich überhaupt hier, so viel mein Herz verlangt, ich bin in meinen Thurm wie begraben, und komme nur hervor, wenn ich, nach dem Läuten des Dampfboots, alte Freunde habe die Steig herauf traben gesehn ...* (an Schücking, 15.12.1843). An anderer Stelle: *Ich sitze wie eine Maus im Loche in meinem Thurme, und knuspere eine Nuß nach der andern aus Laßbergs Bibliothek, zuweilen mit recht harter saurer Schale, und auch der Kern erinnert mich oft an unsrer lieben Vorfahren rohe Eicheln, aber was thut man nicht der Ehre wegen!* (an Elise Rüdiger, 5.1.1844).

Die Droste bedauerte allenfalls, daß durch die neuen Wohnverhältnisse die Erinnerungen an die gemeinsame Zeit mit Schücking weiter zu verblassen drohten: Sie schrieb ihm *... mein früheres Zimmer, so wie das Ihrige* ⟨Schückings Arbeitszimmer in der Bibliothek⟩ *jetzt als Fremdenzimmer immer verschlossen, also für mich so gut wie gar nicht mehr da – eben so die Gewölbe, in denen wir herum kletterten, und Ihr Thurmzimmer, in dem Sie den La Fleur und das Stiftsfräulein schrieben, – in beyde Letztere habe ich, bey einer allgemeinen Hausschau, mahl einen Blick gethan, und es war mir wie ‚eine Geschichte vergangener Zeiten'* (Brief vom 15.12.1843).

Schücking beschreibt die neuen Räumlichkeiten in seinen „Lebenserinnerungen" wie folgt: Die Droste „wohnte nicht mehr in ihrem alten, noch ziemlich comfortabel eingerichteten Quartier, sondern nach ihrem Wunsch hatte man ihr ein Thurmgemach in einem anderen Gebäudetheil zu dem es nicht so viele Treppen zu ersteigen gab und wo sie in noch größerer Ungestörtheit weilen konnte, neu eingerichtet, und die Kahlheit, die weißen Kalkwände dieses noch nicht lange fertig gewordenen Raumes hatten etwas kerkerhaft Bedrückendes. Doch hatte sie alle ihre kleinen Schätze jetzt da bei einander und war mit dem Tausche sehr zufrieden". Die Autorin selbst: *Mein Thurm ist köstlich, d. h. meinem Geschmacke nach einsam, graulich, – heimliche Stiegen in den Mauern – Fensterscheiben mit Sprüchen von Gefangenen eingeschnitten – eine eiserne Thür die zu Gewölben führt wo es Nachts klirrt und rasselt – und nun drinnen mein lieber warmer Ofen, – mein guter, großer Tisch mit Allem darauf, was mein Herz verlangt, Bücher, Schreibereyen, Mineralien, – und als Hospitant mein klein Kanarienvögelchen, das mir aus der Hand frißt und die Federn verschleppt. o, es ist ein prächtiges Ding, der runde Thurm! ich sitze darin wie ein Vogel im Ey, und mit viel weniger Lust heraus zu kommen ...* (an Louise Schücking, 4.3.1844). Und später im selben Brief: *... da ich keine Besuche mache, in meinem Thurme keine annehme, und bey den Besuchen droben im Hause nur zufällig zugegen bin, so bleibe ich denn auf die wöchentlichen Zusammenkünfte mit der Salm reducirt. es ist mir aber auch genug so, ich habe zu arbeiten, auszuruhn, und viel viel zu denken nach Augsburg und Münster hinüber ...*

Am Thurme

Ich steh' auf hohem Balkone am Thurm,
Umstrichen vom schreienden Staare,
Und laß gleich einer Mänade den Sturm
Mir wühlen im flatternden Haare;
O wilder Geselle, o toller Fant,
Ich möchte dich kräftig umschlingen,
Und, Sehne an Sehne, zwei Schritte vom Rand
Auf Tod und Leben dann ringen!

Und drunten seh' ich am Strand, so frisch
Wie spielende Doggen, die Wellen
Sich tummeln rings mit Geklaff und Gezisch,
Und glänzende Flocken schnellen.
O, springen möcht ich hinein alsbald,
Recht in die tobende Meute,
Und jagen durch den korallenen Wald
Das Wallroß, die lustige Beute!

Und drüben seh' ich ein Wimpel wehn
So keck wie eine Standarte,

Das Arbeitszimmer der Droste in ihrem Turm.

Blick vom Droste-Turm auf den Bodensee.

Seh auf und nieder den Kiel sich drehn
Von meiner luftigen Warte;
O, sitzen möcht' ich im kämpfenden Schiff,
Das Steuerruder ergreifen,
Und zischend über das brandende Riff
Wie eine Seemöve streifen.

Wär ich ein Jäger auf freier Flur,
Ein Stück nur von einem Soldaten,
Wär ich ein Mann doch mindestens nur,
So würde der Himmel mir rathen;
Nun muß ich sitzen so fein und klar,
Gleich einem artigen Kinde,
Und darf nur heimlich lösen mein Haar,
Und lassen es flattern im Winde!

NEUE SCHAFFENSLAUNEN

Die literarische Ausbeute des zweiten Meersburger Aufenthalts kann sich zwar nicht mit der des ersten messen, doch auch diesmal entstanden zahlreiche Texte, die zu den besten der Dichterin zählen.
Zunächst stand bis Ende des Jahres 1843 die Arbeit an der Reinschrift der Gedichtausgabe von 1844 im Vordergrund. Im Februar 1844 kam es im Zuge der unmittelbaren Druckvorbereitung zwischen Meersburg und Augsburg (wo Schücking inzwischen eine Redakteurstelle bei der Cottaschen „Augsburger Allgemeinen" angetreten hatte) zu einer Phase regelrechter Briefhektik. Fast täglich wanderten Briefe hin und her, wurden letzte Korrekturvorschläge diskutiert, einzelne Verse verworfen, durch neue ersetzt.
Das nächste größere Projekt sollte die Vollendung des Westfalenromans *Bei uns zu Lande auf dem Lande* sein. Doch wie im Winter 1841 machte das Werk keinen rechten Fortschritt. Erneut kam die lyrische Produktion „dazwischen". Die Droste wurde innerlich zum Abfassen neuer Gedichte gedrängt. Am 4. März 1844 ließ sie Levin und Louise Schücking wissen: *es liegt mir doch allerley im Sinne, was ich nur heraus schreiben muß um es los zu werden, und dann doch nichts Anderes damit anzufangen weiß, da es sich meiner gegenwärtigen größeren Arbeit ⟨Bei uns zu Lande⟩ nicht anpassen läßt. – z.B. einige Stoffe zu kleineren Gedichten (5–6 Strophen) die mich plagen, und wo es auch Schade darum wäre wenn ich sie verkommen ließ, da sie mir zusagen ...*
Im Frühjahr 1844 entstanden vierzehn Gedichte, zunächst *Gemüth, Mondesaufgang, Sylvesterabend* und *Der sterbende General, Einer wie Viele, und Viele wie Einer* und *Der Nachtwandler*. Diese Texte waren ein Dank an Schücking für dessen Engagement beim Zustandekommen ihrer zweiten Gedichtausgabe. Als sie Schücking die Texte am 17. April 1844 zuschickte, ließ sie gleichzeitig durchblicken, daß ihr Fundus an neuen Stoffen noch nicht erschöpft sei. Zu sechs bis acht weiteren Gedichten besitze sie bereits eine konkrete Vorstellung: *ich mache ... die Dinger doch noch fertig, da sie mir mahl im Kopfe rumoren ...* (Brief vom 17.4.1844).

Mondesaufgang

An des Balkones Gitter lehnte ich
Und wartete, du mildes Licht, auf dich;
Hoch über mir, gleich trübem Eiskrystalle,
Zerschmolzen schwamm des Firmamentes
        Halle,

Der See verschimmerte mit leisem Dehnen,
– Zerflossne Perlen oder Wolkenthränen?–
Es rieselte, es dämmerte um mich,
Ich wartete, du mildes Licht, auf dich!

Hoch stand ich, neben mir der Linden Kamm,
Tief unter mir Gezweige, Ast und Stamm,
Im Laube summte der Phalänen Reigen,
Die Feuerfliege sah ich glimmend steigen;
Und Blüthen taumelten wie halb entschlafen;
Mir war, als treibe hier ein Herz zum Hafen,
Ein Herz, das übervoll von Glück und Leid,
Und Bildern seliger Vergangenheit.

Das Dunkel stieg, die Schatten drangen ein,–
Wo weilst du, weilst du denn, mein milder
    Schein! –
Sie drangen ein, wie sündige Gedanken,
Des Firmamentes Woge schien zu schwanken,
Verzittert war der Feuerfliege Funken,
Längst die Phaläne an den Grund gesunken,
Nur Bergeshäupter standen hart und nah,
Ein düstrer Richterkreis, im Düster da.

Und Zweige zischelten an meinem Fuß,
Wie Warnungsflüstern oder Todesgruß,
Ein Summen stieg im weiten Wasserthale
Wie Volksgemurmel vor dem Tribunale;
Mir war, als müsse Etwas Rechnung geben,
Als stehe zagend ein verlornes Leben,
Als stehe ein verkümmert Herz allein,
Einsam mit seiner Schuld und seiner Pein.

Da auf die Wellen sank ein Silberflor,
Und langsam stiegst du, frommes Licht, empor;
Der Alpen finstre Stirnen strichst du leise,
Und aus den Richtern wurden sanfte Greise,
Der Wellen Zucken ward ein lächelnd Winken,
An jedem Zweige sah ich Tropfen blinken,
Und jeder Tropfen schien ein Kämmerlein,
Drin flimmerte der Heimathlampe Schein.

O Mond, du bist mir wie ein später Freund,
Der seine Jugend dem Verarmten eint,
Um seine sterbenden Erinnerungen
Des Lebens zarten Widerschein geschlungen,
Bist keine Sonne, die entzückt und blendet,
In Feuerströmen lebt, in Blute endet, –
Bist, was dem kranken Sänger sein Gedicht,
Ein fremdes, aber o ein mildes Licht!

Der neuerliche Produktionsschub hing zum einen mit einer Bitte Schückings zusammen, der die Droste um Texte für ein geplantes poetisches Taschenbuch gebeten hatte. Zum anderen entstanden sie in Hinblick auf ein Ereignis, das seit Frühjahr wiederholt Thema des Briefwechsels war: ein Besuch Schückings und seiner jungvermählten Gattin Louise, geb. von Gall, auf der Meersburg. Es handelte sich dabei um das erste Wiedersehen mit Schücking seit seinem Abschied von der Meersburg im April 1842. Es entstanden im Mai 1844 die Gedichte: *Das Ich der Mittelpunkt der Welt,*

Die todte Lerche, Spätes Erwachen, Halt fest!, Doppelgänger, Der Dichter – Dichters Glück (Locke nicht, du Strahl aus der Höh'), An einen Freund und *Lebt wohl.*

Locke nicht, du Strahl aus der Höh

Locke nicht, du Strahl aus der Höh
Denn noch lebt des Prometheus Geyer
Stille still, du buhlender See
Denn noch wachen die Ungeheuer
Neben deines Hortes kristallnem Schrein,
Senk die Hand mein fürstlicher Zecher
Dort drunten bleicht das morsche Gebein
Deß der getaucht nach dem Becher.

Und du flatternder Fadenstrauß
Du der Distel mystische Rose
Strecke nicht deine Fäden aus
Mich umschlingend so lind und lose
Flüstern oft hör ich dein Würmlein klein
Das dir heilend im Schooß mag weilen
Ach, soll ich denn die Rose seyn
Die zernagte, um Andre zu heilen?

Einige dieser Texte gab die Droste Schücking mit, als er und seine Frau am 30. Mai abreisten. Im August 1844 erschienen *Das Ich der Mittelpunkt der Welt, Spätes Erwachen, Die todte Lerche* und *Lebt wohl* im „Morgenblatt für gebildete Leser".
In persönlicher Hinsicht verlief das Wiedersehen mit Schücking unerfreulich (→ auch S. 77). Die Autorin mußte erkennen, daß sie ihren Einfluß auf den „Adoptivsohn" eingebüßt hatte. Außerdem glaubte sie bei ihm ein zunehmendes Desinteresse an ihrer Person und ihrer literarischen Arbeit zu verspüren. Die sich anbahnende Entfremdung konnte auch später nicht mehr überbrückt werden.

Die Droste. Daguerreotypie von F. Hundt, 1845.

Sterbezimmer der Droste.

In seinen „Lebenserinnerungen" berichtet Schücking über den Besuch: „Im Mai 1844 machte ich mit meiner jungen Lebensgefährtin eine Reise an den Bodensee, um jene Annetten von Droste zu bringen. Ich fand diese, mit der ich im lebhaftesten brieflichen Verkehr und Gedankenaustausch während all' dieser Zeit geblieben, leider sehr verändert. Ihre Gesundheit war - vielleicht hatte ich es früher bei stetem Zusammenleben nicht so wahrgenommen - doch ein gewaltig schwächliches und gebrechliches Ding; sie erfüllte mich mit tiefer Sorge. Auch machte mir ihr jetziger Aufenthalt einen melancholischen Eindruck."

DER DRITTE BESUCH (1846/48) – DAS STERBEZIMMER

Im Frühling gehn wir wieder nach Meersburg, ich freue mich recht darauf, dort bin ich immer viel gesünder, und kann auch viel mehr und leichter arbeiten – Ruhe, poetische Umgebung und besseres Befinden wirken dann zusammen (an Schücking, 25.8.1845).

„In jenem kleinen Bett, fast Kinderbett, starb die Droste
(zu sehn in ihrem Museum in Meersburg)"
(aus Gottfried Benn: Kann keine Trauer sein)

Während ihres letzten Besuches bewohnte die Droste wiederum die „Spiegeley". Erneut hat sie ihr Quartier ausführlich beschrieben: *Ich wohne hier sehr angenehm, – nach meinem Wunsche wiederum in einem der Thürme, aber dieses mal ⟨gegenüber dem ersten Aufenthalt 1841/1842⟩ durch einen gedeckten Säulengang mit dem Schlosse verbunden, – mein Quartier ist ungemein hell und freundlich, und hat die Aussicht über den ganzen See, – ich komme auch selten heraus, außer zum Mittag- und Abendessen, Jenny und die Kinder aber oft zu mir* (an Pauline von Droste-Hülshoff, 14.10.1846). *Meine Spiegeley ist ganz reizend – heizt sich vortrefflich, faßt jeden Sonnenblick auf, und ist, durch den Widerschein des Sees, selbst in den trübsten Tagen immer hell, – dazu vor mir auf dem Tische immer ein paar Töpfe in voller Blüthe aus dem Treibhause, – wenn ich aufsehe, der immer lebendige, oft himmlisch beleuchtete, See mit seinen Fahrzeugen und die Alpen – ich spüre auch gar nichts vom Winter, und freue mich deshalb auch gar nicht auf den Frühling mit seinem garstigen Aequinoctium, was mich immer krank macht, um so weniger da ich doch vor dem Eintritt beständiger Sommerwärme (etwa um das Ende Mays, oder Anfangs Juny) das Zimmer nicht verlassen soll* (an Elise Rüdiger, 16.2.1847).
Die Droste hielt sich aufgrund ihrer schwachen Gesundheit fast den ganzen Tag in ihrem Zimmer auf, ohne jedoch über Einsamkeit zu klagen: ⟨ich⟩ *habe ... Gesellschaft genug in meiner Spiegeley – Laßberg kömmt jeden Nachmittag auf eine Stunde, und Mama und Jenny bringen regelmäßig die Abende bey mir zu, – dann wird aber alles Aufregende im Gespräche vermieden, und ich höre, auf einen großen Lehnsessel an der Schattenseite des Ofens gekauert, ganz behaglich an was von Tagesbegebenheiten, kleinen Abentheuern auf Spatziergängen, et cet vorgebracht wird* (ebd.).
Fremde Gäste empfing die Droste so gut wie gar nicht. Eine Ausnahme bildeten die Besuche Charlotte von Salm-Reiffercheidts,

die zunächst sonntags, später dann, als sich der Gesundheitszustand der Droste verschlechterte, auch wochentags von Schloß Hersberg (→ S. 105) herüberkam.

Die Droste betrachtete die Möglichkeit, die Meersburg ein drittes Mal wiederzusehen, wie ein Geschenk des Himmels. Im Vorfeld des Besuches hatte sie am 11. Februar 1846 an Schücking geschrieben: *Wir gehn diesen Sommer wieder hin; – diese öftere Wiederkehr ist doch merkwürdig! – Bey meinem ersten Aufenthalt dort habe ich wahrlich auf keinen dritten zu rechnen gewagt! – Sie werden sich erinnern wie oft ich gesagt: – „Man müsse die Gegend recht genießen, die Wahrscheinlichkeit des Wiedersehns verhalte sich wie Eins zu Hundert."*

Zunächst stellte sich während ihres dritten Besuches eine spürbare Gesundheitsbesserung ein: *Auf meine Gesundheit wirkt das Clima bereits sehr gut, meine Kopf- und Magenschmerzen sind verschwunden, nur mit dem Gehen sieht es noch pauvre aus, und dann habe ich seit meiner Ankunft einen argen Husten, – wohl durch eigne Schuld, von wegen der Cariölchen-Fahrt, im Staubregen und ohne Verdeck – so soll ich denn doch durchaus beym Apotheker in die Kost, und ein, wie man sagt, sehr berühmter Arzt des nur zwey Stunden entlegenen Bades Ueberlingen ist bereits hieher beschieden. – Morgen oder Uebermorgen erwarten wir ihn. – was wird mein Homöopath sagen!* –

Hieran schloß sich ein monatelanges Siechtum an, das nur von kurzen Phasen besserer Gesundheit unterbrochen wurde. Am 7. August 1847 schreibt die Droste an Elise Rüdiger: *Es ist Ihnen beym Anblicke dieser Zeilen wohl zu Muthe, als hörten Sie eine Stimme aus der andern Welt. – so schlimm ist es indessen nicht, ich bin lebendig, und leide wenig, aber schwach, schwach! – jetzt ist es fast ein Jahr, daß ich meine Spiegeley nicht anders verlasse, als um bis zur grünen Bank auf dem Hofe zu schleichen, – Mein Gehen ist so gut wie gar Nichts mehr, – Schreiben bringt mich nach wenigen Zeilen einer Ohnmacht nahe, – Lesen darf ich nur mit großer Vorsicht ab und zu ein kleines Gedichtchen, oder einen kurzen Zeitungsartikel. – Im Uebrigen ist mein Schlaf wenn nicht gut doch zur Nothdurft hinreichend, – Apetit ditto, – fieberhafte oder schmerzliche Zustände nicht vorhanden, – Stimmung heiter, – Aussehen ganz erträglich – und endlich der langen Rede kurzer Sinn, daß ich nach der Aussage aller meiner Aerzte, (ich bin jetzt schon in den Händen des Dritten) durchaus nicht krank seyn soll, – nicht mahl nervenleidend, sondern nur grenzenlos nervenschwach – und dieser miserable Zustand (sein Anfang liegt in meiner zu frühen Geburt, seine*

Die Droste blickt auf den See. Zeichnung ihrer Schwester Jenny, 1846.

gegenwärtige Steigerung in meinen fünfzig Jahren) soll mehrere Jahre, in denen ich nur vegetiren darf, anhalten, und dann? – nun dann soll hintennach Alles charmant, und mir Gesundheit (soweit die Altersschwächen) Denkfreyheit (soweit die Altersstumpfheit) und sogar die Erlaubniß zu schreiben (soweit die Grosmamas'-Brille es erlaubt) zu Theil werden – sind das nicht glänzende Aussichten? – zudem glaube ich nicht mal daran, nicht mehr als an den Juden-Messias.

Auf ärztliche Anordnung war der Droste jede Lektüre untersagt. Die Krankheitssymptome, insbesondere eine starke nervliche Überreizung, hielten den Winter 1846/1847 über an. Gelegentlich nahmen sie derart zu, daß die Droste ihren Tod herbeisehnte. Selbst die Teilnahme an der gemeinsamen Feier des Weihnachtsfestes kam für sie nicht in Frage. Im Februar 1847 benötigte die Droste zwölf Tage, um den erwähnten Brief an Elise Rüdiger zum Abschluß zu bringen.

Im Verlauf des Frühjahrs 1847 stellte sich vorübergehend eine Gesundheitsbesserung ein. Insgesamt war die Autorin jedoch so schwach, daß sie fast gehunfähig war. Nur mit großer Vorsicht durfte sie gelegentlich ein kleines Gedicht oder einen kurzen Zeitungsartikel lesen. Für einen Brief an Elise Rüdiger, den sie am 20. Juli begann, brauchte sie wiederum eine lange Zeitspanne, diesmal zweieinhalb Wochen. Sie wußte zu dieser Zeit bereits, daß sie nicht mehr lange zu leben hatte. In ihren Briefen mehren sich die Todesgedanken: *Doch wie Gott will! ich bin jede Stunde bereit, und meinem Schöpfer sehr dankbar, daß* er mir durch das beständige Gefühl der Gefahr eine vollkommene Befreundung mit dem Tode, so wie, durch eben dieses Gefühl, eine doppeltinnige und bewuste Freude an allen, auch den kleinsten, Lebensfreuden, die mir noch zu Theil werden, gegeben hat (an Elise Rüdiger, 7.8.1847).

"Nette kam herauf" und "Nette war mit uns am Tisch", heißt es am 8. und 9. Februar 1848 im Tagebuch der Schwester. Zweimal konnte die Droste sogar riskieren, ihren Meersburger Bekannten Bernhard Zeerleder von Steinegg (→ S. 146), der im Zusammenhang mit dem Schweizer Sonderbundkrieg wegen Landesverrats einsaß, im Meersburger Gefängnis zu besuchen. Am 27. Februar 1848 berichtete die Droste ihrer Mutter: *Wie froh bin ich Dir mahl wieder selbst schreiben zu können, mein lieb Mütterchen, und zwar nur Gutes. – Wir sind zwar Alle krank gewesen, aber auch Alle glücklich entwischt ... Kurz, liebste Mama, Du brauchst Dich gar nicht zu ängstigen, um Keinen von Uns! – denn mit mir geht es auch viel besser; geht sollte ich eigentlich nicht sagen, denn das Gehen ist noch immer der Stein des Anstoßes, und wird es auch wohl bleiben, aber in allem Uebrigen kann ich Gott nicht genug danken, wenn ich an meinen Zustand im vorigen Jahre um diese Zeit denke.*

Dann führte die politische Entwicklung eine veränderte Situation herbei. Vielleicht hiermit zusammenhängend stellten sich neuerliche Krankheitserscheinungen bei der Droste ein. Im Umfeld der 1848er Revolution kam es damals fast überall in Westfalen und im Badischen zu Unruhen. Besonderes Ausmaß erreichten sie auch im Sauerländischen und Paderbornischen, unter anderem auf dem Gut des mit der Familie von Droste-Hülshoff befreundeten Freiherrn von Brenken-Erpernburg. Die Familien von Haxthausen und von Droste-Hülshoff erwogen sogar eine Auswanderung nach Amerika.

Fast täglich trafen – wiederum durch das Tagebuch Jennys bezeugt – neue Nachrichten über die politische Situation ein. So am 4. März die Mitteilung von Unruhen in Karlsruhe und München und am 6. März die Nachricht von Unruhen in Sigmaringen. Am 9. erfuhr man von einer stürmischen Volksammlung in Stockach. Tags darauf kam es in Meersburg zu einem revolutionären Umzug. Charlotte von Salm-Reifferscheidt hielt sich bei der Droste auf, die sehr in Angst war. Am 15. März notierte Jenny: "Nette und ich pakken Schmuck, Münzen, Papiere ein; große Besorgniß in Constanz, viele packen ein, Beamte flüchten, Furcht, selbst der Liberalen." Am 26. hören wir erneut davon, daß sich Charlotte von Salm-Reifferscheidt bei der Droste aufhielt, die wegen der politischen Lage in größter Besorgnis sei.

Noch einmal trat eine kurze Entspannungsphase ein. Am 27. März konnte Jenny ihrer Mutter berichten, daß sich die Droste sogar Hoffnung mache, im Sommer das Fürstenhäusle wieder zu besuchen. Am 1. April berichtete Laßberg seiner Schwiegermutter, es gehe der Droste ganz wohl. Dann aber trafen am 10. April neue Hiobsbotschaften aus der Heimat ein, die von Unruhen im Paderbornischen berichteten. Die Familie von Bocholtz-Asseburg und andere freiherrliche Familien waren nach Paderborn geflüchtet. Bei der Droste stellte sich eine Erkrankung mit starkem Husten ein. Jenny von Laßberg untersagte ihr das Verlassen des Zimmers und die Teilnahme an der Geburtstagsfeier Joseph von Laßbergs. Am 13. April scheiterte in Konstanz der Versuch, die Republik auszurufen, am 17. gelang dieses Vorhaben, am nächsten Tag wurde die Revolution jedoch widerrufen. Während dieser Zeit war "Nette wieder unwohl".

Am 17. April erkundigte sich Jenny von Laßberg bei Sophie von Haxthausen nach der politischen Lage in Westfalen. Ihre Gespräche mit der Droste kämen immer wieder darauf zurück. Im April und Mai hielt die äußerste Sorge der Droste über die politische Situation und das Schicksal ihrer Familie an. Sie war ständig darauf gefaßt, flüchten zu müssen, und hielt ihre Sachen gepackt.

Noch ein letztes Mal, in einem Brief Joseph von Laßbergs an Therese von Droste-Hülshoff vom 6. Mai, hören wir, daß die Droste auf dem Weg der Besserung sei. Am 19. Mai ging sie 6000 Schritte auf dem Schloßhof. Am 20. stellte

Das Grab der Droste auf dem Meersburger Friedhof.

sich dann aber bei ihr ein Ermüdungszustand ein. Sie verbrachte den Tag auf ihrem Zimmer. In der Nacht vom 22. auf den 23. kam es um drei Uhr zu Blutspeien. Sie ließ einen Arzt rufen. Jenny von Laßberg verbrachte den ganzen Tag bei ihr und zog einen weiteren Arzt hinzu. Der Droste war untersagt zu sprechen. Sie hustete gelegentlich Blut.

Am 24. Mai wurde der Gesundheitszustand der Droste von ihrem Arzt als ungefährlich bezeichnet. Sie nahm um 14 Uhr mit Appetit eine Mahlzeit zu sich. Daraufhin stellte sich stärkeres Blutspeien ein. Jenny ließ den Arzt Hermann Liebenau rufen, der kurze Zeit später nur noch ihren Tod feststellen konnte. Ihre Beisetzung erfolgte am 26. Mai auf dem Meersburger Friedhof. Neben dem Grabstein der Dichterin befindet sich eine Tafel mit dem Text des Gedichts „Geliebte, wenn mein Geist geschieden", das jedoch wohl nicht, wie lange angenommen, von der Droste stammt, sondern – neuen Forschungen zufolge – von ihrer Nichte Elisabeth von Droste-Hülshoff.

Während ihres letzten Aufenthalts auf der Meersburg war die Droste gesundheitlich bereits so geschwächt, daß sie nicht mehr an literarische Arbeit denken konnte. Es entstanden lediglich noch drei Widmungstexte. Das Gedicht *Auf hohem Felsen lieg' ich hier* ist vermutlich an Bertha Arndts gerichtet und spiegelt die Krankheitssituation der Dichterin in ihren letzten Lebensjahren:

Totenzettel der Droste.

Auf hohem Felsen lieg ich hier

Auf hohem Felsen lieg ich hier
Der Krankheit Nebel über mir
Und unter mir der tiefe See
Mit seiner nächtgen Klage Weh
Mit seinem Jubel seiner Lust
Wenn buntgeschmückte Wimpel fliegen
Mit seinem Dräun aus hohler Brust
Wenn Sturm und Welle sich bekriegen

Mir ist er gar ein trauter Freund
Der mit mir lächelt mit mir weint
Ist wenn er grünlich golden ruht
Mir eine sanfte Zauberfluth
Aus deren tiefen klaren Grund
Gestalten meines Lebens steigen
Geliebte Augen, süßer Mund
Sich lächelnd winkend zu mir neigen

Wie hab ich gar so manche Nacht
Des Mondes Widerschein bewacht
Die bleiche Bahn auf dunklem Grün
Wo meiner Toten Schatten ziehn
Wie manchen Tag den lichten Hang
Bewegt von hüpfend leichten Schritten
Auf dem mit leisem Geistergang
Meiner Lebendgen Bilder glitten

Und als dein Bild vorüber schwand
Da streckte ich nach Dir die Hand
Und weh ward's in der Seele mir
Daß du nicht weißt wie nah sie dir
So nimm denn meine Lieder hin
Sie sind aus tiefer Brust erklungen
Nimm sie mit alter Liebe Sinn
Und denk ich hab' sie Dir gesungen.

Auch beim letzten poetischen Zeugnis der Droste handelt es sich um ein Freundschaftsgedicht. Es war dem Freiherrn Ludwig von Madroux (1788–1865) gewidmet, einem Freund Laßbergs, der im September/Oktober 1846 für etwa drei Wochen das Schloß besucht hatte. Zwischen der Droste und ihm hatte sich eine auch brieflich bezeugte Freundschaft entwickelt.

Als diese Lieder ich vereint

(für Ludwig von Madroux)

Als diese Lieder ich vereint
Zum Kranz in ferner Heimat paarte,
Da, freylich, kannt' ich nicht den Freund,
Den mir die Zukunft aufbewahrte.
Da wußt' ich nicht wie manchem Wort
Das ich aus tiefer Brust gesungen,
Lag in der seinen der Accord
Der es harmonisch nachgeklungen.

Doch da in ernster Gegenwart,
In freundlicher doch fremder Zone,
Mir seines Beyfalls Freude ward
Und seiner Freundschaft Ehrenkrone

Nun reich' ich gern die Blätter dar,
Was Flüchtges drinn,– das sey vernichtet
Was ritterlich, was gut und wahr –
Das sey als hab' ich's Dir gedichtet.

Hierauf entstand nur noch, im April 1848, ein familiärer Geburtstagsgruß: *An Joseph von Laßberg zum Geburtstag am 10. April 1848.*

**TEIL 2
MEERSBURG
BLÄTTERN IM BILDERBUCH DER STADT**

DIE STADTSCHREIBERIN

Man lebt hier recht angenehm und überaus ungenirt, kann so viel Einsamkeit oder Gesellschaft haben als man mag ... (an Elise Rüdiger, 18.12.1841)

Den alten Stadtplan vor Augen, erscheint Meersburg fast wie eine Puppenstube. Und obwohl keine Menschen zu sehen sind, kann man sich das Personal leicht hinzudenken – so, wie wir es in den Briefen der Droste kennenlernen. Unbeabsichtigt ist die Dichterin zu einer Meersburger Stadtchronistin geworden und beileibe zu keiner trockenen. Im Gegenteil: Sie weiß ihre Kleinstadtgeschichten in bester Manier humoristisch, ja oft karikaturistisch zu würzen, und auch, wenn manches nur angedeutet bleibt, entsteht doch eine Vorstellung vom damaligen Meersburger „Allerlei".

Und wie sich nach und nach alles mit Leben füllt, wird die Puppenstube zu einer kleinen Theaterbühne. Das Personal, die Meersburger Bürger, erscheinen wie Marionetten, die von der Autorin mit geschickter Hand bewegt werden. Denn eines ist gewiß: Die Autorin kennt sich alsbald bestens aus im Städtchen, ist vollwertiges Mitglied verschiedener Zirkel und wird, weil sie überall gut gelitten ist, in manches Stadtgeheimnis eingeweiht. So kann sie sich zutrauen, jeden einzelnen – in unübertroffener Manier – mit wenigen Federstrichen leibhaftig vor uns hinzuzaubern: Wer hat Genie, Witz, Originalität (höchste Präferenz)?; wer verfügt über Bildung und Anstand (zweite Präferenz)?; wer ist ein ehrlicher, solider Handwerker? Und wer ist allenfalls noch purer Durchschnitt und dadurch für den persönlichen Umgang kaum noch von Belang? Wer weist „Merkwürdigkeiten" auf, eignet sich – ein weiterer, nicht unwichtiger Faktor – als Tauschpartner für die mannigfachen Sammlungen der Dichterin? Einen dramatischen Jugendscherz überschrieb die Autorin mit *Scenen aus Hülshoff*; sie hätte zweifelsohne auch ihren Meersburgern solche humoristischen Szenen widmen können. Ihre Briefe sind gespickt mit kleinen Portraits, sind angereichert mit insiderhaften Intimitäten, vertraulichen Zwie-

Schaubild der Stadt Meersburg von Maria Kegel Maillard.

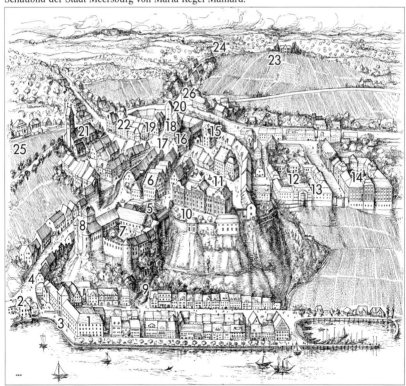

1 Gasthof „Zum Schiff" - 2 Gasthof „Zum Wilden Mann" - 3 Vorderes Seetor - 4 Steigstraße - 5 Schloßmühle - 6 Hofapotheke - 7 Altes Schloß - 8 Dagobertsturm - 9 Stiegen - 10 Neues Schloß - 11 Schloßplatz - 12 Reit- und Stallhof - 13 Seminarbogen - 14 Lehrerseminar - 15 Schussenrieder Hof - 16 Rathaus - 17 Marktplatz - 18 Gasthof „Zum Löwen" - 19 Gasthof „Zum Bären" - 20 Obertortum - 21 Kath. Pfarrkirche - 22 Dominikanerinnenkloster - 23 Fürstenhäusle - 24 Friedhof - 25 Zum „Glaserhäusle" - 26 Gasthof „Zur Traube"

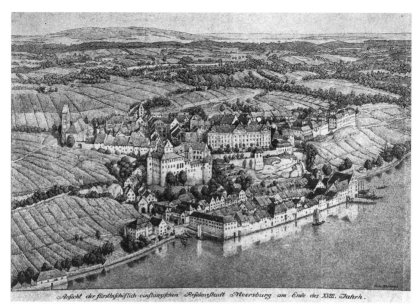

Ansicht Meersburgs Ende des 18. Jahrhunderts

gesprächen über Meersburger Freunde und Bekannte. Die Tür ist aufgestoßen zu einem Boulevardstück à la Kotzebues Komödie *Die respectable Gesellschaft*, von der die Droste an anderer Stelle einmal spricht.
Bei ihren Meersburger Miniaturen gelingt es der Autorin meisterhaft, die Kulissen der Stadt charakteristisch zu beschreiben. Hier nur eines von vielen – von der Autorin mit sichtbarem Genuß literarisch nachkolorierten – Genrebildern: *26ten Fronleichnamstag – Ich schreibe dir unter Kanonendonner, unter Pauken- und Trompetenschall – die Bürgermilitz hat sich vor der Pfarrkirche aufgepflanzt, und läßt ihr Geschütz (wirklich ordentliche Kanonen) seit vier Uhr Morgens – sechs Messen lang – so unbarmherzig zu Gottes Ehre knallen, daß fast in jedem Hause ein Kind schreit, und wir auf dieser Seite haben alle Fenster aufsperren müssen, damit sie nicht springen. – In den Schwaben ist doch mehr Lust und Leben wie in unsern guten Pumpernickeln! Stiele hat sich in eine Uniform gezwängt, die aus allen Nähten bersten möchte, und maltraitirt die große Trom-*

Die Meersburger Unterstadt Ende des 19. Jahrhunderts.

Meersburg. Gouache von Johann Sebastian Dürr, 1810.

„Meersburg, Amtsstadt im Seekreis, oft auch Mörsburg geschrieben, liegt dicht am Bodensee, an der Abstufung einer hohen Felsenwand, und hat in 342 Familien und 202 Häusern 23 evang. Und 1323 kathol., und mit der Parzelle von Haltnau 1371 Einwohner. Sie besteht aus der obern und untern Stadt, welche durch eine Berggasse mit einander zusammenhängen, jedoch fast nur als Zugehör des hoch auf dem Felsen ragenden alten und des neuen Schlosses erscheinen. Die Nahrungsquellen der Einwohner sind Feld-, Obst-, Weinbau, Handwerke, Fischerei, Schiffahrt und Handel mit Eider, Getreide, Obst u. s. w.; es wächst hier sehr guter Seewein ..." (Universal-Lexikon vom Großherzogthum Baden. Bearb. und hg. von einer Gesellschaft von Gelehrten und Vaterlandsfreunden. 2., wohlfeile Ausg. 1847).

mel mordmäßig. Als ich aus der Kirche kam, salutirte er höchst militärisch und sagte dabei höchst bürgerlich: „Guten Morgen, gnädiges Fräulein!" (an Schücking, 27.5.1842).
Den Flug der Zeit schien man – während des ersten Aufenthalts der Droste – kaum wahrgenommen zu haben. Meersburg erscheint als lebhaftes kleines Städtchen, in dem urtümlichstes Biedermeier regiert. Und doch (bei genauerer Lektüre zwischen den Zeilen): Auch hier hatte man seine Sorgen, litt unter einem allgemeinen wirtschaftlichen Niedergang, der eingesetzt hatte, als die Stadt ihre Stellung als Residenzsitz der Konstanzer Fürstbischöfe einbüßte. In der Stadtchronik „Das badische Landstädtchen" lesen wir: „Solange Meersburg fürstbischöfliche Residenz war, hatte die Bürgerschaft von Hofhaltung und Handel profitiert. 1802/1803, als im Zuge der Säkularisation das Hochstift aufgehoben und der Besitz vom badischen Staat eingezogen wurde, war aus Meersburg über Nacht ein kleines, bedeutungsloses Provinznest geworden. Eine staatliche Institution nach der anderen wurde von Meersburg wegverlegt: 1836 das Hofgericht für den Seekreis (das 1814 nach Meersburg gekommen war), 1842 die Bezirksprobstei, schließlich 1857 das großherzoglich-badische Bezirksamt." Ein historisch-topographisches Lexikon des Großherzogtums Baden hatte bereits 1814 beklagt, daß durch den Abzug des Hofes von Meersburg, die dadurch hervorgerufene Entfernung zum Landesherrn sowie durch „Kommerz-Beschränkungen" der „Wohlstand der guten Stadt Mörspurg" tief gesunken sei. Im „Universal-Lexikon vom Großherzogthum Baden" heißt es 1847: „Seit dem Anfalle Meersburgs an Baden hat die Stadt sehr viel verloren, und sie wird nur langsam zu neuer Blüthe gelangen können."
Vertreter des „ancien régime" waren zur Droste-Zeit allenfalls noch als Pensionäre in der Stadt anzutreffen; die Oberschicht, sofern sie überhaupt noch als solche bezeichnet werden konnte, reichte „schon tief ins Volk hinunter" (Adolf Kastner). So hatte es die Autorin in Meersburg, ganz wie es ihrer bürgerlichen Ader entsprach, hauptsächlich „mit einfachen Leuten zu tun" (Franz Schwarzbauer), die uns in ihren Briefen „wie aus einem ihrer ‚Sittengemälde' oder aus einem Bild Ludwig Richters entgegentreten" (Ulrich Gaier). Als die Droste einer Verwandten in Meersburg ein Quartier besorgen soll, stellt sie unterschwellig die Vorzüge des einfachen Lebens heraus: *Es kömmt nun darauf an, ob Du lieber bey geringen Leuten wohnst, um die Du Dich aber gar nicht zu geniren brauchst, oder bey Gebildeten*

und sehr akkuraten, mit denen Du aber viel mehr Rücksicht zu nehmen hättest (an Pauline von Droste-Hülshoff, 22.10.1843).

Schenken wir den Briefen der Droste Glauben, so lebte man damals in Meersburg bescheiden, hatte hinreichend mit sich selbst zu tun und war größtenteils zufrieden damit. Was draußen, in der großen Welt der Politik, vor sich ging, wurde, scheint's, kaum registriert. In den Meersburger Briefen der Droste aus den Jahren 1841 bis 1844 spielt denn auch die Tagespolitik kaum eine Rolle.

Es paßt ins Bild (fast Spitzwegscher Prägung), daß man mancherlei Steckenpferde ritt, üppige Sammlungen anlegte (somit die biedermeierliche Urtugend des „Sammelns und Hegens" kultivierte), sich hin und wieder zum geselligen Plausch traf und sich auf Abendgesellschaften beim Erzählen von Gespenstergeschichten amüsierte. Zudem hielt man in Meersburg auf Tradition, inszenierte Blaskapellenauftritte, hielt Festumzüge ab und beging feierliche Prozessionen. Nicht zu vergessen sind die vielen Liebhaberkonzerte und das Liebhabertheater. Auch wenn auf den Meersburger Theaterbrettern keine hehre Kunst geboten wurde – statt dessen Rühr- und Volksstücke im folkloristischen Gewand –, nahm es die Autorin von der heiteren Seite und fand an soviel harmlos inszeniertem Bürgerstolz sogar Gefallen. Sie war ausgesprochen ‚gnädig' und ließ ihren berüchtigten Spott ausnahmsweise einmal beiseite: *Meinen Sie wir lebten hier wie in der Wildniß?* führt sie gegenüber Elise Rüdiger an, *haben wir nicht ein Liebhabertheater, was neulich „den Wildfang" aufführte? – haben wir nicht eine Burgemeisterstochter die so gut Klavier spielt wie die Bornstedt? – und ein versoffenes Genie von Professor, eine Musiklehrerinn im Institut, und noch einen schöngeistigen hübschen Klaviermeister, der unsre Zwillinge C. und Fis. lehrt, die sie alle Drey zehnmal in die Tasche stecken, und besser spielen als Jemand in Münster? Sie glauben nicht wie ich mich hierüber gewundert, und wie es meinen norddeutschen Stolz gedemüthigt hat. – außerdem kommen alle Augenblicke steyermärksche, et cet. Musickbanden, die Concerte geben ...* (Brief vom 18.12.1841).

In einem solchen Klima, in dem es anscheinend niemals stocksteif und schon gar nicht hocharistokratisch zuging, ließ es sich offensichtlich gut aushalten: *Es wohnen hier noch viele ehemalige Diener und Beamte der letzten Bischöfe von Constanz, (die hier bekanntlich residirten), und ich habe mich bey diesen Leuten aus der guten alten Schule, die so ehrerbietig und doch würdig ihre Stellung auszufüllen wissen, recht erholt von der geistreichen Tacktlosigkeit unsers modernen Bürgerstandes, – dazu die himmlische Gegend, die gesunde Luft, das romanhaft alte Schloß, und Musick an allen Ecken, – Musick von Blasinstrumenten, (auf dem See und in den Felsparthien) – Musick von Männerstimmen, (täglich im Seminar, wunderschön!) – kurz, Meersburg hat wirklich etwas Zauberhaftes ...* (an August von Haxthausen, 2.8.1844).

Die Droste hatte anfangs befürchtet, daß sich ihre Schwester und ihr Schwager durch den *Verkehr mit den Honoratioren* der Stadt einen *Klotz an den Fuß gelegt* hätten. Solche Befürchtungen erwiesen sich jedoch als unbegründet. Nur die erste Zeit ihres Aufenthalte und die letzten Tage vor der Heimreise waren, wie wir hörten, mit Besuchsterminen und den üblichen *Convenienzien* ausgefüllt. Später richtete sich die Autorin weitgehend nach eigenem Gutdünken ein. Das Städtchen sei *so angenehm, als seine Kleinheit dies irgend gestattet*, schreibt sie in einer oben bereits auszugsweise zitierten Briefstelle, *man ist völlig unbelästigt, kann ganz angenehmen Umgang finden, Musick, Lecture, mehr, als man erwarten konnte, und darf auch, andrerseits, sich zurückziehn, z. B. wie ich, fast isolirt leben ohne Nachrede und piquirtes Wesen fürchten zu dürfen – das habe ich noch anderwärts nirgends gefunden (d. h. in keiner kleinen Stadt) und muß dieses der verhältnismäßig großen Anzahl gebildeter Einwohner zuschreiben, die einen zu vollständigen Kreis bilden, als daß das Ausbleiben einer einzelnen Person sehr merklich werden könnte, und zu gut erzogen sind, als daß sie nicht jeden, der sonst friedlich und wohlwollend scheint, seinen eigenen Weg sollten gehn lassen. – Kurz! Sie würden sich auch hier ganz wohl fühlen, und ich kann mir nicht denken, daß irgend ein Ort gleicher Größe auf der Schweitzerseite gleiche Ressourcen bieten sollte* (an Philippa Pearsall, 27.8.1844).

Die Droste unternahm nicht nur Besuche im „Städtchen", ebenso häufig waren ihre neuen Bekannten auch Gäste des Alten Schlosses. Wir wissen dies aus dem Tagebuch Jenny von Laßbergs, das eine eine Art Besuchsstatistik darstellt. Demzufolge kamen beispielsweise im September 1841 folgende Personen ein- oder mehrmals auf die Burg: Wilhelm von Baumbach, ein Herr von Hornstein, Maximilian Hufschmid, die Fräulein von Kessel, Doktor Kraaft, Herr und Frau von Stadelhofen, Ludwig Stanz, Herr von Pfaffenhofen, Graf Zegler⟨?⟩, Ludwig Uhland, Therese von Haysdorf, Fräulein von Vinckler, die drei Schwestern Streng sowie Alexander Jung.

DIE LORGNETTE

Inmitten dieses Zirkels bewegte sich die Autorin ganz souverän. Aus einem Familienbrief Jenny von Laßbergs wissen wir, daß die Droste in der Stadt „viele Freunde und ihr poeti-

Ansicht von Meersburg. Deckengemälde in der Kapelle von Baitenhausen.

sches Talent viele Verehrer" gefunden habe. Sie wurde gleichsam Ehrenmitglied der Meersburger Kulturfreunde. Wer Genie hatte oder zumindest glaubte, es zu besitzen, durfte sich sogar Hoffnung auf eine Privataudienz bei ihr machen: *Zwar solls hier jetzt ein Genie in der Stadt geben, – Dichter – Musiker – der meine Bekanntschaft eifrig sucht, und, unter Herrn Jungs Auspizien, schon zweymahl an verschlossene Thüren (ich war spatzieren) gepocht hat, aber ich habe kein Zutrauen zu dem Handel hier zu Lande, – habe mich auch nach gar nichts erkundigt, und das zufällig Gehörte vergessen, so daß ich ihn nicht weiter bezeichnen kann, weder nach Namen, Stand, Alter, noch ob er poetischer Dilettant oder bereits unter der Presse gelegen, – doch werde ich ihn wahrscheinlich im Laufe der Zeit sehn, da er Mitglied eines wöchentlichen (neu etablirten) Liebhaberkonzerts ist, zu dem ich höflichst eingeladen bin, und doch wohl einige Mahl hingehn werde, – ich werde dann ja sehn, ob ich mir einige geistige Ressource von ihm versprechen kann. – einen Junkmann darf ich hier nicht erwarten, höchstens einen Lutterbeck oder Schnittger, was aber in dieser Dürre schon Gold werth wäre* (an Schücking, 15.12.1843).

Bei alledem konnte die Autorin einer ihrer Lieblingsbeschäftigungen nachgehen: Dem Beobachten und Analysieren von Personen (Christoph Bernhard Schlüter sprach diesbezüglich einmal treffend vom psychologischen Seziermesser der Autorin, mit dem sie jede Schwäche ihres Gegenüber gleichsam durchleuchte). Und so sieht man sie förmlich vor sich, wie sie, mit einem kleinen Fernrohr in der Hand, von ihrer *Spiegeley* aus Besuchern auflauerte, wenn diese am Ufersteg dem Dampfboot entstiegen. Eine für die Autorin nicht unattraktive Phantasievorstellung war, vom Fürstenhäusle aus den Meersburgern gleichsam in die Kochtöpfe zu schauen, also *jeden Bürger der auf die Gasse oder auch nur ans Fenster, jeden Bauern der in seinen Hofraum tritt* zu controlliren. Die Lorgnette besaß für sie eine nahezu magische Bedeutung: sie war einerseits ein unentbehrliches Requisit, um die eigene extreme Kurzsichtigkeit zu überwinden; zum anderen ermöglichte sie es der Autorin, ihre Neugierde zu befriedigen. Und entgehen lassen wollte sie sich wahrlich nichts: *die Lorgnette ist mir zu lieb, als daß ich sie nicht immer bey mir haben sollte, wenn auch nicht immer an mir, – beym Schreiben und Zeichnen liegt sie neben mir auf dem Tisch, weil ich sie an der Kante zu verbiegen fürchte, aber so wie ich aus meinem Thurm tauche wird sie umgehängt, und verläßt mich selbst des Nachts nicht, wo sie, wie ein treues Hündchen, auf einem Seidenpapier-Kissen neben meinem Bette schläft. es ist aber auch ein gar niedliches Ding, mit seinem Blumenkränzchen wie ein Bräutchen, und ich werde mich eigends ihm zu Liebe mahl heraus putzen, d. h. mein schwarzseidnes Kleid anziehn, denn höher kann ich es nicht treiben* (an Louise und Levin Schücking, 20.6.1844).

WHO IS WHO IN MEERSBURG?
DER APOTHEKERGEHILFE

Die erste Person, die uns von der Dichterin geschildert wird, ist ein leider namenlos bleibender Meersburger Apothekergehilfe. Sein Geschäft war dort, wo sich noch heute eine Apotheke befindet, gleich gegenüber dem Eingang zum Alten Schloß. *Meine zweyte Liebe (leider unerwiedert) ist der Provisor in der Apotheke meinem Thurm gegenüber, auch ein kleines, graukӧpfiges Wurzelmännchen, das aus bloßer Treue schon der vierten Generation derselben Familie dient, obwohl ihm zehnmal bessere Stellen gebothen sind – jetzt einen schlimmen Herrn hat, der die Armen drückt, und nun aus seinem armen dünnen Provisorbeutel den Leuten das Geld zusteckt womit sie seinen Herrn bezahlen – Ich habe ihm lange nachgestellt, und ihn oft in meinen Thurm zur Münzschau eingeladen, aber der ägyptische Joseph will nicht daran, und ich muß mich begnügen ihn aus der Ferne zu betrachten, wenn er seines Herrn krummbeinige eheleibliche Cretins an der Mauer spatzieren trägt.– Du siehst, es giebt hier mitunter nette Leute, wenn die Schwaben gut sind so sind sie gleich recht gut, sonst durchgängig etwas dickhäutig und dickköpfig, aber doch durch die Bank fromme Schlucker, und das Sprichwort „ehrlich wie ein Schwab'" ist nicht umsonst da* (an August von Haxthausen, 2.8.1844).

WILHELM VON BAUMBACH

Der ehemalige Kreisrat in Lörrach und Stadtdirektor in Mannheim, Wilhelm von Baumbach (1779–1851), hatte sich nach seiner Pensionierung in Konstanz niedergelassen und stattete hin und wieder der Burg seinen Besuch ab. Die Droste stufte ihn in die Kategorie „uninteressant" ein. Sie beschreibt ihn – mit gewohnt spitzer Feder – wie folgt: *Auch Baumbach war hier, – zweimal, – auf einer Hin- und Rückreise nach Heiligenberg, wo es ihm nach seiner Meinung höchst glorieux, nach Theresens aber sehr ordinair gegangen ist. Er hat jetzt seine Selbstbiographie (wie es in der Vorrede heißt: „auf vielfaches Ersuchen") herausgegeben, die nur merkwürdig ist durch den Mangel an Merkwürdigkeiten, wie ihm dann auch nie etwas Besonderes passirt ist, außer daß seine Frau auf und davon ging, was er aber nur mit den Worten berührt: „um diese Zeit verlor ich meine Frau reell"* (an Therese von Droste-Hülshoff, 29.10.1841).

MAXIMILIAN HUFSCHMID

Maximilian Hufschmid (geb. 1770) stellte sich, wie wir bereits wissen (→ S. 24), jeden Abend ein, um mit Laßberg eine Partie „Langen Puff" zu spielen. Das Meersburger Urgestein war einst letzter Kabinettssekretär der Meersburger bzw. Konstanzer Fürstbischöfe. Er hatte seinen engen Freund Laßberg 1836 auf die Gelegenheit zum Kauf der alten Meersburg hingewiesen. Gleich in ihrem ersten Meersburg-Brief an die Mutter erwähnt die Droste ihn als *unsern guten Herrn Hufschmidt (der, nebenbei gesagt, mein ganzes Herz gewonnen hat);* wenig später spricht sie von *unserm Schatz Hufschmid.* Bei Besuchen in seinem Haus wurde ihr stets *ä Täßle Kaffee* kredenzt.

Bezogen auf ihren zweiten Besuch referiert sie, daß Hufschmid *um keinen Tag älter geworden … noch jeden Abend im selben braunen Rokke komme, um mit Laßberg „Langen Puff" zu spielen und anschließend alle bitte, nicht zu früh aufzustehn …* (an Schücking, 15.12.1843).

Die Droste fand in Hufschmid, der ihr später beim Packen ihrer Kiste mit Sammelobjekten half, einen wohlmeinenden Freund. Um so mehr bereitete ihr deshalb das gesundheitliche Schicksal seiner Frau Sorge: *hier ist ein Fall, der uns des guten Hufschmidts wegen sehr nahe geht, – seine Frau hat vorgestern ein Schlaganfall bekommen, ist anfangs sprachlos gewesen, und noch immer auf der einen Seite gelähmt, – wir schicken täglich zweymal hin, (denn vom langen Puff kann natürlich keine Rede seyn) – der alte Mann sitzt ganz rathlos neben dem Bette seiner alten Frau, mit der er sehr glücklich gelebt hat, und es ist zweifelhaft, ob sie binnen einigen Tagen sterben, oder noch jahrelang so hinsiechen wird, – für sie wär gewiß das Erstere am Besten, von ihm glaube ich aber kaum, daß er es ertragen würde sie nicht wenigstens noch zu sehn, und daß sie ihn bald nachholen werde. – es sind ein Paar ehrenwerther Leute! und ich mag mir Meersburg ohne den guten Hufschmidt gar nicht denken* (an Schücking, 7.2.1844). Später heißt es: *Madame Hufschmid bessert sich, wenn man den Uebergang von schneller Erlösung zu wahrscheinlicher Wassersucht Besserung nennen kann* (an Schücking, 24.3.1844). Für die Droste war Hufschmid offensichtlich auch eine Art Verbündeter, wie aus einem Brief an Jenny von Laßberg hervorgeht: *Ich werde jetzt diesen Brief an Herrn Hufschmidt adressiren, damit sie ⟨die Mutter⟩ ihn nicht zu sehn bekömmt, sonst ist gleich Feuer im Dache,* – (Brief vom 21.7.1843).

DAS KESSELSCHE INSTITUT IM NEUEN SCHLOSS

Sie gehe *zuweilen zu Kessels oder den guten Klosterfrauen, deren freundliche und verständige Unterhaltung sie sehr anspreche,* schreibt die Droste ihrer Mutter am 28. Januar 1842. Mit den *Kessels* waren die Gründerin eines Meersburger Mädchenpensionats, Marie von Kessel (*Fräulein Marie*), deren Schwester Friederike von Kessel (*Fräulein Fritze*) und deren Mutter Wilhelmine von Kessel, geb. von Rottenhof, gemeint. Die Erziehungsanstalt war 1838 gegründet worden und im Neuen Schloß untergebracht. Besuche der Droste im Kesselschen Institut sind durch das Tagebuch ihrer Schwester wiederholt belegt.

Die Droste bedauerte, daß das Fortbestehen des Internats eine beständige Geschichte zwi-

Das neue Schloß Meersburg. Kupferstich von Andreas Pfauz, um 1780.

Bischof Franz Schenk von Staufenberg (1704-1740) bereitete den Bau des neuen Schlosses vor, das in den Jahren 1740 bis 1744 unter den Bischöfen Damian Hugo von Schönborn-Buchheim (1740-1743) und Casimir Anton von Sickingen (1743-1750) vollendet wurde. Bezogen wurde es erst von dessen Nachfolger und Neffen Franz Conrad von Rodt (1750-1775).

schen Hoffen und Bangen war. Auf anfänglichen Optimismus (*Du glaubst nicht wie glücklich Kessels die erste Anerkennung ihrer Erziehungsgabe macht*; an Therese von Droste-Hülshoff, 28.1.1842) folgte Rückschlag auf Rückschlag, so daß es *täglich kümmerlicher und hoffnungsloser* aussah. Im Brief an Schücking vom 15. Mai 1842 resümierte die Droste: *Mit dem Institut geht es leider sehr den Krebsgang, trotz der großen Verbesserung durch die Französinn (Fräulein Text) die vortrefflichen Klavier- und französischen Unterricht giebt, so daß die Zöglinge schon in den wenigen Monaten merkwürdig profitirt haben, dennoch werden die abgehenden Pensionairs fast gar nicht ersetzt, und in diesem Sommer werden so wenige da seyn, (vielleicht 4 oder 5) daß die arme Fräulein Marie die Haushaltung aufgiebt, und mit den Kindern bey Jungs, denen sie eine Wohnung im Schlosse eingeräumt hat, in Kost geht, – Einige verwilderte und verwöhnte Kinder aus Constanz, die zu Hause Niemand mehr zwingen konnte, und von denen Eines sogar aus dem Institut entlaufen ist, haben dieses in den Ruf gebracht, als lasse man die Kinder dort schrecklich hungern, und seitdem will Niemand mehr daran. – auch die Französinn, heißt es, wäre deshalb sehr unzufrieden, und würde nicht bleiben. – daß die Französinn gehn wird, wenn keine Schülerinnen da sind,* zweifle ich nicht, denn wovon soll die arme Fräulein Marie sie bezahlen? – ich hoffte die Veränderung mit der Kost würde jenes Gerücht niederschlagen, nun heißt es aber, Fräulein Anna, die vorher die Haushaltung führte, sey grade der rechte magre Vorschneider gewesen, und jetzt, wo es gar aus ihrem eigenen Beutel gienge, würde das Hungern erst recht angehn. – Ich glaube nur soviel daran, daß in der letzten Zeit, wo die Einnahme so gering wurde, freylich auch Alles mag etwas ärmlich und schmal geworden seyn – du lieber Gott! wo sollte es her kommen! – Frau von Kessel war bey ihrer Abreise sehr niedergeschlagen darüber, und sagte „sie verzweifelte an dem Aufkommen des Instituts" – Jenny und ich rekommandiren es, aber ohne Nutzen, wo wir eine Gelegenheit finden, und hatten einige Pensionaires schon halb fest, die sich aber Alle, nach anderweitigen Erkundigungen wieder zurück gezogen haben. – Es wäre Schade für Jenny wenn das Institut aufhörte, da sie sich fest darauf verlassen hatte die Kinder dort unterrichten lassen zu können, und sie schon jetzt täglich hinschicken würde (auf ganz kurze Zeit natürlich) ...*
In einem späteren Brief heißt es: *Die Kessels werden wahrscheinlich fortziehn, da seit der Eleven-Entlassung um Pfingsten ihr junges Personale auf zwey oder drey zusammen geschrumpft ist* (an Schücking, 27.5.1842). Zum

Das neue Schloß Meersburg von Süden. Heutige Ansicht.

Schluß besaß das Institut nur noch eine Schülerin, und auch *die geht auf Michaelis fort* (an Schücking, 12.9.1842).
Ein Genrebild aus der glücklichen Zeit des Instituts findet sich im Brief an die Mutter vom 28. Januar 1842: *Wir waren gestern recht munter zusammen, und es wurden so viele Gespenstergeschichten erzählt, daß wir vor Grausen kaum nach Haus kommen konnten, ... Kessels ... gaben die prächtigsten Beyträge, meistens aus eigner Erfahrung, daß Einem die Haare zu Berge standen, – sie haben, unter Anderm, ein berüchtigtes Spuckhaus bewohnt, und sind so geplagt worden, daß sie nach drey Monaten ausziehn mußten. – Ein anderes Mahl waren sie lange zum Besuch in einem Schlosse, wo die Bewohner, besonders der Hausherr und seine Frau, häufig doppelt gesehn wurden, und Einem in den abgelegenen alten Gängen begegneten, mit brennenden Lichtern in der Hand, während sie doch ganz ruhig in der Wohnstube saßen, und lasen oder strickten – Ist das nicht schön?*
Wie nah sich die persönliche Beziehung gestaltete, zeigt sich daran, daß die Fräulein von Kessel beim Abschied der Droste Ende Juli 1842 zugegen waren: *Die guten Klosterfrauen und Fräulein von Kessel fanden sich noch am Dampfboot ein Jenny war recht betrübt, auch die Kinder weinten und winkten uns lange nach, – es war ein recht betrübter Abschied* (an Therese von Droste-Hülshoff, 24.8.1842). Zu einem Wiedersehen kam es nicht mehr. Im Oktober 1843 vermeldete die Droste, daß seit ihrer letzten Anwesenheit, *das Kesselsche Pensionat von hier nach Carlsruhe gezogen* sei (an Pauline von Droste-Hülshoff, 22.10.1843).

Von besonderem Interesse war für die Droste, daß Wilhelmine von Kessel mit Clemens Brentano und seiner Schwester Bettina, verh. von Arnim, verwandt war: *NB. weißt Du wohl, daß die Frau v. Kessel die Stieftante von allen den Brentano's ist? Bettina, Clemens, et cet? – sie hat es mir gestern erzählt – des alten Brentano erste Frau war auch eine geborne Brentano, die zweyte die La Roche, und die dritte ihre Schwester. – sie kannte alle die Kinder sehr gut, hatte aber nichts von ihren Werken gelesen, weil sie sie noch nicht hatte bekommen können. – das sind auch ein Paar von den Schriftstellern, die bey uns so großes Aufsehn machen, und hier in Oberdeutschland so gut wie gar nicht bekannt sind. – Wie mich dünkt, sprach sie von ihrer Schwester als ob sie noch lebte, und sagte auch, sie habe sich immer mit den Stiefkindern sehr gut vertragen, obwohl Einige davon älter gewesen wie sie* (an Therese von Droste-Hülshoff, 28.1.1842).

DIE MEERSBURGER KLOSTERFRAUEN IM „GOTTESHAUS ZUR SAMMLUNG"

Das „Gotteshaus zur Sammlung" war die zweite weibliche Bildungsanstalt am Ort. Die Mädchenschule befand sich in der heutigen Kirchstraße in einem Gebäude, das bis zur Säkularisation dem kleinen Dominikanerinnenkloster „Zum heiligen Kreuz" als Domizil gedient hatte. 1829 war die Mädchenschule als Abteilung des Konstanzer Klosters Zoffingen neu in Meersburg eröffnet worden. Nach dem Urteil der Droste standen dem Haus *etwas prosaische, aber recht gescheite Klosterfrauen* vor, deren freundliche und verständige Unterhaltung sie schätze. Im Brief an Therese von Droste-Hülshoff vom 15. Mai 1842 heißt es: *die guten Klosterfrauen, mit denen wir zuweilen zusammen kommen, grüßen herzlich.* Wie erwähnt, waren auch die Klosterfrauen beim Abschied der Droste im Sommer 1842 zugegen. Am 5. Januar 1848 statteten die Meersburger Klosterfrauen der damals bereits schwerkranken Autorin auf dem Alten Schloß einen letzten Besuch ab.

DR. KRAUS

Dr. Kraus war einer von zwei Ärzten am Ort. Die Droste lernte beide Ärzte kennen, wobei ihr allerdings der Großherzoglich-Badische Physikus Ferdinand Tscheppe (→ S. 67) sympathischer war. Kraus behandelte insbesondere ihre Mutter, die jahrelang an *Herzklopfen* litt. Nach Anfangserfolgen erwies sich seine Therapie als verfehlt. Die Droste, eine entschiedene Anhängerin der Homöopathie, hegte eine grundsätzliche Aversion gegen die allopathische Medizin, was auch eine Kritik an Dr. Kraus mit einschloß: *Auch Mama'n hat das Clima anfangs sehr gestärkt, sie war flink wie mit vierzig Jahren, und das Herzklopfen nahm so ab, daß sie sich nicht mahl darum niederlegte, aber – wie es immer an fremden Orten geht! – jeder neue Arzt will an ihr zum Ritter werden, und dann plagen sie sie so lange mit Bädern, Schwitzen, und Purgiren, bis ihre Nerven ganz herunter sind und das Uebel in doppeltem Grade wieder da ist. – Dann setzen die Herrn den Hut auf und erklären Bewegung, Diät, Gemüthsruhe, und Enthaltung von aller Arzney sey ihrem Zustande das einzig Zuträgliche* (an August von Haxthausen, 2.8.1844).

AUGUST UND HUBERT LUSCHKA

Dr. Hubert Luschka (1820–1875) war der Sohn des Forstmeisters August Luschka, dem westlich vom Fürstenhäusle ein Rebgut gehörte. Den Wegzug August Luschkas von Meersburg im Jahr 1843 schildert die Droste mit einigem Bedauern. Später, 1845, trug sie sich mit Plänen, das Rebgelände August Luschkas zu erwerben (*besonders spitze ich mich auf die Luschkaschen Reben, kaufe sie doch ja, wenn sie nicht gar zu unvernünftig hoch kommen*; an die Schwester, 4.1.1845), wovon sie jedoch wegen des hohen Preises Abstand nahm (Jenny von Laßberg an die Droste, 23.5.1845, → auch S. 88).

DAS LEHRERSEMINAR IM EHEMALIGEN PRIESTERSEMINAR
Philipp Nabholz
Karl Jung
Johannes Flink
Karl August Weber

… und im Schullehrerseminar, an dem 5-6, mitunter recht talentvolle und unterrichtete junge Leute, von Schückings Alter, als Lehrer angestellt sind, würde auch Schücking wohl einen ganz brauchbaren Umgang gewähren können (an Elise Rüdiger, 18.12.1841).

Mehrfach wird von der Droste das „2. Katholische Großherzogliche Badische Schullehrerseminar" als vorzügliche Bildungsanstalt herausgestellt. Das 1839 gegründete Seminar befand sich in einem Gebäude im Osten der Stadt, das – bis zu seiner Verlegung nach Freiburg 1827 – als Ausbildungsstätte für Priester ge-

Das ehemalige Dominikanerinnenkloster in Meersburg. Fotografie um 1900.

Meersburg. Teilansicht von Osten mit Seminargebäude. Aquatinta von Jacob Sutter, um 1826.

dient hatte. Wie erwähnt, schätzte die Droste das Seminar unter anderem deshalb sehr, weil von dort *Nachmittags der schöne Chorgesang so deutlich aufsteigt, daß keine Note verloren geht.*
Der Leiter des Seminars, **Philipp Nabholz** (1782–1842), gefiel der Droste *sehr gut.* Es entwickelte sich eine nähere persönliche Beziehung, die sich darin kundtat, daß sie ihm bei einer Erkrankung einen Hausbesuch abstattete. Bei der Rückreise von Meersburg im Sommer 1842 traf sie mit ihm und dem Lehrer Flink (s. u.) in Baden-Baden zusammen. Am 17. November 1842 mußte sie Schücking mitteilen: *von Meersburg haben wir neuerlich Nachrichten, aber wenig Erhebliches, der alte Direktor Napholz ist gestorben, an dem letzten seiner zahllosen Schlaganfälle.*
Nabholz hatte 1802 in Freiburg Theologie, Mathematik, Philosophie und orientalische Sprachen studiert, bis er 1804 an das Meersburger Priesterseminar kam, wo er mit den Schriften des von ihm verehrten Pestalozzi bekannt wurde. Nach der Priesterweihe 1806 übernahm er in Kreuzlingen in der Schweiz die Leitung eines Priesterseminars. 1814 ging er für ein halbes Jahr nach Iferten, um an den Lehrstunden Pestalozzis teilzunehmen. Nach achtjährigem Wirken als Pfarrverweser in Waldkirch wurde er Leiter einer Bildungsanstalt für Lehrer in Aarau, bis er 1833 die Stelle des Direktors am Schullehrerseminar in Rastatt über-

Meersburg. Seminargebäude von Norden. Holzstich, zweite Hälfte 19. Jahrhundert.

nahm. 1835 wurde das Schullehrerseminar in Rastatt vom dortigen Lyzeum getrennt und als selbständige Anstalt nach Ettlingen verlegt. Als die badische Regierung 1837 die Einrichtung eines zweiten katholischen Schullehrerseminars in Meersburg plante, wurde Nabholz zum Direktor und Leiter des Seminars berufen.

Zu einigen der im Seminar angestellten Lehrer pflegte die Droste privaten Kontakt. In ihren Briefen lernen wir u. a. Oberlehrer **Karl Jung** (geb. 1811) näher kennen, der von 1839 bis 1864 am Seminar Musik, Geographie, Geschichte, Naturgeschichte und Naturlehre unterrichtete. 1842 heiratete er ein *Fräulein Anna* aus dem Kessel-Institut, was von der Droste wohlwollend kommentiert wurde (an Therese von Droste-Hülshoff, 15.5.1842). Im Brief an Therese von Droste-Hülshoff vom 29. Oktober 1842 wird Jung in einer kleinen halb komischen, halb traurigen Szene vorgestellt: *Gestern unterbrach mich Jenny, weil uns Herr Jung zu einem physikalischen Experiment geladen habe, und da ich mich nun doch in's Geschirr werfen müsse, solle ich auch gleich meine Visiten abmachen. – Das Experiment war sehr gelehrt und wichtig, aber blutwenig dran zu sehn, Herr Jung aber kommandirte und zerarbeitete sich wie ein Spritzenmeister – er ist mit Leib und Seele bei seiner Wissenschaft …* An anderer Stelle beschreibt sie Jung, der auch die Laßberg-Zwillinge im Klavierspiel unterrichtete, als *schöngeistigen hübschen Klaviermeister* (an Elise Rüdiger, 18.12.1841). Er sei *zwar selbst kein sehr ausgezeichneter Klavierspieler, aber vortrefflicher Lehrer, gründlicher Musiker und Generalbassist, dabey ein verheuratheter sehr ordentlicher Mann.* Sie könne ihn deshalb Pauline von Droste-Hülshoff als Musiklehrer für ihre Tochter Betty *unbedingt* empfehlen, zumal Jung auch Unterricht in Naturgeschichte gebe (an Pauline von Droste-Hülshoff, 22.10.1843).

Auch einen weiteren Lehrer des Instituts, **Johannes Flink** (1811–1900), konnte die Droste guten Gewissens als Privatlchrcr anpreisen: *Der Zeichenlehrer des Seminars, Herr Flink, giebt sich vorzüglich mit dem Unterricht in der Perspective ab, und hierin soll er tüchtig seyn … er geht darauf aus das Auge zu üben, was gewiß sehr nützlich ist, sonst zeichnet er etwas hart, wie Alle die viel Architectur und Perspecktive aufnehmen* (ebd.).

Den zweiten Klavierlehrer des Seminars, Professor **Karl August Weber**, hatte Jenny von Laßberg der Droste als „sehr geschickt" beschrieben; er komponiere gut, spiele sehr gut Geige und Klavier und sei „sehr für sein Fach eingenommen" (Brief vom 16.12.1839). Das Urteil der Droste über Weber fällt weniger vorteilhaft aus. Obwohl er mit *genug Ausdruck* spiele, könne sie ihn nicht als Lehrer empfehlen, da er ein *verkehrtes Genie* sei und seine *Stunden durchaus nicht ordentlich* abhalte (an Pauline von Droste-Hülshoff, 22.10.1843). An anderer Stelle beschreibt sie Weber als *versoffenes Genie von Professor* (an Elise Rüdiger, 18.12.1841). Weitere Lehrer des Seminars – die Unterlehrer Joseph Gut, Meinrad Lüttin und Baptist Bittum – werden von der Droste nicht erwähnt.

LUDWIG STANTZ

Ludwig Stantz (1801–1871), der ursprünglich Arzt und später Glas- und Heraldikmaler in Konstanz war, zählte zu den „allgemeineren" Bekanntschaften. Er wird meist nur in den Grußkatalogen der Briefe der Autorin erwähnt. Ansonsten erfahren wir aus der Korrespondenz lediglich, daß er, wie schon in Eppishausen, ein häufiger Gast Laßbergs war und sich durch seine Heirat glückliche Familienverhältnisse bei ihm einstellten, weil seine Frau – wie die Droste ironisch anmerkt – *nur in ihres Louis Kunst* lebe (an Therese von Droste-Hülshoff, 15.5.1842) und *den ganzen Tag nur von Ihres Louis Kunstwerken* spreche (an Therese von Droste-Hülshoff, 29.10.1841). Immerhin machten sich die Droste und Stanz kleinere Geschenke: *Das alte Buch mit den paar Bildern ist das unglückselige immer vergessene Buch für Stanz. Es ist gar nicht hübsch – hätte ich es damals gleich mitgebracht, so wäre es gut genug gewesen, da ich es nicht besser habe, und keine Pretentionen damit mache, aber nach so langem Reden darüber schäme ich mich damit hervor zu kommen, – gieb es Stanz doch*

Grab des Johannes Flink auf dem Meersburger Friedhof.

Das Seminargebäude von Süden. Heutige Ansicht.

selbst, und sage ihm dies dabey (an Jenny von Laßberg, 1.7.1846).

FRANZ XAVER STIELE

Franz Xaver Stiele haben wir bereits bei der Meersburger Fronleichnamsprozession kurz kennengelernt, als er, *in eine Uniform gezwängt, die aus allen Nähten bersten möchte,* der Droste seine majestätische Aufwartung machte (→ S. 56). Er scheint ein Meersburger Stadtorginal gewesen zu sein, der, ursprünglich Schneider, dem Künstlerlorbeer entgegenstrebte und sich sowohl auf dem Gebiet der Malerei also auch schauspielerisch versuchte. Als das Liebhabertheater seine Pforten schloß, schien er *etwas betroffen über den Verlust seiner glänzenden Theaterstellung,* macht sich aber desto breiter bei andern Späßen und hat z.b. am vorigen Sonntage, wo beym Figel große Fete mit türckischer Musick war, aus reiner Kunstliebe die große Trommel gehandhabt, daß alle Bänke zitterten, – er sah köstlich aus in seinen Hemdärmeln, seine dicken Arme schwingend, roth um den Kopf wie ein Puter, und die Wahlverwandtschaft mit seinem Instrumente war gar nicht zu verkennen* (an Schücking, 27.5.1842).

Gelegentlich wurde Stiele von Laßberg mit kleineren Aufträgen versorgt. Im Mai 1842 kolportiert die Droste: *Jetzt habe ich seit vierzehn Tagen seine ⟨Stieles⟩ angenehme Gesellschaft, es ist nämlich ein langer Tisch in mein Vorzimmer gestellt worden, auf dem er für Laßberg den Bauriß des Kölner Domes illuminirt, – ich gäbe für das Ding keinen Gulden, und er bekömmt zwölf Kronen dafür, – ist aber so faul, daß er wenigstens sechs Wochen darüber pinseln wird, und also doch dabey Hunger leiden muß, denn Laßberg hat ihn dieses Mahl nicht in Kost und Logis genommen, wie früher beym Copiren seiner zwei Missale-deckel, wo Stiele es möglich gemacht hat vier Monathe drüber zu arbeiten, so daß Laßberg ihn vor Ungeduld fast zum Hause hinaus geworfen hätte. – Er ist doch ein Windbeutel in Folio! – er ist so kühn, daß er anfangs, unter allerley Vorwänden, mehrere Mahle in mein Zimmer kam, jetzt habe ich mich aber abgesperrt, gehe durch das Kämmerchen aus und ein, und er kann seiner Allemannskokketterie nur durch die künstlichen Arien und Läufe Luft machen, die er während der Arbeit so gleichsam hinwirft, und die oft seltsam verunglücken* (an Schücking, 27.5.1842).

Als sich Stiele kurze Zeit später mit Heiratsplänen trug und ein Rückfall ins bürgerliche Leben drohte, entwarf die Droste ein weiteres kurioses Porträt seiner Person: *Herr Stiele hat, während ich nicht dort* (in Meersburg) *war, seinen Mahlergeschmack auf eine glänzende Weise bekundet, indem er sich in eine häßliche ältliche Kammerjungfer verliebt hat, die auf einen Tag nach Meersburg zum Besuch kam. Sie gieng durchs Vorzimmer in dem er den Cöllner Domriß illuminirte, um mit ihren schönen Händen mein Haar zu flechten. – venit, vidit, vicit! – am Nachmittage suchte er sie beym Figel auf, – am andern Tage folgte er ihr nach Constanz – und giebt seitdem alle Zeichen tiefster Erschütterung von sich – Reue über sein voriges Leben, Tiefsinn, Begeisterung, und die ernstesten hausväterlichen Pläne. – Kann das einem andern Künstler pas-*

siren als der, wie Stiele ein geborner Schneider ist, und vor zehn Jahren statt mit dem Pinsel mit dem Bügeleisen hin und her fuhr? – ich glaube wohl, – Künstler und Dichter nehmen gewöhnlich Frauen, vor denen sich jeder Andre bedanken würde (an Schücking, 12.9.1842). Wenig später heiratete Stiele, zog nach Konstanz und ließ sich fortan nur noch selten in Meersburg blicken. Wie die Droste schreibt, trat der ehemals *unermüdliche Maitre de plaisir* bei seinen Aufenthalten in Meersburg nunmehr als *dicker ernster Hausvater* auf (an Schücking 15.12.1843).

FERDINAND TSCHEPPE

Am 28. Januar 1842 berichtet die Droste von einer Abendgesellschaft beim *Physikus* (Arzt) Ferdinand Tscheppe: *Wir waren gestern recht munter zusammen ⟨bei Tscheppe⟩, und es wurden so viele Gespenstergeschichten erzählt, daß wir vor Grausen kaum nach Haus kommen konnten, – Der Physicus war ungläubig, und erzählte lauter Stückchen die sich kahl auflösten, aber auch an sich unbedeutend waren.* Da Tscheppe wie die Droste von der Sammelleidenschaft infiziert war, ergab sich von dieser Seite her mancher Gesprächsstoff: *Ich bin gestern den ganzen Tag vom Physikus Scheppe und seiner Frau in Beschlag genommen worden, – am Morgen waren sie hier um meine Münzen und geschnittenen Steine zu besehn, und Nachmittags waren wir zu ihnen geladen. – Er war schon einige Mahle hier, um Jennys Muscheln zu ordnen und numeriren, und Jenny wünscht sehr ihn zu einem Art Hausfreund zu acquiriren, da sie ihn nicht nur sehr gern hat … sondern auch behauptet, er sey voll Kenntnisse, und der Einzige in Meersburg dessen Umgang Laßberg wirklich freue und unterhalte, – es scheint auch so, denn so oft er kömmt, mit seinen dicken Folianten unterm Arm, packt ihn Laßberg sogleich, und läßt ihn oft gar nicht wieder los, so daß aus dem eigentlichen Zwecke des Kommens (Botanisiren, Muscheln und Mineralien bestimmen) nichts wird. Er ist ein großer Fund für Jenny, und ihr nur leid, daß sie den Docktor Kraus schon zum Hausarzt hat, – Scheppe und ich sind auch dicke Freunde, und haben uns werthvolle Geschenke an Versteinerungen und Schneckenhäusern gemacht, denn er kriecht eben so wie ich am See und in den Weinbergen umher, und ist lange vor mir gekrochen, so daß die Meersburger an diese neue Art von Vierfüßlern gewöhnt sind, was mir jetzt gut zu Statten kömmt, denn es fällt Keinem ein was Besonderes daran zu finden, die Höflichsten bleiben sogar stehn, und geben mir Stellen an, wo seltne Sorten zu finden sind, und wo der Physikus und Herr Jung auch gesucht hätten* (an Therese von Droste-Hülshoff, 28.1.1842).

Zum Bedauern der Droste fand der Kontakt nur eine spärliche Fortsetzung. *Der Physikus kömmt, trotz aller Lockungen von unsrer, und aller Freundlichkeit von seiner Seite, doch sehr selten, wie wir jetzt dahinter gekommen sind, aus Delicatesse, damit der Docktor Kraus nicht meinen soll, daß er ihn verdrängen wolle …* (an Therese von Droste-Hülshoff, 15.5.1842).
Bei ihrem zweiten Besuch in Meersburg traf die Droste den *Physikus* nicht mehr an; er war inzwischen fortgezogen.

JOHANN VOGEL

Ich gehe jeden Tag den Weg nach Haltenau … und sehe … nach dem Wege bei Vogels Garten hinüber (an Schücking, 5.5.1842)

Johann Vogel (1811–1874) war wie Franz Xaver Stiele Mitglied des Meersburger „Liebhabertheaters" (*zuerst als Invalide, dann als Sekretär*). Er unterhielt in Meersburg einen kleinen Gemischtwarenladen, in dem man kleine Geschenke kaufen – sie habe, schreibt die Droste, bei Vogel *eine recht hübsche Tasse* erstanden – und auch Schokolade trinken konnte. Sein persönliches Schicksal schildert die Droste im Brief an Schücking vom 7. Februar 1844: *Die Stadt hat überhaubt gar sehr abgenommen (wie ich Ihnen schon früher geschrieben) und es ist mir lieb, daß ich immer in so geringer Verbindung mit ihr gestanden, sonst würde es mir wirklich weh thun, – auch Herr Vogel sieht so trübselig aus, und sein Laden noch trübseliger, – man sagt, er werde banquerout machen. – das kömmt vom Lotterieglück! – da werden gleich Plane gemacht, die doch nur durch 2/3 Borg realisirt werden können, – neues Haus und Laden, was den Kunden ganz gleich ist – elegante Artikel, für die es hier keine Käufer giebt – in die ärgste Pfütze hat ihn Stiele geritten, mit der Badeanstalt, die, wie sich jetzt auszeigt, in den warmen Monaten trocken liegt, und Winters durch den Sturm abgedeckt und unterspült wird. – Es thut mir leid! ich habe den Vogel gern, er ist so freundlich und fleißig, – pour comble de malheur thut sich jetzt ein gewisser Zimmermann in denselben Artikeln viel reeller und großartiger hervor, und Alles läuft ihm zu – nur ich nicht, – ich will lieber etwas schlechtere Chokolade trinken, et cet, – als ein Gesicht noch betrübter machen das ich freundlich gekannt habe. – Mir fällt aber eben ein, daß Vogel Vieles in Commission haben soll, was ihn vielleicht jetzt allein noch hält – Augsburg ist nicht so weit, vielleicht bezieht er auch von dort her – lassen Sie deshalb doch nicht zufällig etwas von seiner (vermuthlichen) Lage über die Lippen gleiten – ich weiß es ist keine Sache zum Erzählen, aber die unbedeutendsten Dinge können zufällig ausgesprochen werden.*

Die von der Droste erwähnte Badeanstalt wird auch im Tagebuch Jenny von Laßbergs erwähnt. Dieses verzeichnet am 29. Juni 1842 einen Besuch der Droste im „Vogelbad", das vermutlich ein Vorläufer der „Seebade-Anstalt" war, die auf der Basis einer Aktiengesellschaft am 21. Juli 1854 eröffnet wurde.

WAS BLEIBT?
MEERSBURG IM WANDEL

Ein Bindeglied zwischen dem ersten und zweiten Besuch stellt der Brief der Droste an Schücking vom 15. Dezember 1843 dar, in dem wir dem genannten Meersburger Personal – freilich unter geänderten Vorzeichen – noch einmal wiederbegegnen. Der Brief verdeutlicht, daß die gemeinsam mit Schücking genossene Bodensee-Romantik der Jahre 1841/42 inzwischen weitgehend abgebröckelt war: *Ich bin recht gern hier, obwohl außer Laßberg und Jenny, der alten Burg und dem See, eben Alles anders ist wie vor'm Jahre, als läge ein Decenium dazwischen, – lauter neue Domestiken, außer Augusten und dem alten Fasser, der noch immer seinen Kopf aus dem Guckloche unter der blutigen Hand hervor streckt, – die Kinder sehr langbeinig und verändert, Hildel auch moralisch sehr zu ihrem Vortheile, äußerlich Beyde durch Zähne und eine hübsche Haartracht – das Kesselsche Institut fort, nach Karlsruhe verlegt, am neuen Schlosse alle Läden zu, nichts als Gefangene und Ratten darin, – der unermüdliche Maitre de plaisir, Stiele, in Constanz verheurathet ... Doktor Luschka und der Physikus beyde fort,– das Liebhabertheater aufgelößt Mama hier, und im untern Stock drey Zimmer für sie eingerichtet, die mir wie ein ganz neues Stück Welt vorkommen, – Figel fast banquerout, will sein Häuschen verkaufen, Niemand besucht ihn mehr, wir sind nur einmahl aus alter Erinnerung hingegangen, fanden Niemand dort, und konnten kaum Etwas erhalten, sein Zöpfchen steht vor Melancholie ganz schief, während seine gezwungenen Späße in der traurigen Lage einen unheimlichen Eindruck machen, und ich nicht wieder habe hingehn mögen – meine alte Trödlerin banquerout gemacht ... Das sind doch viele Veränderungen für ein kurzes Jahr! denn grade ein Jahr nach meiner Abreise bin ich wieder hier eingezogen. – ... Herr v. Baumbach ist ganz fort, nach Karlsruhe gezogen, Gaugrebens waren einmahl hier, Stanz ein paarmahl, und erkundigte sich sehr eifrig nach Ihnen (er hat Jenny'n eine sehr schöne Scheibe geschenkt, gothische Bogenhallen, darunter eine Frau, mit zwey Kindern in blauen und rothen Kleidchen) – sonst waren Besuche genug hier, meistens fremde Gesichter und Namen, und mir nur sichtbar wenn sie über Tisch blieben.*

WOHIN IN MEERSBURG?

Auf einer Liste im sogenannten Meersburger Nachlaß hat die Droste - als eine Art Gedächtnisstütze - ihre sämtlichen Meersburger Ausflugsziele Revue passieren lassen. Sie erwähnt u. a. einige Meersburger Gasthäuser (zur Lage der einzelnen Örtlichkeiten in Meersburg → Panoramakarte S. 55).

DAS GASTHAUS „ZUM BÄREN" UND SEIN LESEKABINETT

... das Museum hält zwar manche Journale, aber nur Süddeutsche und vom Auslande, und es ist Schücking kein kleiner Verdruß, daß sein Name nirgends vorkömmt (an Elise Rüdiger, 18.12.1841)

Für ein „kulturelles Beiprogramm" war in Meersburg reichlich gesorgt. Hierzu trug das „Museum" bei, ein Zeitungs- und Lesekabinett, das seine Räume zeitweilig im Gasthof „Zum Bären" in der Nähe des Rathauses in der Oberstadt hatte. Hier lagen das Cottasche „Morgenblatt", die „Karlsruher Zeitung", die Augsburger „Allgemeine Zeitung" und die „Kölnische Zeitung" aus.

Aus einem Brief Jenny von Laßbergs ist zu erfahren: „Laßberg ist jetzt Mitglied des Museums, geht jeden Tag um 11 Uhr hin um Zeitung zu lesen, und wir bekommen Bücher aus der Museumsbibliothek, worin gute Sachen sind; z. B. von Buttler, Hauff ..." (an Therese von Droste-Hülshoff, 24.11.1838). In diesem „Museum" verfolgte die Droste später, im April/

Das Gasthaus zum Bären mit Obertorturm. Heutige Ansicht.

Das Meersburger Rathaus mit Spitalgebäude. Fotografie von 1909.

Mai 1842, täglich den Erstdruck ihrer *Judenbuche* im „Morgenblatt", wobei sie überrascht war, daß sich ihre Novelle im Druck anders ausnahm als im Manuskript: *Ich finde daß sich meine gedruckte Prosa recht gut macht, besser und origineller wie die Poesie, aber anders wie ich mir gedacht ...* (an Schücking, 15.5.1842). Bald darauf berichtet sie: *Im Museum war ich seit einigen Tagen nicht, bis dahin war meine Judenbuche beendigt, von der ich nur das im vorigen Briefe Gesagte wiederholen kann, nämlich: daß ich den Effeckt fand wo ich ihn nicht suchte, und umgekehrt, das Ganze aber sich gut macht, – es ist mir eine Lehre für die Zukunft, und mir viel werth die Wirkung des Drucks kennen gelernt zu haben, – gestrichen hat man mir nur einmahl ein paar Zeilen, nämlich das zweyte Verhör ein wenig abgekürzt (wenn du es nicht etwa schon gethan hattest, worüber ich ungewiß bin) – zuerst war ich zürnig-grimmig wie eine wilde Katze – und braußte im Sturmschritt nach Deisendorf, auf dem Rückwege war ich aber schon abgekühlt, und gab dem Operateur (Hauff, dir, oder mir selbst) Recht* (an Schücking, 27.5.1842).

Auch später noch besuchte die Droste regelmäßig das Museum, insbesondere um Schückings Beiträge in der Augsburger „Allgemeinen" zu lesen, die mehrfach im Briefwechsel diskutiert werden.

EIN LIEBHABERTHEATER, DAS IM RATHAUSSAAL RESIDIERT

Meersburg schien ein gutes Pflaster für Theaterfreunde gewesen zu sein. In einem Brief Jennys an Therese von Droste-Hülshoff vom 10. Juli 1839 heißt es: „du wirst dich wundern, wenn ich dir sage daß wir seit 3 Wochen hier Schauspieler hatten, ziemlich gut, das heißt für Meersburg, wir sind oft hingegangen, theils aus Mitleid, denn es war unerträglich heiß im Theater, es ist noch ein Theater aus fürstlichen Zeiten ..." Die Dekorationen hätten dabei einen ziemlich überzeugenden Eindruck hinterlassen. Sogar an Singspiele hätten sich die Schauspieler gewagt, allerdings nur „mit Hülfe der Liebhaber, sonst wäre das Orchester zu klein gewesen". Weiter heißt es: „heute sind die armen Leute fort nach Ueberlingen".

Eine Attraktion für sich war das Meersburger „Liebhabertheater". Der kleine Laienspielbetrieb trat im alten fürstbischöflichen Theatersaal im dritten Stock des Rathauses auf. Die Droste zählte zu den eifrigsten Besuchern. Sie stellt das „Liebhabertheater" ausgiebig im Brief an ihre Mutter vom 28. Januar 1842 vor: *Nun muß ich Dir noch sagen, daß wir jetzt hier ein brillantes Liebhabertheater haben, und schon zweymahl gespielt worden ist, zuerst um Neujahr, der Wildfang, dann am vorigen Montage, das Alpenröschen – die ersten Liebhaber sind, Lina Honstetter (Burgemeisters Tochter) und ein gewisser G⟨Lücke im Ms.⟩ Bey ⟨Lücke im Ms.⟩ Gewandtheit, wie gemachte Schauspieler, nur war sie in der zweyten Rolle g⟨ar zu⟩ naiv ⟨Lücke im Ms.⟩ d doch auch etwas zu häßlich für „ein Alpenröslein" – sehr gut und wirklich g⟨Lücke im Ms.⟩len Herr ⟨Lücke im Ms.⟩ komischen Rollen, und die Schwester der Zollcontrolleurin als böse Fra⟨Lücke im Ms.⟩ machte in ⟨Lücke im Ms.⟩ken einen Landjunker, zuerst einen alten, dann einen jungen, – ganz vortrefflich, und ⟨Lücke im Ms.⟩ übertrieben. – dann spielten noch Herr Vogel, zuerst als Invalide, dann einen Sekretair, – r⟨Lücke im Ms.⟩ Apotheker, einen Bedienten, auch gut, – Scheppe, einen Unteroffizier, mittelmäßig –*

die ⟨Lücke im Ms.⟩ kennst du glaube ich nicht. – die Decorationen sind ganz hübsch – ein Garten mit Illum⟨inationen,⟩ eine Schweizer Gegend, ein Kirchhof, ein paar hübsche Zimmer, – Gewitter – Sonnenaufgang – Alles ganz ordentlich, fast wie in Münster. – ein ganz artiges Orchester von sechzehn Personen, die in den Zwischenackten Ouverturen aufführten, aus Jean de Paris, der Schweizerfamilie, Figaro. et cet. – der Preis 24 Kreuzer – das Local – der Rathhaussaal – gedrängt voll, da Alles aus der Umgegend zuströmte …
Die Droste besuchte alle drei vom Liebhabertheater aufgeführten Stücke, zunächst am 28. November 1841 eine Aufführung von Kotzebues „Der Wildfang". Am 23. Januar 1842 wurde „Das Alpenröschen" von Franz Ignatz von Holbein gespielt. Ende März fand mit „Till Eulenspiegel" von Karl August Lebrun bereits die Abschiedsvorstellung statt: *unser Liebhabertheater hat um Ostern seine letzte Darstellung – den Till Eulenspiegel – gegeben, wo Herr Grimm zum letzten mahle als Till alle Herzen bezaubert, dann Jennyn seine Nachtigall verkauft hat, und am folgenden Tage auf den Thränen aller Meersburgerinnen nach Karlsruhe geschwommen ist, wo ihn weniger Ruhm aber ein hübsches Aemtchen erwartet, was er leider keine unserer schönen Damen eingeladen hat mit ihm zu genießen* (an Schücking, 27.5.1842).
Die Droste hat dem „Liebhabertheater" ein eigenes Gedicht gewidmet:

Das Liebhabertheater

Meinst du, wir hätten jetzt Decemberschnee?
Noch eben stand ich vor dem schönsten Hain,
So grün und kräftig sah ich keinen je.
Die Windsbraut fuhr, der Donner knallte drein,
Und seine Zweige trotzten wie gegossen,
Gleich an des Parkes Thor ein Häuschen stand,
Mit Kränzen war geschmückt die schlichte
Wand,
Die haben nicht gezittert vor den Schlossen,
Das nenn' ich Kränze doch und einen Hain:

Und denkst du wohl, wir hätten finstre Nacht?
Des Morgens Gluten wallten eben noch,
Rothglühend, wie des Lavastromes Macht
Hernieder knistert von Vesuves Joch;
Nie sah so prächtig man Auroren ziehn!
An unsre Augen schlugen wir die Hand,
Und dachten schier, der Felsen steh' in Brand,
Die Hirten sahn wir wie Dämonen glühen;
Das nenn' ich einen Sonnenaufgang doch!

Und sprichst du unsres Landes Nymphen
Hohn?
Noch eben schlüpfte durch des Forstes Hau
Ein Mädchen voll und sinnig wie der Mohn,
Gewiß, sie war die allerschönste Frau!

Ihr weißes Händchen hielt den blanken Spaten,
Der kleine Fuß, in Zwickelstrumpf und Schuh,
Hob sich so schwebend, trat so zierlich zu,
Und hör, ich will es dir nur gleich verrathen,
Der schönen Clara glich sie ganz genau.

Und sagst du, diese habe mein gelacht?
O hättest du sie heute nur gesehn,
Wie schlau sie meine Blicke hat bewacht,
Wie zärtlich konnte ihre Augen drehn,
Und welche süße Worte ihr entquollen!
Recht wo ich stand, dorthin hat sie geweint:
„Mein theures Herz, mein Leben, einz'ger
Freund!"
Das schien ihr von den Lippen nur zu rollen.
War das nicht richtig angebracht und schön?

Doch Eins nur, Eines noch verhehlt' ich dir,
Und fürchte sehr, es trage wenig ein;
Der Wald war brettern und der Kranz Papier,
Das Morgenroth Bengalens Feuerschein,
Und als sie ließ so süße Worte wandern,
Ach, ob sie gleich dabei mich angeblickt,
Der dicht an das Orchester war gerückt,
Doch fürcht' ich fast, sie galten einem Andern!
Was meinst du, sollte das wohl möglich seyn?

Das Gedicht spielt unmittelbar auf den Besuch des Schauspiels „Das Alpenröslein oder das Patent und der Shawl" (1822) von Franz Ignatz von Holbein am 23. Januar 1842 an. Einige der Dekorationen, die auch in der einleitenden Regieanweisung von Holbeins Stücks genannt werden, finden sich im Gedicht der Droste wieder: „Sonnenaufgang" (v. 18), „Gewitter" (v. 4), „Park" bzw. „Garten" (v. 6) und das „Orchester" (v. 43). Die erste Strophe des Gedichts nimmt Bezug auf die im Schauspiel geschilderte Klause des Einsiedlers Martin, bei dem Liesli aufgenommen wurde und die sie mit Blumenkränzen schmückt (vgl. v. 6 und 7). Auch das Gewitter, mit dem der erste Akt des Schauspiels endet, wird im Gedicht genannt (vgl. v. 4). Die zweite Strophe handelt von einer Szene, in der sich der Graf und Liesli bei Sonnenaufgang auf einem Kirchhof kennenlernen (Akt I, Szene 3).

DAS GASTHAUS „ZUM WILDEN MANN" UND SEIN „STEHENDES" THEATER

Auch bei ihrem zweiten Besuch brauchte die Droste nicht auf die liebgewonnenen Theaterfreuden zu verzichten. Seit Anfang des Jahres 1844 trat in der Tanzstube des Gasthofes „Zum wilden Mann" – gegenüber der alten Schiffsanlegestelle vor dem Unterstadttor gelegen – eine kleine Theatergesellschaft auf. Die „Wurschbauer-Truppe" bestand jedoch nicht aus einer Laienspielerschar, sondern aus „gestandenen" Theaterschauspielern: *Meersburg fängt übrigens seit Kurzem an sich heraus zu ma-*

Das Gasthaus zum Wilden Mann. Fotografie, um 1900.

chen, wir haben ein Theater, und – denken Sie! – ein *sehr gutes*. – Das Local ist allerdings lächerlich elend, – eine große Tanzstube im wilden Manne, (Levin kennt ihn, dem Schiffe gegenüber) wo die Schauspieler zwey Fuß über dem Boden agiren, und doch mit den Federbüschen die Decke fegen, – aber die (zwölf Mann starke) Truppe ist wirklich gut, und im Lustspiel sogar vorzüglich, – der Director, Herr Wurschbauer, ein Schauspieler von Ruf, früher verhätscheltes Mitglied eines bedeutenden Theaters, (ich meine in Dresden) dem's aber wie der Geis „zu wohl im Stalle" geworden ist, und der jetzt mit seiner Familie und einigen andern gleich freiheitsdürstenden Freunden zur Abwechslung mahl eine Art Vagabundenleben versucht. – Ich denke es wird nicht lange währen, so haben sie es satt, die Besseren kriechen wieder bey ordentlichen Theatern unter, und die Andern kommen auch schon fort, denn entschieden schlecht spielt Keiner. – Gestern gaben sie den „Heurathsantrag auf Helgoland" – ganz vortrefflich! ihre Garderobe ist noch gut – die Decorationen nicht störend – und sie beschränken sich auf kleine Stücke. - so habe ich, seltsamer Weise, Gelegenheit wöchentlich dreymal für 24 Kreuzer einen Komiker zu sehn, bey dessen Auftreten noch vor

Das Gasthaus zum Wilden Mann. Heutige Ansicht.

drey Jahren in Dresden die Preise erhöht wurden (an Levin und Louise Schücking, 14.3.1844). Zu einigen Stücken fertigte die Droste später Notizen an, die im Nachlaß überliefert sind. Das Verzeichnis führt die damals besuchten Stücke sowie eine Besetzungsliste an.
Insgesamt besuchte die Droste von Februar bis April 1844 etwa zehn Theateraufführungen. Bei ihrem letzten Meersburg-Besuch war es der Autorin aufgrund ihrer schwachen Gesundheit nicht möglich, weiteren Auftritten beizuwohnen.

DAS „GLASERHÄUSLE"

... die täglichen Parthien, zum Figel, Frieden, der Krone, haben mich bisher noch nicht zur Ruhe kommen lassen, was wohl recht gut sein mag, um meinen ersten Widerwillen gegen das Gehn zu überwinden (an Therese von Droste-Hülshoff, 29.10.1841)

Eine eindeutige Favoritenstellung unter den von der Droste aufgeführten Ausflugslokalen nahm eine kleine Gaststätte außerhalb Meersburgs ein, das in den Weinbergen gelegene „Glaserhäusle". Dessen uriger Wirt Johann Baptist Figel (1776–1859) begrüßte seine Gäste noch Mitte des 19. Jahrhunderts mit einem veritablen Zöpfchen. Das „Glaserhäusle" trug seinen Namen nach einem früheren Besitzer, dem Glaser Kern, der 1784 erstmals die provisorische Genehmigung zum Weinausschank erhalten hatte. Hier kehrte die Droste häufig mit Schücking ein, wie jener in seinen „Lebenserinnerungen" bestätigt: „Den Rückweg vom Seeufer nahmen wir zumeist über eine Höhe, durch einen Weinberg mit einem Winzerhäuschen darin, an dem gerastet wurde und wo der ‚geschäftige Pygmäe', ein beredtsames Männlein mit einem Zöpfchen, der mit seiner ebenso alten Baucis da hauste, uns Trauben brachte ..."

Nach Schückings Abreise sind – durch das Tagebuch Jenny von Laßbergs – zahlreiche weitere Besuche der Droste im Glaserhäuschen belegt, das auch ein Lieblingsplatz Laßbergs war: *Dieser ⟨Laßberg⟩ humpelt denn auch alle Tage recht rüstig umher, nach dem Figel, Frieden, oder nach dem neuen Lusthäuschen und Garten vor dem Thore, womit er Jenny beschenkt hat ...* (an Therese von Droste-Hülshoff, 15.5.1842).

Während ihres zweiten Meersburg-Besuches mußte die Autorin miterleben, wie die *Figeley* dem Ruin entgegenging: *... Figel fast banquerout, will sein Häuschen verkaufen, Niemand besucht ihn mehr, wir sind nur einmahl aus alter Erinnerung hingegangen, fanden Niemand dort, und konnten kaum Etwas erhalten, sein Zöpfchen steht vor Melancholie ganz schief, während seine gezwungenen Späße in der traurigen Lage einen unheimlichen Eindruck machen, und ich nicht wieder habe hingehn mögen* (an Schücking, 15.12.1843). Im März 1844 konnte sie jedoch Schücking vermelden, daß *Herr Figel ... wieder aufblüht d. h. seine Schulden bezahlt, und wieder con amore mit seinem Zöpfchen wedelt* (Brief vom 4.3.1844).

Ein Stadtoriginal wie Figel scheint auf dem Schloß und insbesondere bei den kleinen Laßberg-Zwillingen für Gesprächsstoff gesorgt zu haben, wie einer Briefepisode der Droste zu entnehmen ist: *Ich habe der Hildel gesagt, daß Herr Figel mir seines Zopfs wegen so gut gefiele, daß sie ihn nun nicht mehr zu nehmen brauche, ich wolle ihn selber heurathen; Anfangs war sie sehr froh darüber, seit ich ihr aber gesagt habe, daß sie ihn fortan Onkel nennen und ihm die Hand küssen müsse, hat sie ihn doppelt in Aversion genommen, und sagt um mich davon abzubringen „das Alles was zu Herr Figel gehörte, ganz krumm wäre, ich würde also auch krumm werden, wenn ich ihn nähme;" – man kann wirklich tausend Spaß mit den Kindern haben* (an Therese von Droste-Hülshoff, 29.10.1841).

Mit ihrem Gedicht *Die Schenke am See* hat die Droste dieser Ausflugsstätte ein bleibendes Erinnerungsblatt hinterlassen, in dem Figel selbst als *Wurzelmännchen, geschäftiger Pigmäe* und *Wirthlein* seinen Abendgruß aufsagen darf. Das Gedicht zählt zu denjenigen Texten, die als Proben der Drosteschen Lyrik im bekannten Cottaschen „Morgenblatt" erschienen. Schücking hielt das Gedicht zunächst zurück, weil die Widmung im Untertitel *An Levin S.* zu *An Eugen M.* verändert werden sollte. Später,

Das Glaserhäusle. Zeichnung von Leonhard Hohbach, 1846.

Das Glaserhäusle von Süden. Heutige Ansicht.

im Februar 1843, gab er den Text ohne Einwilligung und Wissen der Droste zum Abdruck frei. Die Droste, damals bereits nach Rüschhaus zurückgekehrt, argwöhnte im Brief an Elise Rüdiger vom 9. Mai 1843: *Jenny schreibt „dein Gedicht auf unser Glaserhäuschen, was im Morgenblatte steht, macht hier viel Sensation, et. cet". – Wie ist das? ich habe es ja gar nicht eingeschickt? Levin war anfangs sehr dafür, nachdem er aber seinen Namen in „Eugen" verändern muste, dagegen, – Sie halten ja das Morgenblatt, es wird dort wohl „die Schenke am Berge" heißen. – Levin, der eine Abschrift besaß, muß es jetzt eingeschickt haben – um das Honorar zu vermehren? – das will ich doch nicht glauben! vielleicht hat er dem Morgenblatt Beyträge versprochen, zu denen ihm Zeit und Lust gefehlt, und faute de mieux ihm vorläufig hiermit den Mund stopfen wollen.*

Die Schenke am See
An Levin S.

Ist's nicht ein heit'rer Ort, mein junger Freund,
Das kleine Haus, das schier vom Hange gleitet,
Wo so possierlich uns der Wirth erscheint,
So übermächtig sich die Landschaft breitet;
Wo uns ergötzt im neckischen Contrast
Das Wurzelmännchen mit verschmitzter
Miene,
Das wie ein Aal sich schlingt und kugelt fast,
Im Angesicht der stolzen Alpenbühne?

Sitz nieder. – Trauben! – und behend erscheint
Zopfwedelnd der geschäftige Pigmäe;
O sieh, wie die verletzte Beere weint
Blutige Thränen um des Reifes Nähe;
Frisch greif in die kristallne Schale, frisch,
Die saftigen Rubine glühn und locken;
Schon fühl' ich an des Herbstes reichem Tisch
Den kargen Winter nahn auf leisen Socken.

Das sind dir Hieroglyphen, junges Blut,
Und ich, ich will an deiner lieben Seite
Froh schlürfen meiner Neige letztes Gut.
Schau her, schau drüben in die Näh' und Weite;
Wie uns zur Seite sich der Felsen bäumt,
Als könnten wir mit Händen ihn ergreifen,
Wie uns zu Füßen das Gewässer schäumt,
Als könnten wir im Schwunge drüber streifen!

Hörst du das Alphorn über'm blauen See?
So klar die Luft, mich dünkt, ich seh' den Hirten
Heimzügeln von der duftbesäumten Höh' –
War's nicht als ob die Rinderglocken
schwirrten?
Dort, wo die Schlucht in das Gestein sich
drängt –
Mich dünkt ich seh den kecken Jäger
schleichen;
Wenn eine Gemse an der Klippe hängt,
Gewiß, mein Auge müßte sie erreichen.

Trink aus! – die Alpen liegen Stundenweit,
Nur nah die Burg, und heimisches Gemäuer,
Wo Träume lagern langverschollner Zeit,
Seltsame Mähr' und zorn'ge Abentheuer.
Wohl ziemt es mir, in Räumen schwer und grau
Zu grübeln über dunkler Thaten Reste;
Doch du, Levin, schaust aus dem grimmen Bau
Wie eine Schwalbe aus dem Mauerneste.

Sieh' drunten auf dem See im Abendroth
Die Taucherente hin und wieder schlüpfend;
Nun sinkt sie nieder wie des Netzes Loth,
Nun wieder aufwärts mit den Wellen hüpfend;
Seltsames Spiel, recht wie ein Lebenslauf!

Der ehemalige Schussenrieder Hof, heute ein Seniorenheim.

Wir beide schaun gespannten Blickes nieder;
Du flüsterst lächelnd: immer kömmt sie auf –
Und ich, ich denke, immer sinkt sie wieder!

Noch einen Blick dem segensreichen Land,
Den Hügeln, Auen, üpp'gem Wellen Rauschen.
Und heimwärts dann, wo von der Zinne Rand
Freundliche Augen unserm Pfade lauschen;
Brich auf! – da haspelt in behendem Lauf
Das Wirthlein Abschied wedelnd uns entgegen:
„Geruh'ge Nacht – stehn's nit zu zeitig auf! –"
Das ist der lust'gen Schwaben Abendsegen.

Das Glaserhäusle wird heute von der hochbetagten, renommierten Droste-Rezitatorin Felicitas Barg bewohnt. Es steht nicht für den Besuchsverkehr offen.

DER ÖDENSTEIN

Ein weiterer Lieblingsplatz der Droste liegt nur einen Steinwurf stadteinwärts vom „Glaserhäusle" entfernt. Gemeint ist der „Ödenstein", der eine besondere Aussicht über den Bodensee bietet: *Lieber Levin, ich besuche jetzt unsre alten Plätze am See sehr selten oder vielmehr gar nicht – die alten Erinnerungen sind nothwendig durch neue verdrängt, und da praedominiren die Figeley und der öde Stein, solche Plätze sind eben nur was man selbst hinein legt. Ich wollte ich wäre in diesem Augenblicke gesund, und könnte auf dem öden Stein stehen – am liebsten mit Euch – es stürmt furchtbar, der See wirft haushohe Spritzwellen, und ist von einem Farbenspiele, wie ich ihn nie gesehn, im Vordergrund tief schmaragdgrün, dann eine dunkelviolette Bahn, und am Horizont wie junges Buchenlaub, und alle Farben von der grösten Reinheit und Bestimmtheit, –* *das ist nur so bey starkem Sturme mit Sonnenschein dabey und war im vorigen Herbste öfters, aber seitdem nicht wieder, Ihr habt es recht übel getroffen keinen solchen Tag hier erlebt zu haben, dann sieht man erst was die Landschaft seyn kann* (an Levin und Louise Schücking, 20.6.1844).

DER „SCHUSSENRIEDER HOF"

Im Jahr 1843 plante Pauline von Droste-Hülshoff, Bonner Tante der Droste, sich eine Zeitlang mit ihrer Tochter Elisabeth in Meersburg niederzulassen; die Droste sollte sich nach einem geeigneten Quartier umsehen. Eines der in Augenschein genommenen Quartiere war der „Obere Schussenrieder Hof" in der Oberstadt Meersburgs. Das Gebäude wurde von 1498 bis 1803 als Wirtschaftshof des Klosters Schussenried genutzt. 1843 bewohnte es die Familie des Spitalmeisters Christian Hibschenberger. Über ihre Bemühungen berichtet die Droste nach Bonn: *Das Eine ⟨Quartier⟩ heißt* Schussenriether Hof, *ist ein großes schönes Gebäude, der Eigenthümer ist ein gemeiner Winzer, und bewohnt mit Frau und ein paar 8–9jährigen Kindern den untern Stock, – der Obere ist zu vermiethen, enthält* neun *sehr hübsche Zimmer, von angenehmer Größe, eine Küche und einen eignen Abtritt, – der Gang an dem die Zimmer liegen ist breit und hell, die hinaufführende Treppe ebenfalls breit und schön, die Aussicht von einigen Zimmern auf den See, und von den übrigen recht hübsch in die Weinberge und sonstige Umgebung, da das Haus in der Stadtmauer liegt, was auch noch den Vortheil hat, daß man von der Entree durch einen zweyten, freylich nicht schönen* aber doch brauchbaren Ausgang (durchs Kelterhaus) gleich ins Freye treten kann, ohne die Stadt zu berühren. – Der frühere Bewohner (Oberlehrer Flink) sagt mir, daß sich alle Gemächer sehr gut heizten, überall das Quartier sehr angenehm sey, und er es nicht würde verlassen haben, wenn sich ihm nicht eine Wohnung im Seminar selbst gebothen hätte, auch lobt er die Hausbewohner, als Leute voll guten Willens ... Der Miethpreis für ein halbes Jahr würde ... 60. Gulden machen ... *(an Pauline von Droste-Hülshoff, 23.10.1843).* Ohne eine Begründung zu liefern, ließ die Tante die Sache auf sich beruhen und verzichtete auf einen Besuch am Bodensee. Die Droste mokierte sich hierüber mit den Worten: *Du taugst zwar ganz und gar nichts, Paulus, und hast mir auf meinen ellenlangen Brief von Meersburg auch nicht eine Silbe geantwortet, dennoch schicke ich Dir meine Gedichte, weil Du sonst doch immer ein braver Paulus gewesen bist, und ich nicht denken kann, daß Du Dich solltest in einen Saulus verkehrt haben, obwohl ich denn doch nicht begreife weshalb Du mich so ganz und gar ohne Antwort gelassen hast* (an Pauline von Droste-Hülshoff, 30.10.1844).

Den Schussenrieder Hof erwähnt die Droste noch ein zweites Mal, diesmal im Zusammenhang mit ihren Bemühungen, für den Besuch des Ehepaares Schücking in Meersburg ein geeignetes Quartier zu finden (→ S. 76).

DER „FRIEDEN"

Das bereits mehrfach erwähnte Meersburger Gasthaus „Zum Frieden" mit dem Wirt Josef Stadelhofer lag außerhalb der Stadt an der Straße nach Hagnau. Auf dem Weg zum „Frieden" passierte die Droste das Fürstenhäusle (→ S. 79). Im Brief an die Mutter vom 29. Oktober 1841 spricht die Droste von *täglichen Parthien zum Figel, Frieden, der Krone,* und an anderer Stelle erwähnt sie, daß Laßberg sich täglich aufmache, um dieses Ausflugslokal zu besuchen.

In einem Zeugnis ist kurz von einem schweren Unfall des Baptist Stadelhofer, dem Sohn des Wirts, die Rede. Das kleine Kind war aus einer Bodenluke gestürzt und konnte nur durch einen Aderlaß gerettet werden (vgl. Jenny von Laßberg an die Droste vom 18.6.1841).

DIE „KRONE"

Das Gasthaus „Zur Krone" war „eine außerhalb der Stadt beim Friedhof gelegene Wirtschaft, auf dem Gelände der früheren fürstbischöflichen Sennerei" (Adolf Kastner). Auch die „Krone" war Bestandteil der *täglichen ⟨Ausflugs-⟩Parthien.*

DIE „TRAUBE"

Das Ehepaar Schücking wohnte bei seinem Besuch in Meersburg im Mai 1844 nicht im Alten Schloß, sondern hatte sich im Gasthof „Zur Traube" eingemietet. Die „Traube" lag unmittelbar vor dem Obertorturm, außerhalb der mittelalterlichen Stadt am Weg zum Friedhof; Besitzer war von 1804 bis 1865 Karl Stadelhofer. Das Quartier hatte die Droste selbst ausgesucht. Über die Qual der Wahl bei der Suche nach einer geeigneten Unterkunft berichtet sie

Der Gasthof zur Traube. Fotografie um 1900.

Schücking am 17. April 1844: *Ein Quartier habe ich, – klein aber reinlich und billig, und immer See und Alpen vor Augen – die Sache war schwieriger als ich gedacht, – Niemand wollte anders wie halbjährig vermiethen, – zudem überall Zimmer genug, im Schussenriether Hof et cet – aber leere Wände, blank und baar – und auch anderwärts fast nirgends Meubles, und gar nirgends Betten und Weißzeug, außer in der Traube, was wie Sie wissen, früher ein Wirthshaus war – so hatte ich eigentlich gar keine Wahl, und habe nun dort das Quartier für Sie genommen, was früher nach einander Stiele, Hamma, und die Räthin Waldmann bewohnten, – zwey Zimmer, gar nicht zu klein, wenn sie nicht an der hier unvermeidlichen Niedrigkeit litten, das kleinere mit zwey sehr guten neuen Betten, – in Beyden kein Sopha, aber das Nöthige an Tischen, Stühlen, Kommode, Kleiderschrank, et cet, und Weißzeug dazu, – das Ganze wöchentlich für 2 1/2 Gulden – das scheint mir doch nicht theuer! – und das ganz gleiche Quartier, unter ihnen, hat eine sehr elegante Frau von Friedrichs aus Constanz, die Seebäder brauchen will, gemiethet, und ist froh es zu haben. – man hat mir hier für um Nichts bessere, unmöblirte, und lange nicht so reinlich gehaltene mitunter mehr abgefordert, was ich freylich auch unverschämt gefunden habe, – Frühstück können Sie im Hause bekommen, so oft Sie wollen, Mittagsessen aber nicht, haben aber ganz nahe zum Löwen. – Die Tochter vom Hause (der Traube) wird sich gewiß besonderer Aufmerksamkeit befleißigen, da sie hier im Schlosse das Kochen gelernt hat – kurz, ich habe es so gut gemacht wie ich konnte, und meine es gehe auch schon recht gut so.*

Das Ehepaar Schücking war während seines Aufenthaltes nicht, wie angenommen werden könnte, täglich Gast auf der Burg. Anhand von Jennys Tagebuch und anderen Quellen läßt sich der Verlauf des Besuches relativ genau nachvollziehen. Demzufolge kamen die Schückings am 6. Mai in Meersburg an. Am 7. Mai waren sie zum Essen auf die Burg eingeladen. Für den 8. Mai ist ein Gegenbesuch im Gasthof „Zur Traube" vermerkt. Auch am 10. und 14. aß man gemeinsam auf der Burg. Am 16. waren die Schückings erneut, diesmal zum Kaffee, eingeladen, ebenso am 20., bevor sie abends für fünf Tage zu einer Reise in die Schweiz aufbrachen. Unmittelbar nach ihrer Rückkehr am 25. waren sie erneut Gäste der Laßbergs. Am 30. speiste man noch einmal gemeinsam zu Mittag, ehe das junge Ehepaar mit der Postkutsche nach Augsburg zurückfuhr.

Die Abreise erfolgte also nicht – wie das Abschiedsgedicht der Droste *Lebt wohl* Glauben macht – mit einem Schiff; um über diese Diskrepanz hinwegzutäuschen, ließ Schücking bei der Schilderung des Abschieds in seinen „Lebenserinnerungen" die Rückfahrt ebenfalls über den Bodensee verlaufen: „nach acht Tagen mußten wir scheiden, und der biedere alte Rit-

Der Gasthof zum Löwen. Fotografie um 1900.

Am 16. April 1844 verzeichnet das Tagebuch Jenny von Laßbergs einen gemeinsamen Besuch im Gasthof zum Schützen außerhalb Meersburgs. Fotografie um 1900.

ter, der nun schon fünfundsiebzig Jahre zählte, aber immer noch so geistesfrisch und frohen Muthes ‚auf der aeltesten burg Teutschlandes' saß ... credenzte uns einen trefflichen Meersburger Abschiedstrunk. Dann entführte der Dampfer uns quer über den See, den Thürmen von Constanz zu und Annette schrieb in ihrer gewölbten Kemenate unterdeß ihr schönes Gedicht ‚Lebt wohl, es kann nicht anders sein'."

Lebt wohl

Lebt wohl, es kann nicht anders seyn!
Spannt flatternd eure Segel aus,
Laßt mich in meinem Schloß allein,
Im öden geisterhaften Haus.

Lebt wohl und nehmt mein Herz mit euch
Und meinen letzten Sonnenstrahl,
Er scheide, scheide nur sogleich,
Denn scheiden muß er doch einmal.

Laßt mich an meines Seees Bord
Mich schaukelnd mit der Wellen Strich,
Allein mit meinem Zauberwort
Dem Alpengeist und meinem Ich.

Verlassen, aber einsam nicht,
Erschüttert, aber nicht zerdrückt,
So lange noch das heil'ge Licht
Auf mich mit Liebesaugen blickt,

So lange mir der frische Wald
Aus jedem Blatt Gesänge rauscht,
Aus jeder Klippe, jedem Spalt
Befreundet mir der Elfe lauscht,

So lange noch der Arm sich frei
Und waltend mir zum Aether streckt,
Und jedes wilden Geiers Schrei
In mir die wilde Muse weckt.

Nach Abreise der Schückings kommt die Droste noch einmal auf die „Traube" zu sprechen: *das Haus ist mir förmlich fatal, seit ihr nicht mehr darin seyd, – in den ersten Tagen wäre ich gern hinein gegangen, um Eure zurückgelassenen Papierschnitzel und Bindfäden zu sehn ehe sie ausgefegt wurden, ich habe es aber versäumt, und jetzt wäre es mir schrecklich öde darinnen, und es ist mir nur lieb, daß die Läden zu sind* (an Schücking, 20.6.1844).

Über den Besuch selbst wissen wir nur wenig: Neben einer Einladung in die Privaträume der Droste – die Schückings sollten ihre Sammlungen bewundern – erwähnt die Autorin später lediglich noch einen gemeinsamen Besuch in der *Figeley* (→ S. 72) und einen Spaziergang zum Ödenstein (→ S. 74). Möglicherweise wurden weitere Briefzeugnisse vernichtet.

Nach Mutmaßungen Elise Rüdigers soll es bei dem Besuch zu einer Verstimmung gekommen sein, als Schücking und seine Frau sich nach Auffassung der Droste ihr gegenüber rücksichtslos benommen hätten. Vielleicht habe Louise Schücking den Gesang der Droste getadelt, wodurch die Droste sehr getroffen werden konnte. Die Droste ihrerseits habe später den Gesang Louise Schückings als „laut" und „falsch" bezeichnet. Über solche Spekulationen hinaus steht fest, daß die Entfremdung zwischen der Droste und Schücking durch den Besuch nicht überwunden wurde, sondern sich in der Folgezeit noch verstärkte; hierüber täuschen auch die vielen – falschen – Freundschaftsbeteuerungen in ihren Briefen an seine Frau und ihn nicht hinweg. Die Droste ihrerseits schreibt an Elise Rüdiger: *Sie halten mich gewiß für sehr undankbar und mistrauisch, aber Sie haben keine Gelegenheit gehabt,* ⟨bei

Louise von Gall⟩ *den Unterschied zwischen (Brief-)Dichtung und Wahrheit so zu empfinden wie ich in Meersburg* (Brief vom 9.4.1845).

**TEIL 3
DAS FÜRSTENHÄUSLE**

DAS GEBÄUDE UND SEINE GESCHICHTE

Es ist ein großes Gartenhaus, liegt grade Jenny's Garten und Häuschen gegenüber, aber höher, und ist wenigstens noch einmahl so groß; – es heißt das Fürstenhäuschen, weil Einer der letzten Bischöfe es gebaut hat, um dort im Sommer die Nachmittage zuzubringen, sowohl der herrlichen Aussicht wegen, als auch weil er kränklich war und die Luft dort rein ist ... (an Sophie von Haxthausen, 14.1.1844)

Von Meersburg haben wir seit fast zwei Monaten keine Nachricht ... große Sorge ... ich passe jeden Abend der Bückerschen auf, die einen Brief nach dem andern bringt, aber immer keinen Meersburger! – Gott gebe, daß nichts dahinter steckt, als daß meine Weinstöcke erfroren sind, und sie sich scheut, mir dies zu schreiben (an Sophie von Haxthausen, 24.4.1845).

Während ihres zweiten Besuches wurde die Droste – nach eigenen Worten – zu einer *grandiosen Grundbesitzerin*. Sie ersteigerte ein oberhalb der Stadtmauern in den Weinbergen – dem Hindelberg – gelegenes „Lusthäuschen", das von den Meersburgern so benannte Fürstenhäusle oder auch „Fuggerhäusle" nebst zugehörigem Rebgelände. Das Versteigerungsprotokoll ist überliefert und datiert vom 12. November 1843. Den sehr günstigen Kaufpreis von 400 Reichstalern konnte die Autorin später vom Honorar ihrer zweiten Gedichtausgabe bestreiten, für die ihr Cotta, nach zähen Verhandlungen Schückings, ein stattliches Honorar von 500 Reichstalern zahlte – mehr als „Berühmtheiten" wie Ludwig Uhland und Nikolaus Lenau für ihre Erstausgaben bei Cotta erhalten hatten.

Das Fürstenhäusle war von dem Konstanzer Domherrn Jakob Fugger (1567–1626) zwischen 1592 und 1604 erbaut worden. Es war bis zur Säkularisation 1803 im Besitz der Konstanzer Fürstbischöfe, die seit 1526 – im Zuge der Reformation – ihren Sitz in Meersburg hatten. Die letzten in Meersburg selber residierenden Fürstbischöfe, die das Fürstenhäusle noch teilweise bewohnt hatten, waren die aus einer Meersburger Familie stammenden Brüder von Rodt zu Bußmannshausen und Orsenhausen. Mit der Säkularisation ging das Anwesen in Staatsbesitz über und fiel dem Großherzogtum Baden zu. Die Verwaltung wurde einem in Meersburg ansässigen Priesterseminarfonds übertragen. Als dieser 1837 nach St. Peter im Schwarzwald übersiedelte, stand das Haus leer und wurde zur Versteigerung freigegeben.

Über die Kaufumstände und ihre weiteren Pläne mit dem Gebäude hat die Droste in vier Briefen ausführlich berichtet. Die umfangreichste und auch emphatischste Schilderung findet sich im Brief an Elise Rüdiger vom 22. November 1843: *Jetzt muß ich Ihnen auch sagen, daß ich seit acht Tagen eine grandiose Grundbesitzerin bin, ich habe das blanke Fürstenhäuschen, was neben dem Wege zum Frieden liegt – doch dort waren Sie nicht, aber man sieht es gleich am Thore, wenn man zum Figel geht – nun das habe ich in einer Steigerung nebst dem dazu gehörenden Weinberge, erstanden – und wofür? für 400 Reichsthaler – Dafür habe ich ein kleines aber massiv aus gehauenen Steinen und geschmack-*

Ansicht des Füstenhäusles von Nordwesten. Holzstich, 2. Hälfte 19. Jahrhundert.

Das Fürstenhäusle. Heutige Ansicht.

voll aufgeführtes Haus, was vier Zimmer, eine Küche, großen Keller, und Bodenraum enthält, – und 5000 Weinstöcke, die in guten Jahren schon über zwanzig Ohm Wein gebracht haben, – es ist unerhört! aber keiner wollte bieten, dieses unglückliche Jahr bringt nur Verkäufer hervor. – Gottlob ists kein armer Schelm, dem ich es abgekauft, sondern der reiche Grosherzog von Baden, dem dies vereinzelte Stückchen Domaine lästig war – früher gehörte es den Bischöfen von Constanz, und der letztverstorbene ließ dies artige Gartenhaus bauen, wo er manchen Tag soll gespeißt haben, – die Aussicht ist fast zu schön, d. h. mir zu belebt was die Nah- und zu schrankenlos was die Fernsicht betrifft. – es ist der höchste Punkt dieser Umgebungen – gleich am Fuße des Hügels zwey sich kreuzende Chausséen, tiefer Stadt und Schloß Meersburg, – die hier ganz niedrig zu liegen scheinen, – als nächste Punkte darin

Das Fürstenhäusle. Federzeichnung von Leonhard Hohbach, 1846.

Im Tagebuch der Jenny von Laßberg heißt es am 17. November 1843: „Nette kaufte das Fürstenhäuschen, Hindelberg genannt".

Fürstenhäusle. Paradezimmer.

(etwa tausend Schritt entfernt) und sich wunderschön präsentirend, rechts das alte Schloß, links das Seminar, von dem Nachmittags der schöne Chorgesang so deutlich aufsteigt, daß keine Note verloren geht, – tief unten der See mit seiner ganzen Rundsicht, die Insel Meinau, Constanz, Münsterlingen, das Thurgau, St. Gallen, auf der einen Seite nur durch die Alpen beschränkt (von denen ich hier noch die ganze Tyroler Kette als Zugabe habe) von der andern durch die höchsten Kegel des Hegau's, – es ist eigentlich wunderbar schön, und die Meersburger halten dieses Fürstenhäuschen (auch der Hindelberg genannt) für eine unschätzbare Perle, – mir ists aber fast zu viel und zauberhaft und wie ich so droben die ganze Gegend controlliren kann, jeden Bürger der auf die Gasse oder auch nur ans Fenster, jeden Bauern der in seinen Hofraum tritt, so komme ich mir vor wie der Student von Salamanka, dem der hinkende Teufel die Hausdächer abgehoben hat, und mir ist beynahe sündlich zu Muthe. – Vom Häuschen bis zur Chaussée hinunter führt eine Steintreppe mitten durch die Reben, die ich zum Laubengange machen, und auf der Hälfte, mittelst zweyer Ausbiegungen, mit ein paar niedlichen versteckten Ruhbänken versehen will, unten ist die Treppe schon durch ein hübsches Gatterpförtchen verschlossen, ich habe nichts zu thun als die nächsten Rebenreihen aufranken zu lassen, und die kleine Rotunde in der Mitte zu besorgen, wozu ich nur drey oder vier Weinstöcke wegzunehmen, und die dahinter stehenden zu benutzen habe, in zwey Jahren kann Alles dicht und schattig seyn. – was sagen Sie dazu? – die Reben hat der alte Bischof mir aufs Beste gewählt, Burgunder, Traminer, Gutedel et cet. und die eine (Sonnen-)Seite des Abhangs bringt solchen Wein als Laßberg Ihnen vorgesetzt, die andere geringeren, – so kann ich also in guten Jahren auf zehn Ohm vortrefflichen, und eben so viel mittelmäßigen Wein rechnen, – grad hinter dem Hause, wo der Schatten desselben den Reben sehr schadet, will ich diese ausroden, dem Boden gleich machen und eine kleine Blumeterasse, nicht groß genug zum Spatzierengehn, aber angenehm fürs Auge, mit lange und reichlich blühenden Blumen, Georginen, Rosen, Levkojen et cet. bepflanzen lassen. O, Sie sollen sehn, ich mache ein kleines Paradies aus dem Nestchen! schade, daß ich meine meiste Lebenszeit 200 Stunden davon zubringen werde! – oder vielmehr, Gottlob, daß der heimische Boden und ich uns immer einander treu und sicher bleiben, und mir doch, falls mir von Zeit zu Zeit die hiesige Luft wieder nöthig würde, bey allen denkbaren Wechselfällen ein niedliches Chez moi nicht fehlt.

Ihre vielfältigen Pläne – das Gebäude bewohnbar zu machen, eine kleine Blumenterrasse anzulegen etc. – konnte die Autorin nur zum Teil realisieren. Wie wir aus einem Brief Philippa Pearsalls an die Droste vom 27. August 1844 wissen, beschränkte sich die Renovierung auf einen neuen Außenanstrich.

Fürstenhäusle. Wohnzimmer.

Im erwähnten Brief an Elise Rüdiger fährt die Droste mit der Beschreibung des Hausinneren fort: *Nun will ich Ihnen auch das Innre des Hauses beschreiben. – man geht mit einer hübschgeschweiften etwa acht Stufen hohen Steintreppe in den untern Stock, der nur das Paradezimmer und die Küche enthält, Ersteres ein Gemach von angenehmer Größe, mit einem Erker, in dem der Kanapee mit Tisch und einigen Stühlen hinlänglich Raum haben, und das übrige Zimmer unbeengt lassen, man sitzt dort wie in einem Glaskasten, ein Fenster im Rücken und zwey zu den Seiten, aber Besuchenden wird es himmlisch scheinen, der Aussicht wegen, in dies Zimmer tritt man unmittelbar von der Treppe, die Küche daneben (wo ich einen zweiten Eingang werde brechen lassen) ist klein, doch nicht bis zur Unbequemlichkeit, und es läßt sich mit wenigen Gulden einrichten, daß das Heerdfeuer zugleich den hübschen Kachelofen des Zimmers heizt, was im Winter sehr angenehm, und im Sommer durch Oeffnung der Fenster nach der jedesmaligen Schattenseite, und Ladenschließung der übrigen leicht zu paralisiren ist, da mein Kochheerd doch nicht allzu lange und stark brennen würde, und bey winterlichen Besuchen nothwendig nachgeheitzt werden müßte, doch würde das Zimmer immer trocken, und eine gelinde Temperatur darin erhalten werden, die die Besuche gleich hinein zu führen erlaubte. aus der Küche führt eine Wendelstiege und Fallthür in den oberen Stock, meine eigentliche Dachshöhle (oder Schwalbennest) – Alles mit Zierlichkeit gemacht, die Stiege hübsch gewunden, die Fallthür wie Getäfel geschnitzelt, und sich in die Wand fugend, so daß sie bei Tage nicht bemerkt, sondern für eine Verzierung gehalten wird; nachts, wenn sie geschlossen ist, paßt sie (mit der andern Seite) sehr genau in den Fußboden, und macht die kleine obere Entrée zu einem artigen Zimmerchen, wo im Hintergrunde, hinter anständigem weißem Vorhange das Kammerjungfernbett verborgen seyn, und diese auch in Sommertagen ihre Nätherey am Fenster beschikken kann, hieran stößt dann mein eigentliches Quartier, ein heizbares Wohnzimmer, etwa um ein Drittel größer wie Ihr Kabinetchen, und ein Schlafzimmerchen, grade groß genug für das Nöthige, Bett, Waschtisch, Schrank und noch einigen Raum zu freyer Bewegung. – Sagen Sie Selbst Elise, was bedarf ich mehr? auch fällt mir eben ein, daß ich statt des Eisenofens im Wohnzimmer ja einen Kachelofen kann mauern lassen, der das Kammerjungfernzimmer mitheizt, so daß ich diese zu keiner Zeit um mich zu haben brauche, – der Keller geht unters ganze Haus her, und ist sehr gut, so wie der Bodenraum unterm Dache überflüssig geräumig, und es ließ sich dort leicht ein Verschlag herrichten, wo ich, der Sicherheit wegen, meinen Winzer könnte schlafen lassen, einen Mann, der sonst in der Stadt wohnt, und außer der Besorgung der Reben für ein Gewisses nicht in meinem Dienste steht, aber dann gern für eine Kleinigkeit zu Bestellungen und sonstiger Aushülfe bereit seyn würde, – einen Brunnen habe ich nicht, aber ein Bleichplätzchen, und nicht hundert Schritte vom Hause eine Quelle, die Winter und Sommer fließt. kurz, ich sage Ihnen, es ist allerliebst, Laßberg sagt: „je mehr man es untersucht, je besser wird es" Dach, Gemäuer, Fußböden, Thüren, Alles im besten*

Stande, von den Fensterläden nur zwey etwas schadhaft, aber an den Fenstern selbst vieles zu repariren, und dieses die einzige etwas bedeutende Ausgabe.

Nach dem Tod der Droste wurde das Fürstenhäusle mehrfach umgebaut, so daß die vorangehende Beschreibung stark vom heutigen Zustand abweicht. Die entscheidende Veränderung bestand darin, daß der Nordflügel, der ursprünglich nur aus einem kleinen Vorsprung bestand, später zu einem eigenen Gebäudeteil erweitert wurde.

In einer anderen Briefstelle - an Schücking vom 15. Dezember 1843 - beschreibt die Autorin ihren Ankauf zurückhaltender. Um Schückings Bitten um finanzielle Unterstützung auszuweichen, stellt sie das Risiko des Kaufs deutlicher heraus (wobei sie andererseits beim erhofften Weinertrag deutlich übertreibt, sie nennt 40 Ohm statt 20 Ohm): *ich habe mich nämlich durch die Billigkeit des Preises verleiten lassen, das am Wege zum Frieden liegende Fürstenhäuschen mit allen dazu gehörigen Reben zu kaufen, - allerdings wohlfeil, aber doch um weit mehr als einen jährlichen Betrag meiner Leibrente. - so habe ich alles Geld hergegeben was ich in Händen hatte, - selbst das, zum Kostgelde hier und zur Rückreise bestimmte - und habe außerdem noch eine Anleihe bei meinem Bruder gemacht, die ich nun in den nächsten 2-3 Jahren durch Abzüge an der Rente decken muß, - dafür habe ich freylich, bey allen denkbaren Wechselfällen, ein niedliches Asyl, von fünf Zimmern mit himmlischer Aussicht, einer Küche, Keller, Bodenraum, - und zwar in der Luft die mir allein zusagt, und endlich wohl meine heimische werden muß, - dabei in guten Jahren einen Weinertrag von etwa vierzig Ohm. - aber wie gern hätte ich nach Ihrem letzten Briefe mein Geld wieder gehabt! - Die Vortheile des Kaufs kommen erst später - die Reben sind schlecht gehalten, - zuerst Alles gute Sorten gewesen, aber die ausgegangenen durch ganz gemeine ersetzt, - so muß ich, sowohl an Verbesserung des Bodens als junge edle Stöcke, noch Vieles verwenden, auch am Hause Einiges repariren lassen, und darf mich freuen, wenn in den ersten Jahren der Ertrag die Ausgaben deckt, und ich nicht zuschießen muß. - Am härtesten ist es mir, so viele reichlich tragende Stöcke ausroden und durch solche ersetzen zu lassen, die mir noch Jahre lang nichts einbringen, aber es muß seyn! die schlechten Trauben zwischen den guten verderben den ganzen Wein, der sonst, der Lage nach, zu den besten hiesigen gehören könnte. - Das sind arge Schattenseiten! - dennoch war ich anfangs überglücklich, und die Aussicht auf mein künftiges kleines Tusculum machte mir Alles leicht ...*

Einen Monat später beschreibt die Droste in einem Brief an Sophie von Haxthausen die finanziellen Begleitumstände gelassener: *Das Geld dazu bekomme ich jedenfalls für die erste Ausgabe meiner Gedichte; gibt's mir Cotta nicht, so haben mir schon Andere höher geboten* (Brief vom 14.1.1844). Im selben Brief heißt es: *Nun muß ich Dir doch auch von meinem kleinen Ankaufe schreiben, meinem Häuschen und Weinberg, wie ich dazu gekommen bin, und wie es beschaffen ist. - Es ist ein großes Gartenhaus, liegt Jenny's Garten und Häuschen gegenüber grade, aber höher, und ist wenigstens noch einmahl so groß; -*

Fürstenhäusle. Oberes Stockwerk.

es heißt das Fürstenhäuschen, weil Einer der letzten Bischöfe es gebaut hat, um dort im Sommer die Nachmittage zuzubringen, sowohl der herrlichen Aussicht wegen, als auch weil er kränklich war und die Luft dort so rein ist, – es enthält fünf Piecen, zwar klein aber doch brauchbar; zuerst unten das größte Zimmer, mit einem Kachelofen, daneben die kleine Küche, wo der Heerd mit dem Ofen verbunden ist, so daß beyde mit Einem Feuer können geheitzt werden. – Aus der Küche fährt eine Wendeltreppe in den obern Stock, vermittelst einer Fallthür; – wenn man Abends die Fallthür zumacht, so ist die Entree auch ein kleines Zimmerchen, wo eine Kammerjungfer schlafen und ein Schrank stehen könnte; dann kömmt ein recht nettes, heizbares Wohnzimmer, und dahinter ein Schlafzimmerchen; – oben ist etwas Bodenraum und unter dem ganzen Hause her ein großer Keller; – das Gebäude ist im besten Zustande, sehr fest und massiv aus gehauenen Steinen aufgeführt, das Dach noch im vorigen Jahre durchaus reparirt nur die Fenster sind alle fort, blos Läden da, die Gottlob immer fest geschlossen gewesen sind, so daß die Zimmer nicht gelitten haben. Hierzu gehört ein Jauchert (etwas mehr wie ein Morgen) Rebland, sehr gut im Stande gehalten, und mit lauter guten Sorten bepflanzt. Muskateller, Traminer, Gutedel et cet. – die in guten Jahren etwa zwanzig Ohm Wein bringen sollen. – Die Hälfte davon hat eine sehr gute Lage nach Süden, die andre weniger, – es gehört auch noch ein Bleichplätzchen dazu; – ein Brunnen ist nicht da, aber grade daneben eine Quelle, die Sommer und Winter fließt. – Diese niedliche Miniatür-Besitzung, die ihre Herrn weit weg in Freiburg

Das Fürstenhäusle mit Hildegard und Hildegunde von Laßberg auf der Treppe. Fotografie um 1900.

hatte, war Jedermanns Augenmerk, und als sie zum Verkauf kam, strömten alle Honoratioren zu. Ich gieng auch hin, warum weiß ich kaum, – ich dachte wohl, es wäre hübsch, wenn ich es kaufen könnte, um es einstens, da es doch an Jenny's Garten stößt, ihren Kindern zu hinterlassen, die doch von meinem übrigen Vermögen nichts mitkriegen, – aber es fiel mir nicht ein, daß ich es könnte. – so wie ich hereinkam fragte mich einer der Honoratioren: „Wollen Sie mit bieten?" ich sagte, „vielleicht, nachdem es fällt", – worauf gleich mehrere der Herrn fortgingen, auch mehrere der Bauern, und die Andern blieben ruhig sitzen und boten nicht, außer einem Bauern, der auch bald still schwieg, als ich ganz piano anfing, gegen ihn zu bieten, und so wurde mir schon nach ein paar Minuten die ganze Geschichte, für 400 Thaler zugeschlagen, – was sagst Du dazu? – Alle sagen, ich hätte lächerlich wohlfeil gekauft, – die Reben allein, kosteten hier, in schlechter Lage ebensoviel, und in guter wenigstens das Doppelte, und das Haus hätte ich ganz umsonst. – Der Verkauf ist zwar noch nicht bestätigt, aber Alle sagen, das werde nicht ausbleiben, da die Besitzer dieser Kleinigkeit zugleich ganz große anstoßende Strecken mit haben versteigern lassen, die Alle so hoch aufgetrieben sind, daß dieser kleine Schaden gegen den großen Profit, gar nicht in Betracht kömmt, und sie gewiß deßhalb die Auction nicht umstoßen werden ... ich habe rechte Freude an dem Kauf! Jenny, die es schon weiß, daß es für ihre Kinder bestimmt ist, wird es mir verwalten, und gewiß schon sorgen, daß es nicht schlechter wird.

Die Droste plante, wie anklang, das Fürstenhäusle später einmal einer Art Familienstiftung zuzuführen: *Gott gebe, daß mir Stimmung und passable Gesundheit bleiben, um noch recht viel verdienen zu können, denn ich möchte gar zu gern zwey kleine Stiftungen machen für ein paar unverheurathete Mädchen aus Werners und Jenny's Nachkommenschaft. – Der Anfang ist gemacht, zu dem Ersteren habe ich meinen Brautschatz überwiesen, und zum Behufe des Letzteren für meine neuerworbenen 500 Reichsthaler ein hübsches, massiv gebautes, und bewohnbares Gartenhaus (vor dem Thore von Meersburg) gekauft, mit so viel sehr guten Reben, daß ich in fruchtbaren Jahren wohl 2-3 Fuder Wein (16-24 Ohm) machen kann. – der Kauf ist, wie du siehst, sehr vorteilhaft, Jedermann sagt: die Reben allein seyen das Doppelte werth, aber es ist heuer eine Art Hungerjahr hier in Schwaben, Niemand hat Geld zum Kaufen, und man hat sich in den Kopf gesetzt Mama'n und mich für halbe Millionairinnen zu halten, so hat mir keine Seele aufgebothen. Überhaupt habe ich Glück bey diesem Kaufe, bin, bey ziemlich blin-*

dem Zutappen, an einen in jeder Hinsicht vortrefflichen Winzer gerathen, und meine Stökke hängen so voll Trauben, daß die Leute der Merkwürdigkeit halber extra hier hin spatzieren. – Ich denke mit den Stiftungen wird sich's auch machen, daß ich noch bey meinem Leben Gedeihen sehe, – Du weißt ich selbst brauche blutwenig, und habe an meinen 300 Reichsthalern immer über und über genug gehabt, so will ich Alles was ich verdiene (mit Schreiben) und auch den Ertrag des Weinbergs immer sogleich in die Stiftungen stecken, wo es dann, Zins auf Zins, wohl so anwachsen wird, daß noch ein paar Kinder die ich mit Augen gesehn habe etwas Ordentliches davon haben können ... (Brief an August von Haxthausen, 2.8.1844).

▶ Das Fürstenhäusle (Stettener Str. 9) ist vom 1. April bis Ende Oktober montags bis samstags jeweils von 10.00 Uhr bis 12.30 Uhr und von 14.00 Uhr bis 17.00 Uhr geöffnet, an Sonn- und Feiertagen von 14.00 Uhr bis 17.00 Uhr. – Die Stadt Meersburg bietet Sonderführungen „Auf den Spuren der Droste" an, die jeweils sonntags, 11.00 Uhr, am Neuen Schloß beginnen.

DIE GESCHÄFTSTÜCHTIGE WINZERIN
Den durchaus nicht geringen Erlös aus der Weinernte überließ die Droste ihrer Schwester: *Zwar habe ich eigentlich Nichts ⟨gemeint ist der Ertrag der Weinernte⟩ davon, da ich, etwas voreilig generös, mich sogleich aller Vortheile begeben, zum Besten der Zwillingsmädchen, denen das kleine Besitzthum dereinst zufallen soll, – So sind Verwaltung und Ertrag gänzlich in Jenny's Händen, die letzteren zur Verbesserung und Vergrößerung des Grundstücks verwendet. – eine zwar nur mündliche, aber doch selbstgemachte, Anordnung, von der es mir, außer im höchsten Nothfalle, doch etwas sehr schimpflich wäre abzugehn. – Den einzigen Vortheil für mich könnte mir vielleicht dereinst das Häuschen bringen; wenn eine traurige, aber doch endlich unausbleibliche, Veränderung meiner Lage mich nöthigen sollte Rüschhaus zu verlassen, wo ich dann jedenfalls zu alt und krücklich seyn würde, um mich zwischen dem jungen Schwarm in Hülshoff heimisch zu fühlen* (an Elise Rüdiger, 14.11.1845).
Aus dem Jahr 1845 ist eine dezidierte Auflistung erhalten, in der Jenny von Laßberg ihrer Schwester die Erträge des Weinbergs in einer Gewinn- und Verlustrechnung darlegt. Unter die Einnahmen des Jahres 1844 zählt sie für „verkaufte Aepfel" 36 Kreuzer, für „5 Ohm rother Wein, noch im Keller" sowie „7 Ohm weißer Wein p Ohm 14 Gulden" 99 Gulden und 21 Kreuzer und für „verkaufte Tresten" 3 Gulden und 36 Kreuzer. Dem so errechneten Ertrag von 103 Gulden und 59 Kreuzer standen Ausgaben in Höhe von 20 Gulden und 9 Kreuzer gegenüber (Brief Jenny von Laßbergs an die Droste vom 23.5.1845).
Über den Verlauf der Weinernte im folgenden Jahr berichtet die Droste Elise Rüdiger im November des Jahres: *In meinem Weinberge hat es heuer wenige und essigsaure Trauben gegeben, – Alles verregnet! – doch elf Ohm Wein gemacht, – gleich von der Kelter, den Ohm zu 17 Gulden, verkauft, und somit, nach Abzug aller Kosten des Jahres, doch noch gegen sechzig Thaler reinen Ueberschuß. – Immerhin noch ein schöner Zins von 400. Reichsthaler! – und zwar in einem völligen Mißjahr, – Ein gutes, oder nur leidliches, habe ich noch nicht gehabt. – Das vorige war bekanntlich auch sehr schlecht, aber doch besser, und hat mir 95. Reichsthaler reinen Ertrag gebracht* (Brief vom 14.11.1845).
Diese Einschätzung wird durch ein Schreiben Jenny von Laßbergs an Therese von Droste-Hülshoff bestätigt: „Nette hat unerhörts Glück, sie hat 13 1/2 Ohm 10 Maaß Wein gemacht den ich gleich verkauft habe für 17 Gulden p ohm, was für dieses Jahr ein sehr guter Preis ist wie jeder sagt, Laßberg hat im Verhältniß seiner Reben nur halb soviel gemacht" (Brief vom 6.11.1845).
Auch 1846 fiel die Weinernte nicht sonderlich gut, aber doch zufriedenstellend aus. Am 24. Oktober 1846 gibt die Droste, die inzwischen zu einer versierten Weinbäuerin avanciert war, ihrem Bruder Werner zu Protokoll: *Wir haben hier eine schöne Weinerndte gehabt, hätten aber fast das Doppelte haben können, – Der Stadtrath (selbst lauter Rebenbesitzer) hatte nämlich, aus übermäßiger Gierigkeit, um die Trauben zur möglichst höchsten Reife gelangen zu lassen, den Anfang der Lese um fast drey Wochen später als die Umgegend angesetzt, obwohl alle weißen Trauben schon überreif waren, und der erste Regentropfen sie zum Faulen bringen mußte, so sind hier die weißen Trauben fuderweiß verfault. – Da wir nun keine eigne Kelter haben, musten wir uns mit in diese Unvernunft schicken – Ich hatte zudem das Unglück beym Ziehen der Nummern, wie man nacheinander zum Keltern zugelassen wird, fast die letzte Nummer zu ziehen, bin somit noch über vierzehn Tage später als diejenigen die den Anfang machten, und habe bedeutenden Schaden gelitten, – Als meine Trauben noch alle gut, und schon völlig reif waren, wurde der Ertrag von Sachverständigen auf 30 Ohm angeschlagen, 14 weißen und 16 rothen, und zudem, sagte man, werde selbst der weiße Wein in diesem Jahre so delikat werden, daß ich ihn, schon gleich von der Kelter, würde für mindestens 35 Gulden verkaufen können,*

Das Fürstenhäusle. Ältere Ansicht.

was dann allein 490. Gulden gebracht hätte, – statt dessen wurden meine weißen Stöcke wahre Moderhaufen, wo man nur hinrührte flog weißer Staub auf, als wenn man einen Puffer zertritt. – 7 Ohm gingen gänzlich verloren, – 7 machte ich noch aus elenden halbfaulen Trauben, so schlecht daß die anderthalb Ohm von meinem prächtigen Rothen muste dazwischen laufen lassen, um ihn noch mit knapper Noth zu 19. Gulden per Ohm zu verkaufen, – so daß ich aus den 7 1/2 Ohm und den sämmtlichen Trebern nur die Summe von 171. Gulden gelößt habe. Nun aber zu meinem Rothen, – dieser hatte nicht durch den Regen gelitten, da die Trauben damals noch nicht überreif waren, dagegen waren sie, durch das nachfolgende lange Hängen, nicht nur überreif sondern ganz schrumpflich geworden, so daß sie beym Keltern statt 16 nur noch 12 1/2 Ohm Saft gaben der aber in diesem Jahre der allerbeste in Meersburg gewachsene Wein ist, theils eben des späten Kelterns wegen, theils weil ich die letzten 1 1/2 Ohm nicht dazwischen genommen, sondern zwischen den weißen habe laufen lassen, so daß mein sämtlicher rother Wein Vorlauf ist. – Ich habe ihn aufgelegt in einem Fuderfaß, und den übrigen Ohm zum Auffüllen daneben. – er ist so zuckerhaltig, daß sich an der Mostprobe gar kein Grad mehr zur Bezeichnung der Süßigkeit vorfand, und man sagte mir, in ein paar Jahren müste ich wenigstens 70 Gulden für den Ohm haben; – Da hätte ich meine 700 Gulden in einmal wieder heraus! – d.h. ich habe freylich Nichts davon, aber es freut mich doch wenn das Rebgütchen etwas anwächst, weil es doch das Einzige ist was ich den hiesigen Kindern hinterlasse.

Wie wir aus dem Tagebuch Jenny von Laßbergs wissen, konnte die Droste ihr *kleines Paradies* und *Nestchen* aus gesundheitlichen Gründen nur selten besuchen und folglich ihre Lieblingsbeschäftigungen – die Fernsicht über den Bodensee und die Schweizer Landschaft sowie das heimliche „Ausspionieren" der Meersburger Bürger – nur selten in die Tat umsetzen. Sie hat sich lediglich während ihres zweiten Meersburg-Besuches an dem Gebäude und den vielen Zukunftsplänen erfreuen können. Die letzte Nachricht liegt vom 27. März 1848 vor. Jenny von Laßberg berichtete ihrer Mutter, daß die Droste gesundheitlich soweit wiederhergestellt sei, daß sie hoffe, im Sommer das „Fürstenhäuschen" besuchen zu können. Hierzu ist es nicht mehr gekommen.

Nach dem Tod der Droste ging das Fürstenhäusle zunächst in den Besitz ihrer Schwester Jenny und nach deren Tod 1859 an Hildegard und Hildegunde von Laßberg über. 1914, als die letzte der Zwillingstöchter gestorben war, kam das Fürstenhäusle in den Besitz Karl von Droste-Hülshoffs, eines Neffen der Droste. Dieser veranlaßte die ersten baulichen Veränderungen. Nach Karls Tod gelangte das Anwesen an seine Witwe Marie, geb. von Bothmer. Sie war die erste, die ein kleines Museum mit Droste-Gedenkstücken zusammenstellte. 1923, möglicherweise auch schon früher, wurde das Fürstenhäusle für den Publikumsverkehr geöffnet. Nach dem Tod Marie von Droste-Hülshoffs war das Fürstenhäusle im Besitz der Familie von Bothmer-Schwegerhoff. Nach dem Tod Heinrich von Bothmers wurde das Fürstenhäusle lange Zeit von seiner Witwe, Helen von Bothmer, geb. Davis, betreut, die 1957 auch den Meersburger Droste-Preis stiftete. Da sie keine Nachkommen hatte, verkaufte sie es 1960 an das Land Baden-Württemberg, um den Fortbestand der Gedenkstätte zu sichern. Heute gehört das Fürstenhäusle zur „Schwäbischen Dichterstraße". Alle Räume sind mit Biedermeiermöbeln aus dem Kreis der Familie Droste-Hülshoff bzw. Laßberg eingerichtet. Originalhandschriften und Scherenschnitte der Droste, Gemälde und Grafiken ihrer Vor- und Nachfahren sowie ihres Freundeskreises, persönliche Erinnerungsstücke wie Schmuck, Porzellan und Teile ihrer Mineraliensammlung machen das Andenken an sie bis heute lebendig.

DAS UMLIEGENDE REBGELÄNDE

Zusammen mit dem Fürstenhäusle hatte die Droste die Flurstücke 6a und 8 und die darauf befindlichen Reben erworben. Anfang 1845 wollte sie den Rebgarten des Dr. Luschka dazukaufen (→ S. 63). Da dieser zu teuer war, erwarb sie über ihre Schwester ein anderes Grundstück: „liebe Nette! ich habe den Garten den du sosehr zu haben wünschtest, der rückwärts am Hindelberg liegt, gestern wirklich gekauft für 350 Gulden, freilich Geld ge-

Schluß der Weinlese in Meersburg im Jahr 1846. Lithographie von J. Senft.

nug, aber der Boden ist gut, er hat 14 große und kleine Obstbäume, und er gehörte der Lage wegen so zu sagen durchaus dazu, da ich den rothen Wein noch nicht verkauft habe, so ist das Geld zwar nicht ganz da, indessen kann ich das fehlende wohl zu legen bis du kommst" (Jenny von Laßberg an die Droste, 28.11.1845). Die Droste kommentiert diesen Ankauf: *Daß ich soviel Glück mit meinem Rebberg habe ist prächtig, und die Aquisition des Gartens gefällt mir sehr, – ich fange jetzt an eine ordentliche potente Grundbesitzerin zu werden* (an Jenny von Laßberg, 6.12.1845). Bei den Grundstücken handelt es sich um die Flurstücke 6b und 6c, die zuvor dem Küfermeister Rupert Senft gehört hatten.

JENNYS „KRAUTGARTEN" UND „LUSTHÄUSCHEN"

Schon seit 1839 besaß die Familie Laßberg ein weiteres Grundstück am Hindelberg, das als Obst- und Gemüsegarten genutzt wurde. Jenny von Laßberg berichtet ihrer Schwester: *am Berg blühen die Kirschen, alles ist grün, wir haben viel Spalierobst gepflanzt, Pfirsiche und reine Clauden, ich freue mich sehr darauf dir dies alles zu zeigen* (Brief vom 29.4.1840).
Auch die Schwester der Droste besaß ein kleines Lusthäuschen, das die Droste sicherlich einige Male besucht hat. Am 9. Dezember 1841 hatte Joseph von Laßberg einen „Krautgarten" im Gewann Grünwell, ganz in der Nähe des Fürstenhäusles, für die Summe von 400 Gulden gekauft. Auf diesem Grundstück – im Tagebuch der Schwester häufig als „Jennyburg" bezeichnet – befand sich auch ein kleines Häuschen. Die Droste beschreibt dieses neue *Lusthäuschen* und *Garten vor dem Tore* wie folgt: *dicht vor der Stadt, links auf dem Weg zur Krone, man stieg früher den Pfad zuweilen hinauf, bis an einen großen Obstbaum, wo die Aussicht recht schön ist, – das Häuschen hat unten eine Entree, mit dem Verschlage unter der Treppe für Brennholz und andre Vorräthe, – oben ein niedliches Zimmer mit eisernem Ofen, und eine kleine Küche, rechts und links ein paar Nebengebäudchen wie Schilderhäuschen, das eine um die Gartengeräthe hinein zu setzen, das andre für eine gewisse Bequemlichkeit, – der Garten enthält bereits feine Obstsorten, und ein Brunnen mit Pumpe ist auch da, der immer Wasser hält, kurz, wenn noch ein Schlafkämmerchen angebaut wäre, und ein Kellerchen darunter, so könnte eine einzelne Person allerliebst dort wohnen, und ich glaube nicht, daß Laßberg viel für das Ganze gegeben hat, mich dünkt 300 Gulden, die sich wohl an Obst und Gemüse rentiren können, und Jenny hat viel Freude daran* (an Therese von Droste-Hülshoff, 15.5.1842).

**TEIL 4
AUSFLÜGE IN DIE UMGEBUNG VON MEERSBURG**

DIE TOURISTIN

Laßberg, der fortwährend brillanter Laune ist, macht die schönsten Lustfahrten mit uns nach Schlössern, Klöstern, et cet. längs dem Bodensee (zu denen Schücking immer eingeladen wird) kurz wir haben mehr anmuthigen Zeitvertreib als uns lieb ist (Brief an Elise Rüdiger, 18.12.1841)

Die Droste nutzte ihre Aufenthalte in Meersburg ausgiebig, um die Bodenseegegend touristisch zu erkunden. Einer Aufzeichnung im Nachlaß zufolge war die Dichterin häufig in Uhldingen, Daisendorf, Haltnau, Hagnau und Stetten; zwei Besuche sind für Kirchberg (Kloster), Friedrichshafen, Ermatingen und Baitenhausen verzeichnet. In Überlingen, Salmannsweiler (Salem/Kloster), Langenargen und Birnau war sie jeweils ein Mal.

BAITENHAUSEN

Einer der erwähnten Orte ist der etwa drei Kilometer nördlich von Meersburg gelegene Wallfahrtsort Baitenhausen. Der eine der in der Liste aufgeführten Besuche läßt sich durch das Tagebuch Jenny von Laßbergs auf den 11. April 1842 datieren. Dabei wurde die Droste von den westfälischen Freiherren von Brenken begleitet. Über den zweiten Besuch liegen keine Anhaltspunkte vor.

BIRNAU

Der Wallfahrtskirche Birnau und dem unterhalb gelegenen Mauracher Hof, zwischen Meersburg und Überlingen am Seeufer gelegen, drohte nach der Säkularisation der völlige Verfall, zeitweilig stand beides zum Verkauf. Die Droste hat die Basilika möglicherweise am 20. November 1841 während der Fahrt nach Salmansweiler (→ S. 113) besucht. Mit Sicherheit kam es im Sommer 1842 zu einem Besuch, als Laßberg die Droste und die Fräulein von Wintgen zu einem dortigen Ausflug einlud. *Auf der Tour nach Überlingen stiegen wir aus um ein seitwerts sehr hübsch auf der Höhe gelegenes kleines Klostergebäude, mit herrlicher Kirche zu besehen, was um einen Spottpreis zu verkaufen und fast umsonst zu vermiethen stand, und Rosine faßte den Entschluß Sophie ⟨de La Serre; ihre Schwester⟩ zu vermögen mit Cornelie ⟨de Chertemps; ebenfalls Schwester⟩ und den Töchtern einen Sommer dort zuzubringen (sie wollte dann auch hinkommen) und wenn es ihr gefiel, das ganze Ding kaufen* (an Therese von Droste-Hülshoff, 24.8.1842). Die angesprochenen Pläne verliefen freilich im Sande.

➤ Eine Wallfahrtskirche Birnau wurde 1222 erstmalig urkundlich erwähnt. Sie befand sich etwa eine halbe Wegstunde weiter südöstlich am Überlinger See. Im 14. Jahrhundert übernahmen Mönche der Zisterzienserabtei Salem die Betreuung der Gnadenstätte Alt-Birnau. Die heutige Basilika „Unserer Lieben Frau zu Birnau" wurde 1747–1750 auf klostereigenem Gebiet, oberhalb des Mauracher Hofes, durch den Konstanzer Baumeister Peter Thumb erbaut. Der Mauracher Hof, unterhalb der Basilika direkt am Bodenseeufer gelegen, ist heute in Privatbesitz. Zeitweise finden dort Ausstellungen statt.

Die Kapelle in Baitenhausen.

Ausschnitt aus der „Topographischen Karte über das Großherzogtum Baden" (1849)

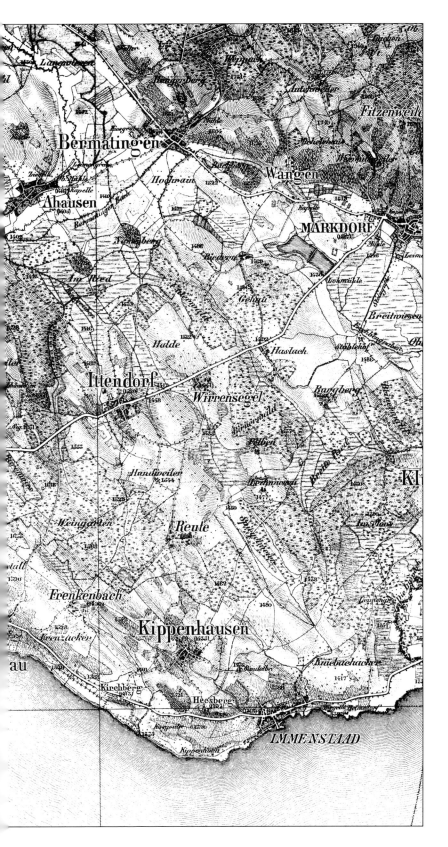

Birnau von Südwesten. Stahlstich von Joh. Poppel, um 1848/1850.

DAISENDORF

In Daisendorf, einem zwei Kilometer nördlich von Meersburg gelegenen Ort, ist die Droste nach eigenem Bekunden *oft gewesen*. Das Tagebuch Jenny von Laßbergs verzeichnet beispielsweise am 28. Januar 1842 einen Ausflug in den Nachbarort. Am selben Tag schrieb die Droste ihrer Mutter: *das Wetter ist heute so köstlich, daß ich mich wieder heraus gemacht habe, und komme so eben von Deisendorf*. Wenige Monate später berichtet die Droste Schücking, sie sei aus Verärgerung darüber, daß im Druck ihrer *Judenbuche* einige Stellen gekürzt worden seien, *im Sturmschritt nach Deisendorf* gebraust (Brief vom 27.5.1842).

ERMATINGEN

Zu den beiden im Nachlaßverzeichnis erwähnten Aufenthalten in dem Fischerdorf Ermatingen, auf der Schweizer Seite westlich von Konstanz am Untersee gelegen, lassen sich keine näheren Angaben machen. Sie werden weder in der Korrespondenz der Autorin noch im Tagebuch ihrer Schwester erwähnt.

Birnau mit dem ehemaligen Kloster Maurach. Heutige Ansicht.

Die Kapelle in Daisendorf.

FRIEDRICHSHAFEN

Während eines Ausflugs nach Langenargen am 30. April 1842 besuchte man das am Wege gelegene Friedrichshafen (→ auch S. 112). Zumindest ein weiteres Mal hat die Droste den Ort aufgesucht. In Friedrichshafen wohnte bis zu seinem Umzug nach Pfrondorf bei Tübingen (1842) Hermann Reuchlin, den die Droste auf der Meersburg kennengelernt und zu dem sich eine freundschaftliche Beziehung angebahnt hatte (→ S. 34). Unter dem Datum des 17. Januar 1842 ist im Tagebuch Jenny von Laßbergs vermerkt: „H. Pfarrer Reuchlin von Friedrichshafen war hier."

HAGNAU

Das Dorf Hagnau, der nächste Ort am östlichen Seeufer, war für die Droste bei ihren Spaziergängen leicht zu erreichen. Er liegt nur vier Kilometer von Meersburg entfernt – hier ist die Droste, nach eigenem Bekunden, *oft gewesen*.

Ermatingen um 1856. Sepiazeichnung.

Friedrichshafen. Zeitgenössische Ansicht.

HALTNAU

Mit „Haltnau" wurden zur Zeit der Droste zwei etwa 2 Kilometer außerhalb der Stadt gelegene Höfe in Richtung Hagnau bezeichnet, der Meersburg nächstgelegene Unterhof und der Oberhof (heute Gaststätte Haltnau). Wie die Autorin auf ihrer Ortsliste angibt, ist sie auch hier *oft gewesen*. Bereits zitiert wurde ihr Brief an Schücking vom 5. Mai 1842, in dem sie angibt, daß sie täglich den Weg am Seeufer nach Haltnau zurücklege.

Bei einem dieser Spaziergänge am Seeufer ereignete sich Ende Oktober 1843 ein kleines *Abentheuer*, das die Autorin im Brief an Elise Rüdiger in aller Lebhaftigkeit ausmalt: *Auch der See hat noch ein paarmahl sein Bestes gethan an Grüne und Schmelz, und einen Sturm habe ich erlebt, o, einen Grospapa aller*

Schloß Friedrichshafen. Lithographie von J.A.Pecht, um 1850.

Hagnau. Zeitgenössische Ansicht.

Stürme! und habe Gott gedankt daß ich ihn allein überstehn mußte, – es war in der zweyten Woche nach Ihrer Abreise, ich hatte einen langen Spatziergang, weit über Haltenau hinaus, gemacht, und mich eben zum Rückwege gewendet, als ein wahres Teufelswetter losbrach, – ohne Regen nur Sturm, aber um Berge zu versetzen, – bey jedem Ruck faßte er mein dikkes wattirtes Kleid, und wollte mich über die Mauer reißen, so daß ich gleich bergan in die Reben flüchten mußte, wo ich mich kümmerlich an den Pfählen fortlawirte bis Haltenau, und dort wie ein verunglückter Luftballon ins Haus mehr plumpste als flatterte, nämlich mit halbem Ueberstürzen, was sich wahrscheinlich eher mitleidswerth als graziös mag ausgenommen haben, die dicke Rebfrau konnte auch mit ihrem „b'hütis Gott! b'hütis Gott!" gar nicht aufhören, und meinte, sie würde jetzt „um fünf Gulden" nicht über die Mauer nach Meersburg gehn" – was half das Alles! ich mußte doch nach Hause, obwohl das Wüthen draußen mit jeder Minute ärger wurde, – so gieng ich wieder los, und versuchte als letzten Ausweg mich gleich den Berg hinauf zu arbeiten, wo ich, schlimmsten Falls, doch nur bis in die nächsten Rebpfähle geschleudert werden konnte, – freylich, wenns mit Vehemence geschah, immer gefährlich genug, und zudem hätte ich, wie sie wissen, Klippenwände passiren müssen, vielleicht wars gut daß der Versuch mislang, – es war keine Möglichkeit, bey jedem Schritt höher konnte mich der Wind derber packen, ich mußte mehr kriechen als gehn, und bey jedem Ruck niederhocken, um nicht weggerissen zu werden, – also wieder bergab! – doch blieb ich zwischen den Reben, etwa dreißig Fuß über dem Mauerwege, – es war eine gräuliche Arbeit, – ich habe über eine Stunde gebraucht; die meiste Zeit saß ich in einem Klümpchen dicht zusammen und wartete die Pausen der Stöße ab, um dann zehn oder zwölf Schritte voran zu arbeiten. – was wir zusammen erlebt haben kann Ihnen nicht mahl einen schwachen Begriff davon geben, – aber der See war unbeschreiblich schön, so durchsichtig und in allen Farben wechselnd, wie ich davon vorher keinen Begriff

Haltnau von Süden. Heutige Ansicht.

Haltnau von Norden. Heutige Ansicht.

gehabt, – die Sonne warf durch Wolkenlükken ein prächtiges falsches Licht darauf, und ich wurde fast geblendet durch das Blitzen der Springwellen, die unter mir wie eine endlose Reihe Fontainen aufstiegen, und zwar nicht wie wir es kennen nur diesseits der Mauer, sondern wenigstens vierzig Fuß höher, weit über mir und meinen Rebstöcken, niederplatschten, so daß ich nach ein paar Minuten keinen trocknen Faden mehr am Leibe, und mein Rock sich in einen gefüllten Schwamm verwandelt hatte, der mich niederzog wie Bley. Ich kann Ihnen sagen, Elise, daß ich froh war, als ich das Thor über mir und meine bedenkliche Fahrt sich in eine klatrige durch die Unterstadt verwandelt hatte, – noch einmahl hatte ich einen schweren Stand, die Stiegen hinauf, wo der Wind wieder alle Macht hatte, und besonders auf der langen, schmalen Brücke über den Mühlrädern, wo ich einmahl keinen andern Rath wuste als mich platt hinzuwerfen, und doch wohl herab geweht wäre, wenn nicht der Müller, der auch grad genöthigt war die Brücke zu passiren, mich am Boden festgehalten und dann auch die letzte Stiege hinaufgeleitet hätte; Als ich ins Schloß kam, schnatternd, und einen nassen Streifen hinter mir lassend wie ein geschwemmter Hund, ward ich auch empfangen wie ein armer Hund, – es mislang mir in mein Zimmer zu schlüpfen, Laßberg stand zufällig im oberen Flur, und erhob ein solches Geschrey „Um Gotteswillen! wo kommen Sie her! was haben Sie gemacht! was denken Sie auch!" daß ich gleich auf eine sehr unerwünschte Weise en famille gerieth, – Mama war anfangs wirklich böse, glaubte mir aber doch sogleich, daß ich bey ganz leidlichem spatzierfähigem Wetter ausgegangen sey, – Laßbergen konnte ich mich nicht begreiflich machen, er war tauber wie gewöhnlich, und ich habe ihn mitten in seinen Exclamationen über meine Unvernunft müssen stehn lassen, denn mich fror erbärmlich – Jenny sagte nichts, aber sie bestellte sogleich einen heißen Krug und Thee, nahm mich dann beym Arm und brachte mich in meinem Zimmer zu Bette, – meinen dicken Rock habe ich acht Tage lang nicht anziehn können, so lange hat er auf dem Boden trocknen müssen. – Da mir das Abentheuer nicht geschadet hat, ists mir doch lieb den See einmal in seiner tollsten Laune gesehn zu haben, um so mehr da es nur für einmahl im Leben ist, denn ein anderes Mahl werde ich mich hüten! – ich mag die Lachsforellen und Gangfische viel lieber essen als von ihnen gegessen werden, und es würde mir sogar wenig Trost bringen, wenn statt ihrer meine Lieblinge die Möven mich aufpickten (Brief vom 22.11.1843).

▶ Die „Haltnau", bestehend aus einem Unter- und einem Oberhof, erreicht man von der Unterstadt Meersburgs aus, indem man der Uferpromenade (Sackgasse), die zu den Hotels am See führt, in Richtung Yachthafen folgt. Etwa nach 1,5 Kilometern kommt man zunächst zum Unterhof, der bis 1802/1803 im Besitz des Klosters Weingarten war (heute Privatbesitz, Wirtschaftshof), bevor man die Gaststätte „Haltnau" erreicht. Eine andere Strecke, der sehr reizvolle „Höhenweg" (Ausgangspunkt Parkhaus), führt oberhalb Meersburgs durch die Weinberge.

Schloß Heiligenberg. Lithographie von Nicolaus Hug, um 1823.

HEILIGENBERG

Schloß Heiligenberg, etwa 15 Kilometer nördlich von Meersburg gelegen, war der Witwensitz der Elisabeth Fürstin von Fürstenberg, geb. Prinzessin von Thurn und Taxis (1767–1822). Als Fürstenbergischer Landesforst- und Jägermeister hatte Laßberg einige Jahre an der Seite der Fürstin das Schloß bewohnt und sie bei der Landesverwaltung unterstützt. Zwischen der Fürstin und Laßberg bestand eine innige Beziehung. Beide hatten einen gemeinsamen Sohn, Hermann von Liebenau (1807–1874), der unter größter Geheimhaltung in der Schweiz geboren wurde. Möglicherweise wurde die Beziehung zwischen Laßberg und der Fürstin später in einer morganatischen Ehe legalisiert. Schücking in seinen „Lebenserinnerungen": „In der Höhe, nicht fern, das Thal von Salem beherrschend, sahen wir Heiligenberg liegen, das durch seine Lage berühmte große Schloß der Fürsten von Fürstenberg. Da oben hatte unser alter Ritter seine schönsten Jahre verlebt. Nach der Mediatisirung des Fürstenthums Fürstenberg, das doch viel größer gewesen als so manche souverän gelassene deutsche Städtlein, hatte die verwittwete Fürstin Elisabeth, eine geist- und gemüthreiche Frau aus dem Hause Thurn und Taxis, als Vormünderin ihres minorennen Sohnes auf Heiligenberg residirt, und als Berather, als eine Art Alter ego, hatte ihr Freund, der Oberjägermeister von Laßberg, ihr zur Seite gestanden. Des Schlosses lange vernachlässigten Räume waren von ihnen wohnlich hergestellt, mit schönen Anla-

Schloß Heiligenberg. Heutige Ansicht.

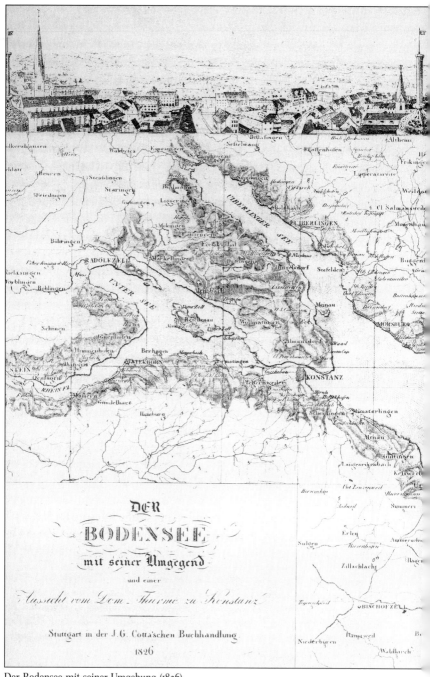

Der Bodensee mit seiner Umgebung (1826)

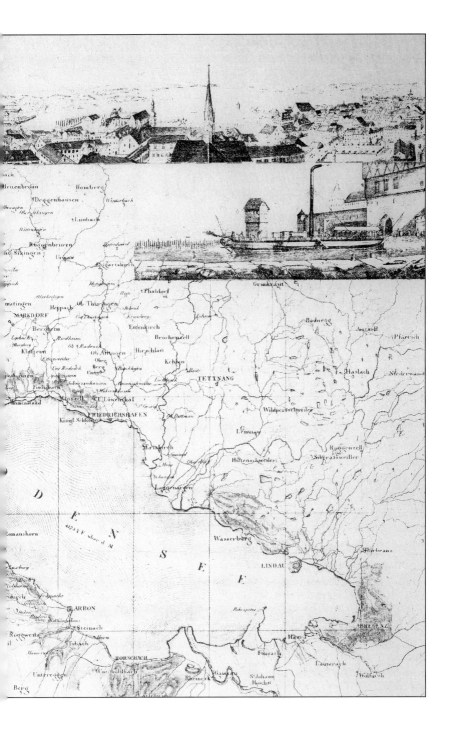

Schloß Heiligenberg. Großer Saal.

gen war seine Umgebung geschmückt worden; „zu dem romantischen Traum von einer edlen Ritterwelt alter Zeiten, der ohnedies bei dem öffentlichen Elend der deutschen Nation das Gemeingut der Besten geworden war, lud das Schloß mit seinem Rittersaal, seiner Burgcapelle, seinen Kreuzgewölben und seiner Geschichte ganz besonders ein. Hier entstand aus jener Freundschaft der Fürstin und Laßbergs, deren Erinnerung eine Felsengalerie durch ihre Namen auf die Nachwelt bringt, die innigste – wir glauben nicht zu irren, wenn wir sagen, durch priesterlichen Segen geknüpfte Verbindung."

Die Droste erwähnt Heiligenberg stets mit einer gewissen Zurückhaltung, die aus Laßbergs lebenslanger Verehrung für die Fürstin herrührte und die auch nach seiner Eheschließung mit Jenny von Droste-Hülshoff unvermindert fortbestand. Am 29. Oktober 1841 berichtete die Droste ihrer Mutter, daß alle versuchten, *dem Besuch nach Heiligenberg zu entkommen; – morgen ist der von Laßberg dazu bestimmte Tag, – er scheint darauf zu vergessen, und wir hüten uns wohl, die Worte „Mittwochen" oder „Heiligenberg" auszusprechen.* Auch die Freiherren von Brenken stellten die Anhänglichkeit Laßbergs an seinen früheren Wohnort und an die Fürstin heraus. In einem Schreiben Reinhard von Brenkens an Carl von Brenken vom 19. April 1842 heißt es: „Gestern war der erste schöne Tag, den ich in Meersburg erlebte, und Laßberg konnte nicht widerstehen mich nach seinem geliebten Heiligenberg zu führen. Es ist unbeschreiblich und unbegreiflich, wie er so gern und noch dorthin gehen kann, wo jeder Schritt Erinnerungen bei ihm aufwecken muß, die ich vermeiden würde."

Vom selben Ausflug am 18. April 1842, dessen Planungen bereits bis in die Zeit des Aufenthaltes der Droste in Eppishausen zurückgehen (damals jedoch wegen des Unfalls in Altnau (→ S. 147) nicht realisiert wurde), berichtet die Droste im Brief an Schücking vom 5. Mai 1842: *Laßberg hat mich nach Heiligenberg geführt, – eine kalte schlechte Parthie! – überall nichts Merkwürdiges dort zu sehn – das Schloß recht schön aber gewöhnlich die Anlagen unbedeutend, – Regenwetter – die Aussicht völlig bewölkt – in den leeren Sälen eine wahre Kellerluft, und obendrein muste ich den ganzen Tag die Kinder hüten, weil Jenny zu Hause geblieben war. – Laßberg dagegen war höchst bewegt, was mich halb stieß halb rührte. – er führte mich durch alte Appartements, die Seine Fürstinn nach einander bewohnt, zog alle Schiebladen los die sie gebraucht, und berührte, ich möchte sagen, liebkoste Alles, was er als ihr früheres Eigenthum erkannte. – endlich, in einem kleinen Kabinette, fragte ich ihn, „wo ist die Fürstinn Elisabeth gestorben?" (ich meinte es sey in Italien gewesen) da sah er mich starr an, legte die Hand in eine kleine Mauernische neben uns, sagte „hier! hier lag ihr Kopf!" und hinkte fort so schnell er konnte. – später zeigte er mir ein hübsches freundliches Haus, mit einer breiten Linde davor: „dort habe ich vierzehn Jahr lang mit meiner Frau gewohnt, – die oberen Fenster dort waren unser Wohn- und Schlafzimmer – unter dem Baume haben meine vier Jungens den ganzen Tag ge-*

spielt. – es war sonderbar, daß ihn diese Erinnerung äußerst friedlich und wohlthuend zu berühren schien. – es mußte das Bewustseyn des Rechtmäßigen, vor Gott und Menschen Ehrenwerthen, des Verhältnisses seyn, was so alles Andre versöhnend wirkte.

➤ Schloß Heiligenberg erreicht man von Meersburg aus über Salem und Frickingen-Leustetten. Der Weg zum Schloß ist gut ausgeschildert. Schloß Heiligenberg ist von April bis Oktober zur Besichtigung geöffnet (15.7-15.8. geschlossen). Die Führungen (DM 7,-) finden von 9.30 Uhr bis 11.30 Uhr und von 13.00 Uhr bis 17.30 Uhr statt.

HERSBERG

... da ich keine Besuche mache, in meinem Thurme keine annehme, und bey den Besuchen droben im Hause nur zufällig zugegen bin, so bleibe ich denn auf die wöchentlichen Zusammenkünfte mit der Salm reducirt. – es ist mir aber auch genug so, ich habe zu arbeiten, auszuruhn, und viel viel zu denken nach Augsburg und Münster hinüber ... Wir hatten die ganze Woche durch ein Mordwetter, meine Fenster klirrten und krachten Tag und Nacht wie Vogelscheuchen, und ich hörte sogar durch die fünf Fuß dicke Mauer hinter meinem Bette den Schneeregen anschlagen als wenn Mäuse im Stroh knisterten – Gestern (Sonntag) nun vollends schneyte es ganze Wolkenfetzen und regnete Ziegel so daß ich gar nicht auf meine gute Salm rechnete, und doch kam sie, aber halbtodt vor Kälte und Angst, – (an Louise Schücking, 4.3.1844).

Während ihres zweiten Besuches in Meersburg taten sich für die Droste nahe am Ort zwei neue Bekanntschaften auf. Gemeint sind die Freundschaften zu Charlotte von Salm-Reifferscheidt, die auf Schloß Hersberg wohnte, und zu der jungen Engländerin Philippa Pearsall, deren Vater auf Schloß Wartensee (→ S. 119) sein Domizil aufgeschlagen hatte.

Charlotte von Salm-Reifferscheidt, geb. Prinzessin zu Hohenlohe-Bartenstein-Jagstberg (1808-1873), war seit dem 27. Mai 1826 mit dem Fürsten Constantin von Salm-Reifferscheidt-Krautheim und Gerlachsheim (1798-1856) verheiratet, mit dem sie das etwa 7 bis 8 Kilometer östlich von Meersburg bei Immenstaad am Bodensee gelegene Schloß Hersberg bewohnte.

Die Droste hatte Charlotte von Salm-Reifferscheidt bereits während ihres ersten Meersburg-Besuches kennengelernt, doch erst jetzt, beim zweiten Aufenthalt, kam es zu einer näheren Beziehung. Zunächst sah man sich nicht allzu häufig: *es liegt leider ein Stückchen Weges zwischen uns was mich doch für die meiste Zeit auf meine gewohnte Einsamkeit beschränkt, die ... Fürstin Salm, anderthalb Stunde von hier, kömmt jeden Sonntag, ist eine sehr gute und durchaus fein gebildete Frau von etwa 36 Jahren, – eine geborne Hohenlohe, – mahlt sehr hübsch, ließt viel – ist passionirt für Musik – und möchte mich, da sie furchtsam im Fahren ist, viel lieber auf einige Zeit herüber verlocken, als jeden Sonntag unter Stöhnen und Zittern den Berg hinan fahren – ich habe aber keine Zeit, und weiß wohl, was es mit den schönen Redensarten von "ganz ungenirt, ganz für sich soviel man*

Schloß Hersberg. Heutige Ansicht.

Als Erinnerung an die Besuche der Droste bei der Fürstin von Salm-Reifferscheidt wurde im Sommer 1997 ein Droste-Lesezimmer in Schloß Hersberg eingerichtet.

will, seyn" auf sich hat, – man kömmt doch zu nichts. – sonst habe ich sie sehr gern, und freue mich schon am Samstag auf ihren Besuch (an Louise Schücking, 14.3.1844). Aus einer anderen Briefstelle geht hervor, daß Charlotte Salm-Reifferscheidt die einzige Frau in Meersburg und Umgebung war, der sich die Droste *wirklich gern anschließen* wollte.
Während des zweiten Aufenthalts sind Besuche der Fürstin auf dem Alten Schloß für folgende Tage vermerkt: 1843 für den 17. Dezember; 1844 für den 3. und 24. März, 8., 12. und 13. April, 5. Mai, 9. und 23. Juni, 8. und 27. Juli sowie 10. August. Mehrfach besuchte man gemeinsam Aufführungen des Meersburger Theaters. Es kam auch zu Gegenbesuchen der Droste in Hersberg. Diese sind für den 17. März 1844, den 9. Mai 1844, für die Zeit vom 30. Juni bis 2. Juli 1844 und für den 5. August 1844 belegt.
Auch ihrer Freundin Elise Rüdiger stellte die Droste Charlotte von Salm-Reifferscheidt vor, allerdings, um nicht die Eifersucht der empfindlichen Münsterer Freundin zu entfachen, distanziert: *lieb Lies, ich habe hier nichts Neues an Freundschaften aufgethan, wie sie fürchteten – die Fürstin Salm habe ich zwar recht gern, und sie kömmt jeden Sonntag, aber sie bleibt, aufrichtig gesagt, doch immer ein faute de mieux, Alles liebend und treibend wie ich liebe und treibe, aber in so heterogenem Geschmacke, daß ich darüber zu sprechen vermeide, und zudem würde Laßberg und Jennys förmliche Höflichkeit nie ein recht gemüthliches Verhältniß aufkommen lassen* (Brief vom 3.4.1844).
Die Droste hätte den Kontakt gerne intensiviert, sah sich jedoch durch Laßbergs Abneigungen gegen die Salmsche Familie hieran gehindert. Am 5.1.1844 schreibt sie an Elise Rüdiger: *Die Fürstin Salm war kürzlich hier. Sie ist wirklich eine höchst liebenswürdige Frau, so sanft, bescheiden, und voll feinen Sinns und Begeisterung für alles Schöne. – ihr Aeußeres ist nicht hübsch, aber höchst angenehm, fast ganz wie die Cherouit. – Sie ahnden wohl schon daß sie wieder eine von Ihren unvortheilhaften Aehnlichkeiten ist, aber trösten Sie Sich, "Sie sehn unendlich besser aus" und sind auch mindestens um zehn Jahre jünger – doch macht diese Aehnlichkeit sie mir so anziehend, daß sie die einzige Frau hier umher ist, der ich mich wirklich gern anschließen möchte, – ihr wär es auch schon recht, und sie hat mich aufs Freundlichste zu näherem Verkehr eingeladen, aber es kann nicht seyn, Laßberg findet die Kinder zu unartig als daß er ihren Umgang mit den seinigen zugeben sollte, zudem ermüdet ihn die Unterhaltung des Fürsten allemahl tödtlich, und so muß ich zurückhaltend seyn wie die Uebrigen, um keine Veranlassung zu größerer Annäherung zu geben, habe deshalb auch die Revisite nicht mitgemacht, wo der gutmüthige Fürst sich kindisch gefreut in Mama eine münsterische Bekannte wieder zu sehn, und mit gutmüthiger Prahlerey erzählt hat, wie es ihm gelungen, einer Dame aus Münster, und noch obendrein unsrer Bekannten, auf dem Dampfboote einige Dienste zu leisten, wobey er denn auch Ihre Persönlichkeit gar sehr heraus gestrichen hat. – Ich wollte ich könnte Laßbergs Abneigung beschwichtigen; die arme Frau ist so gar einsam!* über ih-

ren Träumereyen brütend wie Salomo's „Turteltaube in der Wildniß!"

Im Anschluß an ihren Meersburg-Besuch versprach die Droste Charlotte von Salm eine rege Briefpartnerschaft, die jedoch bereits in den Anfängen ins Stocken geriet. In dem einzigen überlieferten Brief heißt es: *Und nun, meine theure Fürstin, muß ich Ihnen für diesmahl Lebewohl sagen – es geht eben heute mordsschlecht mit dem Schreiben, mir ist durch und durch catharreux zu Muthe – und, aufrichtig gesagt, denke ich mir diese Zeilen als halbes Gemeingut, (d. h. in Meersburg überreicht und vielleicht dort theilweise vorgelesen) was mir nicht wenig genirt. – Darf ich aber mit Sicherheit nur auf Ihre lieben gütigen Augen rechnen, so fürchte ich, erhalten Sie das nächste Mal eine längere Epistel als Ihnen zum Lesen Geduld bleibt, – Bitte, antworten Sie mir doch einige Zeilen, damit die Correspondenz in den Gang kommt, denn ich verspreche mir gar große Freude davon, – Sie werden mich noch als eine arge Schwätzerin kennen lernen, und eine ausgezeichnete Schlechtschreyberin, denn heute nehme ich mich zusammen, und dies ist (Gott seys geklagt!) meine Paradeschrift* (Brief vom 23.1.1845). Immerhin vergaß die Droste nicht, einem von Rüschhaus aus geschriebenen Brief an ihre Schwester Geschenke für die Freundin beizulegen: *Ich schikke auch eine Schachtel mit allerley Kleinigkeiten für die Fürstin, – sie hat mir soviel geschenkt, und ich muß mich endlich etwas revangiren, – auch habe ich ihr schon mehrere Male von den Sächelchen geschrieben, die ich für ihr Glasschränkchen sammelte und mitbringen wollte, so daß es wie Windbeuteley aussieht wenn ich nun nichts schicke, da ich, wenn ich im Frühjahr kommen sollte, und dann meine geschnittenen Steine und Münzen mitbringe, in meinem Koffer kein Platz bleibt – Sage ihr doch: ich hätte noch Mehreres für sie, und auch ein paar Kleinigkeiten für die Katzmann, aber dieses Mal keine größere Schachtel unterbringen können ... Von den zwey Exemplaren meiner Gedichte ist das Eine ebenfalls für die Fürstin (ich möchte es gern noch hübsch einbinden lassen, in Saffian mit Goldschnitt, Mama meint es sey nicht nöthig, findest Du es aber viel anständiger, so laß es doch thun, Mama wird die Auslage wohl für mich machen)* (an Jenny von Laßberg, 1.7.1846). Auch überließ die Droste der Fürstin ein *ziemlich gut gerathenes Daguerreotyp* von sich sowie *ein niedliches Pettschaft – allerley klimperkleine Niedlichkeiten für ihr Glasschränkchen* (an Jenny von Laßberg, 17.6.1846).

Beim dritten und letzten Besuch der Droste in Meersburg wurde die um 11 Jahre jüngere Freundin eine fast unentbehrliche Stütze für sie, die außer Charlotte von Salm-Reifferscheidt keine fremden Personen in ihrer „Spiegeley" empfing. Dabei wirkte sich ein Meinungsumschwung Laßbergs positiv aus; er hatte nun Sympathien für Charlotte von Salm gefaßt: *ich glaube es war Mama'n recht lieb, daß sie sich in der ersten Zeit ganz ungenirt in Meersburg ausruhen, und eben so ungenirt ihren alten Bekanntschaften, die Laßbergen nicht Alle angenehm sind (namentlich meine arme liebe Salm nicht) nachgehn konnte, was sonst immer Umwege braucht, – Die Salm hat sich auch gleich eingestellt, und Mama ist nach einigen Tagen zu ihr hinaus gefahren, und hat*

Schloß Hersberg. Heutige Ansicht.

Hornberg um 1880, als die Eisenbahnzeit bereits angebrochen war.

sich beyde Male prächtig amusirt. – das hat sie doch erst weg, und das freut mich! – Du mußt aber nicht denken, als legte Laßberg Maman etwas in den Weg, – sie wird vielmehr auf Händen getragen, aber es bleibt doch immer ein drückendes Gefühl, einem Hausherrn Leute, von denen man weiß daß er sie nicht mag, zu stark in's Haus zu gewöhnen, so daß er sie nachher, wenn man fort ist, nicht wieder los werden kann, und in so fern ist die Verschiedenheit unsers und seines Geschmacks allerdings mitunter peinlich (an Sophie von Haxthausen, 9.8.1846). An anderer Stelle heißt es hierzu: *Es wird dich, meinetwegen, doch freuen zu hören, daß Laßberg, Gott weiß durch welchen Impuls! meine Freundinn, die Salm, jetzt eben so sehr in Affection genommen hat, als sie ihm früher fatal war, – er läßt Alles liegen und stehn wenn sie kömmt, und nimmt sie dermaßen in Beschlag, daß ein Anderer kaum mit ihr zu Worte kommen kann. – Du kannst denken, wie froh ich drüber bin, – jede Woche ein Tag des Verdrusses und der Peinlichkeit war mir eine gräuliche Aussicht* (an Pauline von Droste-Hülshoff, 14.10.1846).

Während ihres dritten Aufenthalts in Meersburg konnte die Droste Charlotte von Salm-Reifferscheidts nur noch selten besuchen. Belegt ist ein elftägiger Besuch auf Schloß Hersberg, zu dem die Droste am 20. Juni 1847 von Charlotte und Auguste von Salm-Reiffescheidt abgeholt wurde. Häufiger waren Gegenbesuche der Fürstin. Durch das Tagebuch Jenny von Laßbergs lassen sich rund 40 solcher Besuche nachweisen.

▶ Schloß Hersberg, das etwa 7 Kilometer östlich von Meersburg kurz vor Immenstaad liegt, erreicht man über die B 31. Gegenüber von Kirchberg zweigt eine beschilderte Straße von der Bundesstraße links ab, die durch Immenstaad-Kippenhausen führt. Den Hinweisschildern folgend, erreicht man nach etwa einem Kilometer das Schloß. 1276 zum ersten Mal urkundlich erwähnt, ist Schloß Hersberg seit 1929 im Besitz der Pallotiner. Nachdem eine dort befindliche Schule mit Internat 1992 geschlossen wurde, dient das geistliche Haus heute auch als Tagungsort. Es beherbergt ein eigenes Droste-Zimmer.

HORNBERG

Das war uns doch zu viel und … wir … fuhren nach Hornberg, und machten dort, da der Regen wieder in Strömen goß, unser erstes Nachtquartier … – die Schilderung im Brief an Jenny von Laßberg vom 30. September 1844 bezieht sich auf die Rückreise von Meersburg nach Westfalen im September 1844 (→ Schramberg, S. 115). Die Übernachtung fand im „Löwe" statt, einem Posthotel, das seit 1758 existierte. Während der Postkutschenzeit hatte der „Löwe" das einmalige Privileg erhalten, ohne Feierabendstunden die ganze Nacht offenhalten zu dürfen. Seitdem die Badische Post die Verwaltung übernommen hatte, mußten hier etwa 50 Pferde rasch einsetzbar sein, so daß die Poststation den Status einer „Großfuhrhalterei" innehatte.

Hornberg bildete damals einen Verkehrsknotenpunkt. Durch den Ort führte sowohl die große nordsüdliche Postlinie Schaffhausen-Donaueschingen-Hornberg-Offenburg-Kehl-Straßburg als auch in nordöstlicher Richtung die Route Basel-Freiburg-Hornberg-Stuttgart.

Schloß Kirchberg. Gouache von Johann Sebastian Dürr, 1818.

Durch die Postlinie war die Hornberger Gegend als besonders malerisch bekannt geworden. „Außer diesen fahrplanmäßigen Postlinien fuhr hauptsächlich im Sommer eine Unzahl von Extraposten und Güterposten hier durch ... Die sommerlichen Extraposten mit Franzosen, Engländern, Russen und anderen, die nach dem Rheinfall bei Schaffhausen und weiter in die Schweiz als Hauptziel reisen wollten, erschlossen ihnen hier auch den Schwarzwald, dessen Naturschönheiten viele sehen wollten, besonders in der Zeit der Romantik und des Biedermeier. Vier Ordinari-Postwägen verkehrten hier später täglich in jeder Richtung, bis 1873 die Schwarzwaldbahn den Postwagen für immer verdrängte" (Karlleopold Hitzfeld). Viele Reisende benutzten die Hornberger Route zu einem Abstecher nach Triberg, um sich die Wasserfälle anzusehen.

KIRCHBERG

Das Tagebuch Jenny von Laßbergs verzeichnet am 2. Dezember 1841 einen Ausflug der Droste nach Schloß Kirchberg. Weitere Zeugnisse liegen nicht vor. Das Schloß liegt etwa 6 Kilometer östlich von Meersburg.

▶ Das ehemals markgräfliche Schloß Kirchberg liegt direkt an der B 31 zwischen Hagnau und Immenstaad. Die Anlage steht heute leer; ein Ausbau für Privatwohnungen ist geplant.

Schloß Kirchberg. Heutige Ansicht.

Konstanz. Stahlstich von G.M. Kurz, um 1848.

KONSTANZ
Charlotte von Ittner
Ludwig Stantz
Franz Xaver Stiele
Familie von Streng
Heinrich Ignatz von Wessenberg

Der erste Abstecher von Meersburg in *die alte Concilien- und Auto da fé-Stadt* (an Elise Rüdiger, 30.10.1841) Konstanz wurde immer wieder aufgeschoben. Am 28. Januar 1842 schreibt die Droste ihrer Mutter: *In Constanz waren wir auch noch nicht, sagen uns aber täglich vor, daß wir hin müssen, sobald das Wetter es zuläßt. – Im Herbste waren wir anfangs zu müde von der Reise, Dann hatte Jenny einen Catharr, dann Laßberg, und dann ward das Wetter schlecht, – es ist wahr daß man sich auch gern vorbey macht, – das Dampfboot geht so unbequem, erst um Zehn (oft Elf) von hier, und um Eins, wenn man grade zu Tische sitzt, schon wieder zurück ... man muß also gleich die Nacht bleiben, im Gasthof oder einem fremden Hause, wovor mir aber scheut, – doch werden wir gewiß jetzt hingehn, sobald es etwas wärmer wird.*
Die Droste kannte die Stadt bereits durch einen Ausflug von Eppishausen aus am 28. April 1836. Der erste von Meersburg aus unternommene Besuch ist erst für den 20. April 1842 belegt. Von Konstanz aus schloß die Droste einen mehrtägigen Besuch auf Schloß Berg im Thurgau (→ S. 149) bei der Familie von Gaugreben an.
Vor ihrer Heimreise im Juli 1842 glaubte sie, Abschiedsbesuchen in Konstanz nicht ausweichen zu können. Sie rechnete diese Schücking gegenüber zu den *Vorqualen der Abreise*. Für ihren zweiten Meersburg-Besuch sind Ausflüge nach Konstanz für den 21. Mai (zweitägig) und den 23. August 1844 belegt.
In Konstanz gab es für die Droste mehrere „Anlaufstellen". Ein näherer Kontakt bestand zu **Charlotte von Ittner**, von der die Droste in einem Brief an August von Haxthausen ein halbsatirisches Porträt zeichnet: *Meine Haupt-Liebschaft hier (Umgang kann ich sie leider nicht nennen, da ich sie fast nie sehe) ist ein allerliebstes altes Jüngferchen in Constanz, Fräulein Lottchen Ittner, Tochter eines Gelehrten, die Latein spricht wie Wasser, aber vor Blödigkeit fast ihr Schürzchen zerreißt wenn man sie anredet, vom Vater Münzen, Kupferstiche, et cet. geerbt und damit ihre Zimmerchen wie Puppenschränkchen ausgeziert hat; – Man kann sie nicht ohne Rührung ansehn, sie hat ein Gesichtchen worin die Güte förmlich festgetrocknet ist, und bringt ihre Zeit damit hin, Kranken oder sonst verlassenen alten Leuten vorzulesen, – die Zeitungen wenns nicht anders seyn kann, obwohl ihr diese in den Tod zuwider sind* (Brief vom 2.8.1844). Die Droste bedachte die Freundin später mit einigen kleinen Geschenken (*ein hübsches Glas – Stahlstiche ... und mehrere Sächelchen*) sowie einem Exemplar ihrer ersten Gedichtausgabe. Außerdem wollte sie Lotte Ittner eine Daguerreotypie von sich überlassen.
Umgang pflegte man auch mit der in Konstanz lebenden freiherrlichen **Familie von Streng**. Als Besitzer des Schloßgutes Arenenberg war Johann Baptist von Streng (1764-1836) einst Mitglied des Gerichtsherrenverbandes der Landgrafschaft Thurgau. Bis zu seinem Umzug nach Konstanz im Juli 1835 besaß er die Besitzung Guggenbühl bei Erlen (→ S. 156) in der unmittelbaren Nachbarschaft Eppishausens, wodurch sich zwischen seiner und der

Familie von Laßberg ein intensiver freundschaftlicher Verkehr entwickelte (→ S. 156). Gemeinsam mit der Familie von Thurn-Valsassina gehörten von Strengs zu den eifrigsten Besuchern Eppishausens und später Meersburgs, so daß zwangsläufig ein engerer Kontakt zur Droste zustandekam. Von den 15 Kindern des Freiherrn stand die Droste seinen Töchtern Luise (1800–1857), Josephine (1812–1896) und Karoline (1815–1894) am nächsten. Mit letzterer trat sie in einen – wohl nur spärlichen – Briefwechsel, der überdies verschollen ist.

Die brieflichen Äußerungen der Droste über die Fräulein von Streng fallen wenig freundlich und meist teilnahmslos aus (*Jetzt sind, seit Sonntag, die drei Strengs hier; die guten Dinger waren so froh und herzlich, und ich habe sie wenig verändert gefunden, außer Carolinen, die Gottlob in den fünf Jahren sich sehr erholt hat, und flinker Berg steigt, als ich* (an Therese von Droste-Hülshoff, 29.10.1841). Weiteren Stellen ist zu entnehmen, daß ihr solche Besuche eher lästig waren (*Strengs haben uns vier Tage etwas vorgegähnt; in den ersten acht Tagen* ⟨seit Abreise Schückings am 2.4.1842⟩ *war ich todtbetrübt, und hätte keine Zeile schreiben können, wenn es an den Hals gegangen wäre. – ich lag wie ein Igel auf meinem Kanapee, und fürchtete mich vor den alten Wegen am See wie vor dem Tode – dann kam Luise Streng, die mich fast keine Minute allein ließ, mich immer hinaus zog, und binnen der ganzen Woche die sie hier blieb, mich, auf eine freylich keineswegs angenehme Weise, durch ihre werthe Begleitung und aus endlosen Fragen bestehende Unterhaltung, über die schwersten Momente gewaltsam wegspatzierte*; an Schücking, 5.5.1842). Durch das Tagebuch Jenny von Laßbergs wissen wir, daß die Fräulein von Streng während des letzten Besuches der Droste vom 21. bis 24. April 1847 und für mehrere Tage ab dem 17. März 1848 Gäste des Alten Schlosses waren.

Ob die Droste bei ihren Besuchen in Konstanz auch den künstlerisch ambitionierten Schneider **Franz Xaver Stiele**, der zeitweise in Konstanz wohnte (→ S. 66), oder den Meersburger „Hausfreund" **Ludwig Stantz** (→ S. 65) zu Gesicht bekam, lassen die Quellen offen.

In Konstanz bot sich der Droste die Möglichkeit zu Bibliotheksbesuchen. Hier konnte sie sich mit Neuerscheinungen versorgen, die in der „Altertümler"-Bibliothek Laßbergs nicht anzutreffen waren. 1843 erhielt der Buchhändler Friedrich Bannhard die Lizenz, in Konstanz eine Leihbibliothek zu eröffnen. Die Droste hat diese nachweislich benutzt, Schücking gegenüber erwähnt sie, daß sich die Leihbibliothek *sehr heraus gemacht* habe; hier wolle sie Wilhelm Meinolds „Maria Schweidler, die Bernsteinhexe" und Bertold Auerbachs „Schwarzwälder Dorfgeschichten" entleihen (Brief vom 17.1.1844), wobei die Besorgung der Bücher selbst sicherlich über Dritte erfolgte. Darüber hinaus gibt es Hinweise darauf, daß die Droste in Konstanz auch die Bibliothek des **Heinrich Ignatz von Wessenberg** (→ S. 33) benutzt hat.

Das Konstanzer Münster. Stahlstich von Louis Thümling, um 1852.

Ruine des Schlosses Montfort bei Langenargen. Lithographie von J.A. Pecht, 1830/32.

LANGENARGEN/MONTFORT

Die mehrfach genannte Liste im Nachlaß erwähnt auch einen Besuch in Langenargen, etwa 30 Kilometer östlich von Meersburg gelegen. Der Ausflug läßt sich mit Hilfe des Tagebuchs Jenny von Laßbergs auf den 30. April 1842 datieren. Im Brief an Schücking vom 5. Mai 1842 findet sich ein ausführlicher Bericht: *Einige Tage später fuhren wir über Friedrichshafen nach Langenargen, 8 Stunden von Meersburg – dieses Mahl Jenny mit – wie habe ich da an dich gedacht, altes Herz, wie hundertmahl habe ich dich hergewünscht! da hättest du erst erfahren was ein ächt romantischer Punkt am Bodensee ist! Von so etwas habe ich durch hier noch gar nicht mahl eine Idee erhalten – denk dir den See wenigstens dreymahl so breit wie bey Meersburg – ein ordentliches Meer – so breit daß selbst ein scharfes Auge (Laßberg z. B.) von jenseits nichts erkennen kann als die Alpen, die nach ihrer ganzen Länge, sogar die Jungfrau mit, in einer durchaus neuen und pittoresquen Gruppirung wie aus dem Spiegel auftauchen, du sitzest auf dem sehr schönen Balkone eines stattlichen Hauses, (früher Kloster jetzt Gasthof) hinter dir die Flügelthüren des ehemaligen Refectoriums geöffnet, was seiner ganzen Länge nach mit den lebensgroßen Bildern der alten Grafen von Montfort, in schweren goldenen Rahmen, wie getäfelt ist – unter dir, über dir ein Stückchen flachen Strandes weg, die endlose Wasserfläche, wo du 10-12 Kähne und Fahrzeuge zugleich segeln siehst (denn hier ist die Fahrt anders belebt wie bey Meersburg!); links der sehr reiche und städtisch elegante Marktflecken, – tief im See ein Badehaus, zu dem ein äußerst zierlicher schmaler Steg führt, der sich im Wasser spiegelt, und gleich dahinter ein Seebusen, voll Segel und Masten, ganz wie ein Hafen, aber ohne das unangenehme Gemäuer – und endlich rechts, nicht 200 Schritte vom Gasthofe, der Hauptpunkt, die herrliche Ruine Montfort, (auf einer Landzunge) die schönste die ich je gesehn habe, mit drey Thoren, zackigten Zinnen, und einer dreyfachen Reihe durch ihre Höhe und Tiefe ordentlich imposanter Fensternischen, in denen die herrlichste Stucaturarbeit dem Winde und Regen noch zum Theil widerstanden hat, und man sie so mit einem Mahle, über die Nischen streifend, wie eine grandiose Stickerey übersehn kann. ... Du kannst dir das Mahlerische des Ganzen nicht denken! – es ist so romantisch, daß man es in einem Romane nicht brauchen könnte, weil es gar zu romanhaft klänge, und ein fremder Kaufmann, den wir gestern beim Figel trafen, und der grades Weges aus dem südlichen Frankreich, durch Italien, und in letzter Station von Langenargen kam, war ganz entzückt davon, und sagte „er könne es nur den schönsten Aussichten bey Genua und Neapel vergleichen". – auch ich kann dir nicht sagen wie klein und armselig mir seitdem die hiesige Landschaft vorkömmt.*

Nicht alles von dem, was die Droste beschreibt, ist heute noch zu sehen. Die Ruine der Burg Montfort ließ König Wilhelm I. von Württemberg abreißen. An gleicher Stelle errichtete er von 1861 bis 1764 Schloß Montfort im damals modernen maurischen Stil.

▶ Der Weg nach Langenargen, zwischen Friedrichshafen und Kressbronn gelegen, ist von Meersburg aus gut ausgeschildert. Langenargen war 1290 in den Besitz des Grafen Hugo III. von Montfort-Tettnang gekommen. Auf einer kleinen Insel vor Langenargen ließ sein Sohn die Burg, von der die Droste noch Reste gesehen hat, erbauen. Bei der Besetzung durch die Schweden im 30jährigen Krieg brannte die Burg zum großen Teil ab, wurde aber 1662 wiederaufgebaut. 1780 wurde die Grafschaft, auf der hohe Schulden lasteten, an Österreich verkauft, später kam Langenargen an Bayern, 1810 an Württemberg. Nachdem das Schloß unter österreichischer Regierung als Gefängnis benutzt worden war, wurde es 1810 noch unter bayerischer Herrschaft zum Abbruch freigegeben und verkauft. Der vollständige Abbruch wurde zunächst durch die württembergische Regierung verhindert. Erst 1861 wurde die Ruine vollständig abgebrochen.

LUDWIGSHAFEN

Als Laßberg Ende September 1841 seine Frau Jenny und die beiden Kinder in Begleitung der Droste aus Westfalen zurückerwartete, reiste er ihnen bis Stockach (→ S. 118) entgegen. Nach einer dortigen Übernachtung fuhr man gemeinsam über Ludwigshafen nach Meersburg. Laßbergs tagebuchartigen Aufzeichnungen in seinem „Chronicon Marisburgense" geben detailliertere Auskunft. Es heißt dort: „am 29. abends 1/4 nach 7 ur fur ich mit dem Dampfschif Stadt Constanz, nach Ludwigshafen und von da mit dem eilwagen nach Stokach - ich wollte meine frau übersetzen; sie war von Donaueschingen aus vor mir angekommen, und ich fand sie eben im begriffe ins bette zu steigen, die kinder aber schliefen schon. Den folgenden morgen furen wir alle mit dem Eilwagen von 5 ur nach Ludwigshafen und kamen mit dem schon genannten dampfboote, etwas nach halb 8 ur in Meersburg an. den reise wagen hatten wir zu lande über Überlingen gehen lassen, um des widerlichen visitirens und eröffnens aller Koffer und pakete enthoben zu sein."

MAINAU
In der Ortsliste der Droste wird auch die Insel Mainau erwähnt. Der Ausflug fand am 23. August 1844 statt (Tagebuch Jenny von Laßbergs).

SCHLOSS SALEM
(FRÜHER: SALMANSWEILER)
Zumindest einmal hat die Droste das ehemalige Kloster Salem, das sich etwa zehn Kilometer nördlich von Meersburg befindet, gesehen. Der in Schückings „Lebenserinnerungen" geschilderte Besuch fiel auf den 20. November 1841: „Eines weiteren Ausfluges wie dieser Spaziergänge am See entsinne ich mich, den wir zusammen mit dem Burgherrn machten. Es war ihm eine Freude, uns eine seiner geliebten alten schwäbischen Abteien, dieser Heimstätten ältester Cultur, zu zeigen, und er führte uns über Hügel und durch herbstlich sich entlaubende Wälder nach dem benachbarten Salmansweiler, der Abtei Salem, einst einem reichsunmittelbaren Cistercienserkloster, das über ein Gebiet von 6 Quadratmeilen herrschte. In die dortige Klosterschule

Schloß Montfort. Heutige Ansicht.

Insel Mainau. Federzeichnung von David Alois Schmid, um 1820.

war Laßberg in seinen jüngsten Jahren gegeben worden: er wußte viel von der harten Zucht darin zu erzählen, wie die Schulzimmer nie geheizt gewesen ..."
Die Droste erwähnt ferner in einem Brief eine Statue: ... *sie hat dem Abt von Salmansweiler gehört, und war bey der Ausplünderung und Verschleuderung der Klostereffecten, für noch geringeren Preis, an eine Wittwe gekommen, eine reiche ungebildete Frau, die keinen Sinn für dergleichen hat* ... (an Louise und Levin Schücking, 20.6.1844).

➤ Das ehemalige Zisterzienserkloster Salem, gegründet 1137 durch den Abt Frowin, ist seit 1802 Sitz der Markgrafen von Baden. Man erreicht die weitläufige, imposante Anlage über den Ort Salem (früher Salmansweiler). Dort ist der Weg zum Schloß ausgeschildert.
Schloß Salem ist von April bis Oktober zur Besichtigung (DM 19,-) geöffnet (Mo-Fr 9-18 Uhr, Sa und So 11-18 Uhr). Auf dem Gelände befindet sich auch die 1920 gegründete berühmte Internatsschule Schloß Salem.

SCHAFFHAUSEN → STEIN AM RHEIN/RHEINFALL

Schloß Salem. Kupferstich, um 1802.

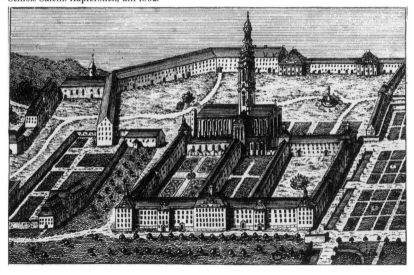

Schloß Salem. Radierung von Nicolaus Hug, 1820/25.

SCHRAMBERG (→ auch S. 130)

Den Ort Schramberg im Schwarzwald passierte die Droste auf ihren Reisen von und nach Meersburg. Im September 1844 sollte, wohl nur um die Pferde zu wechseln, in Schramberg eine Rast eingelegt werden: *es war schon sehr finster als wir in Schramberg kamen, der Regen hatte aufgehört, aber dicke Wolken ließen den Mond nur wenig durchkommen, so daß die Berge und Felsen sich riesenhaft vergrößerten, und das Städtchen mit seinen rothglühenden Schmelzöfen und den vielen weißleuchtenden Lampenglocken in den langen Fabriksäälen sich wirklich feenhaft ausnahm. Dort rieth uns der Postmeister dringend ab im Finstern über Wolfach zu gehen, da der erste Theil des Weges über schmale Klippenwände führe, und erst vor einigen Tagen dort ein großes Unglück geschehn, und ein Wagen mit Menschen und Pferden Nachts in den Tobel gestürzt sey. Das war uns doch zu viel und verlangten wir es auch gar nicht, sondern fuhren nach Hornberg* (an Jenny von Laßberg, 30.9.1844). Schramberg ist noch heute für seine Metallindustrie bekannt. Die rothglühenden *Schmelzöfen* dürften nach Auskunft des Stadtarchivs Schramberg zu einem damaligen Hammerwerk gehört haben, das sich in Königlich Württembergischen Besitz befand, und die hell erleuchteten *Fabriksääle* zu einer damaligen Strohhutfabrik sowie der Steingutfabrik Faißt und Üchtritz (Droste-HKA).

SIGMARINGEN

Die Hin- und Rückreisen zum Bodensee verliefen mehrfach über den Ort Sigmaringen am Südrand der Schwäbischen Alb. Sigmaringen, überragt von einem im 12. Jahrhundert erbauten Schloß, war zur Zeit der Droste Regierungssitz des Fürstentums Hohenzollern-Sigmaringen. Bei der Neubesetzung hoher Regierungsstellen wurde Joseph von Laßberg eingeschaltet, der über weitläufige Kontakte verfügte. Dieser wiederum beriet sich in zwei Fällen mit der Droste. Über Laßberg war damals ihr Onkel August von Haxthausen für die Stelle des Präsidenten der Geheimen Konferenz (der obersten Landesbehörde) ins Gespräch gebracht worden, die für Haxthausen jedoch nicht interessant war. Mit einem Brief an ihre Freundin Amalie Hassenpflug, deren Bruder Ludwig die Stelle zuvor innegehabt hatte, unternahm die Droste den Versuch, die immer verfahrenere Situation aufzuhellen: *Oncle Werner hat, nämlich Laßberg gebethen, deines Bruders erledigte Stelle, wo möglich, dem August zu verschaffen, Laßberg, der nicht zweifelt, daß Dieses mit Augusts Vorwissen geschehn, schreibt sogleich an den Fürsten, und dieser verweißt ihn an deinen Bruder, als welchem er die Wahl seines Nachfolgers überlassen – nun ist dann auch gleich an den Ludwig geschrieben worden, (ich glaube von Werner) jedoch, zum Glücke, mit dem Zusatze, daß August nicht um den Plan wisse, und dieser (Ludwig) wartet nun wahrscheinlich auf bestimmtere Nachricht durch August selber ... Laßberg, dem Werner, etwas später, geschrieben, daß August nicht um diesen Schritt wisse, hat nun das Ende vom Liede voraus gesehn, scheint sehr verdrießlich darüber, und hat durch Jenny schreiben lassen, daß, wenn August die Stelle vielleicht nicht wünsche, er sogleich selber an Hassenpflug dieses schreiben müsse – hierzu ist August aber nicht zu bringen* (Brief von Anfang August 1839).

Im Herbst 1844 ging es um die Besetzung der Stelle des Sigmaringer Kammerdirektors. Laßberg hatte hierfür Maximilian Clemens von Kerckerinck-Borg, einen Vetter der Droste, ausersehen. Auf ihrer Rückreise von Meersburg nach Westfalen sollte die Droste Kerckerinck-

Schaffhausen. Lithographie von J.A. Pecht, um 1850.

Borg in Trier zu einer Bewerbung motivieren. Da sich die Reisepläne der Droste änderten, brachte sie ihrem Vetter das Gesuch – mit allem diplomatischen Geschick – schriftlich vor: *Ein kleiner, aber dem Geschlecht nach sehr vornehmer und reicher deutscher Souverain, dessen Finanzen sowohl als Landesverwaltung in ausgezeichnetem Flore stehn, und dessen Persönlichkeit höchst achtungswerth und ausgezeichnet ist, hat seinen Kammerdirecktor durch den Tod verloren, und meinen Schwager ersucht ihm einen für diese Stelle tüchtigen Mann vorzuschlagen. Obwohl nun diese Stelle, alle pecuniairen Vortheile berechnet, nur um Weniges einträglicher seyn dürfte als die eines preußischen Regierungsraths, so ist sie doch, allen Verhältnissen nach, um so viel angenehmer, daß sowohl Jenny als auch ich es für nicht unmöglich hielten, daß Sie lieber Vetter Sich zur Annahme derselben geneigt fühlen könnten, weshalb mir von meinem Schwager der Auftrag geworden war, in Trier die Sache mit Ihnen zu bereden ... Füge ich nun noch hinzu, daß der Kammerdirector außer dem Fürsten Niemanden über sich hat, als den Minister ..., daß man, ferner, in dieser kleinen Residenz sehr wohlfeil und angenehm leben, und das persönliche Verhältniß zum Fürsten ein sehr freundliches viel geltendes, seyn soll, und alle Vorgänger im Amte ... ihre Lage sehr nach Wunsch gefunden haben* (an Max von Kerckerinck-Borg, 29.9.1844).
Auch diesmal zerschlugen sich Laßbergs Planungen. Die Überlegungen, Friedrich von Wolff-Metternich, einen weiteren Verwandten der Droste, für die Stelle zu interessieren, schlugen ebenfalls fehl, so daß die Droste schließlich den Stoßseufzer ausbrachte: *Jedermann klagt über Mangel an Anstellungen, und doch haben wir die schöne Stelle in Sigmaringen die in unsrer Hand lag, uns entgehen lassen, aber der Fürst ist wahrlich nicht Schuld daran, er hat lange genug gewartet, ehe er einen Andern engagirte* (an Elise Rüdiger, 2.8.1845).

STEIN AM RHEIN
Rheinfall bei Schaffhausen

Die Äußerung der Droste im Brief an Therese von Droste-Hülshoff vom 24. August 1842, der Rheinfall bei Schaffhausen sei *dieses Mal superbe* gewesen, deutet darauf hin, daß sie Stein am Rhein und den Wasserfall bereits zuvor gesehen hatte, möglicherweise im Zusammenhang mit der Reise nach Eppishausen 1835/1836. Die Besichtigung im Sommer 1842, erste Station auf ihrer Rückreise nach Westfalen, schildert die Dichterin wie gewohnt anekdotisch: *... wir fuhren ab, und ohne besondere Vorfälle bis Schaffhausen, wo wir bei ziemlich guter Zeit ankamen, und uns gleich auf den Weg zum Rheinfalle machten, ich wollte einen Führer nehmen, die sparsame Rosine meinte aber, wenn wir nur dem Laufe des Rheins folgten, könnte uns der Fall nicht entgehen so kam es, daß wir wenigstens eine Stunde voran trabten, ehe wir Laufen zu sehen bekamen, und gegen das Ende des Weges von einem so furchtbaren Gewitter überfallen wurden daß uns nach einigen Minuten das Wasser zu den Schuhen hinaus lief, (von oben her waren wir ziemlich durch Schirme geschützt) wir flüchteten in das erste Haus von Laufen – das Gewitter hörte auf, aber der Himmel bezog sich zu einem Abendregen, – nun ging die Noth an, daß*

Der Rheinfall bei Schaffhausen. Aquarell, 1818.

Rosine nicht mobil zu machen war, obwohl man genug sehen konnte, daß der Regen nicht aufhören würde, und die Sonne schon zum Untergange stand, – sie wollte weder los, noch viel weniger nach einem Wagen schicken, sondern immer warten, warten – endlich brachen Anna und ich auf, sie mußte nothgedrungen mit, und war nachher denn doch sehr glücklich den Fall gesehen zu haben, der auch wirklich dieses Mal superbe war und ganze Fuder Schaum über sich warf, – zuletzt kam noch eine prächtige Beleuchtung durch einige Sonnenstrahlen die so eigen schräg durch die dunklen Wolken hereinfielen, und ich nehme jetzt alle meine früheren Verläumdungen gegen ihn zurück, – es war ein Glück daß wir Rosine losgeschüttelt hatten, denn die letzte Hälfte des Rückwegs war es doch fast stockfinster und der Pfad wie eine Straßenrinne (vulgo Gauschke) – im Gasthof tauchte ein neues Malheur auf, – wir konnten nicht zu unsern Kleidern kommen, weil alles plombirt und schwere Strafen darauf stand die Plombe vor der Schweizergränze abzunehmen, Du kannst Dir Rosinens klägliches Gesicht nicht denken! – sie resolvirte sich endlich ihre Fußbekleidung von der Wirthin zu bor-

Der Rheinfall bei Schaffhausen. Heutige Ansicht.

Stockach. Stahlstich von J. Umbach nach K. Corradi, 1850.

gen eine Maaßregel, die mir hinsichtlich der Schuhe ecklich war, und der ich mich deshalb durch schnellen Einkauf von ein Paar Schuh und Strümpfe entzogen hatte, und längst in trocknen Fuß, als die Andern noch immer mit der Wirthin parlamentirten (an Therese von Droste-Hülshoff, 24.8.1842).

STETTEN
In Stetten, dem zwei Kilometer östlich von Meersburg gelegenen Nachbarort, ist die Droste nach eigenem Bekunden *oft gewesen*, ohne daß hierüber weitere Angaben vorliegen.

STOCKACH (→ auch S. 133)
Den Ort Stockach passierte die Droste mehrfach während ihrer Reisen an den Bodensee. In einer ihrer Reiseschilderungen findet sich das folgende vernichtende Urteil: *das ersehnte Stockach, - ein elendes Nest! - das Erste was ich dort hörte, war, daß in jeder Woche ein Tag ausfalle, wo keine Eilpost nach Meersburg gehe, und daß ich grade diesen glücklichen Tag getroffen, somit die schönste Gelegenheit habe bis zum nächsten Nachmittag die Reitze der Stadt zu bewundern, die in dem beständigen Staubregen (mit dem fast meine ganze Reise gesegnet war) genau aussah wie ein altes Weib, das ein Bettlacken um den Kopf gehängt hat* (an Pauline von Droste-Hülshoff, 14.10.1846).

➤ Stockach liegt in der Nähe der westlichen Spitze des Bodensees, etwa 25 km von Meersburg entfernt.

STUTTGART
Albert Schott
Christoph Friedrich Stälin
Franz Pfeiffer
Das Museum
Auf der Rückreise von Meersburg am 31. Juli 1842 legte die Droste eine fast eintägige Rast in Stuttgart ein. Dabei kam es zu einem Wiedersehen mit **Albert Schott**, den sie kurz zuvor auf der Meersburg kennengelernt und Volksliedaufzeichnungen für die Uhlandsche Sammlung überlassen hatte (→ S. 36). Schott, der bereits auf der Meersburg einen sympathischen Eindruck auf die Droste gemacht hatte, nahm die Gelegenheit wahr, die Autorin zu sich und seiner Familie einzuladen: *In Stuttgart kamen wir um zehn an, wo uns Albert Schott, den die Wintgens zu Meersburg hatten kennengelernt, am Wagen empfing und uns sagte, daß seine Frau das Essen für uns bereits über dem Feuer habe; ferner der Professor Steele ⟨Stälin⟩ uns um drei auf dem Museum erwarte, - das war mehr Ehre als Vergnügen, denn wir waren todtmüde, und mußten die folgende Nacht wieder durchfahren - es ging aber nicht anders, Schott war zu wenig reich und seine Haushaltung zu klein, als daß wir ihn hätten mit seinen Anstalten dürfen sitzen lassen, - zuerst ging es also in die Kirche, dann ich vorerst allein zu Schotts - auf der Türschwelle saßen zwei allerliebste kleine Mädchen, wovon das eine gerade ganz betrübt zum andern sagte: „Die fremde Frau kömmt gar nicht, und wir müssen hier immer sitzen" wie lustig sprangen sie voran, als sie hörten, daß ich die fremde Frau wäre! - der Mittag war angenehm, - das*

Dinee gar nicht überladen, sondern ganz häuslich, Schotts Frau überaus angenehm und hat mich an meine liebe Male erinnert – kein Fremder da außer einem Freund Laßbergs, Gustav Pfeiffer – nach Tisch besahen wir das Museum – dann Kaffee bei Schotts – dann in die Anlagen und um neun wieder auf die Schnellpost, ohne uns ausgeruht zu haben (Es ging eben nicht anders) am anderen Morgen um elf waren wir in Heidelberg, stiegen gleich am Eisenbahnbureau ab, fuhren mit diesem heulenden Ungeheuer in einer halben Stunde die sechs Stunden nach Mannheim, von dort gleich aufs Dampfboot, was uns endlich nach Mainz und dort nach zwei Nächten zuerst wieder in ein Bett brachte (an Therese von Droste-Hülshoff, 24.8.1842).

Mit dem erwähnten *Professor Steele* ist **Christoph Friedrich Stälin** (1805–1873) gemeint, der eine wertvolle Münz- und Medaillensammlung in Stuttgart (*Museum*) betreute.

Im Hause Schotts kam es auch zu einer Begegnung mit **Franz Pfeiffer** (1815–1868) (*ferner hat mich auch Pfeiffer in Stuttgart aufgesucht, nachdem er sich vorher durch Schott die Erlaubniß dazu erbethen*; an Schücking, 12.9.1842). Der spätere berühmte Germanist Schweizer Herkunft wurde im Jahr darauf durch die Edition der Weingartner und der Heidelberger Liederhandschrift bekannt. Elise Rüdiger lernte Pfeiffer ein Jahr später ebenfalls kennen und berichtete darüber der Droste in einem heute verschollenen Brief, worauf jene replizierte: *Den Pfeiffer mir als Satyriker vorzustellen, geht über meine Phantasie hinaus, ich kenne ihn schüchtern wie ein Espenblatt, kann mir aber denken, daß eine heitre Laune seinem ehrlichen Gesichte sehr gut steht* (Brief vom 22.11.1843).

ÜBERLINGEN

Als im Sommer 1842 Anna und Rosine von Wintgen das Alte Schloß und die Familie von Laßberg besuchten, um gemeinsam mit der Droste die Rückreise anzutreten, bereitete Laßberg ein kleines Besuchsprogramm für die westfälischen Freifräulein vor. Hierzu gehörte ein Ausflug nach Überlingen am 24. Juli 1842: *Nachmittags führte Laßberg sie ⟨Anna und Rosine von Wintgen⟩ umher, nach Salmansweiler, Constanz, Überlingen oder mindestens Figel et consorten* (an Therese von Droste-Hülshoff, 24.8.1842). Wie aus dem weiteren Brieftext hervorgeht, nahm auch die Droste an dem Ausflug teil, den sie später ebenfalls in der oben erwähnten Ortsliste aufführte.

UHLDINGEN

Uhldingen, etwa 5 Kilometer westlich von Meersburg auf der Strecke nach Überlingen gelegen, war für die Droste ebenfalls ein Ort, an dem sie *oft gewesen* ist (Ortsliste im Nachlaß).

SCHLOSS WARTENSEE (RORSCHACH/SCHWEIZ)

Und Sie sind so reichlich versehen! Musick, Mahlerei, Poesie, zu allen Dreien haben Sie entschiedenes und fast gleich großes Talent. – Vernachläßigen Sie, ich bitte, keines derselben über das andre (an Philippa Pearsall, 27.8.1844).

Die zweite nähere Bekanntschaft – neben Charlotte von Salm-Reifferscheidt –, von der

Stuttgart von der Morgenseite. Zeitgenössischer Stich.

Überlingen. Lithographie von Jean Louis François Jacottet, um 1860.

die Droste in Meersburg profitierte, war die mit dem 27 Jahre jüngeren englischen Adelsfräulein Philippa Swinnerton Pearsall (1824-1917). Ihr Vater, der Komponist Robert Lucas Pearsall of Willsbridge (1795-1856), hatte 1825 aus gesundheitlichen Gründen England verlassen, an unterschiedlichen Orten gelebt und schließlich 1842 Schloß Wartensee etwa drei Kilometer östlich von Rorschach (Kanton St. Gallen) am Bodensee gekauft.

Zur Bekanntschaft war es am 18. Februar 1844 gekommen, als Philippa und ihr Vater sieben Tage Gäste des Alten Schlosses waren. Die Droste las Philippa damals aus ihrem Gedichtzyklus *Das Geistliche Jahr* vor. Robert Pearsall unterhielt die Gesellschaft mit einer Gespenstergeschichte, die die Droste später als Stoff für eine Erzählung im „Morgenblatt" verwerten wollte. Während dieser Zeit besuchte man gemeinsam das Meersburger „Museum" (→ S. 68) und eine Aufführung des Meersburger Theaters. Bei der Abreise gab die Droste Philippa Pearsall die ersten vier Kapitel ihres begonnenen Romans *Bei uns zu Lande auf dem Lande* mit. Vom 22. bis zum 24. Mai 1844 stattete die Droste den Pearsalls auf Schloß

Schloß Wartensee. Lithographie von J.A. Pecht, um 1830/32.

Wartensee einen Gegenbesuch ab. Zum Abschied widmete sie ihr das Gedicht *An Philippa. Wartensee, den 24. May.* Für den 3. August 1844 ist ein weiterer Besuch Robert Pearsalls auf der Meersburg im Tagebuch Jenny von Laßbergs vermerkt.

An Philippa
Wartensee, den 24. May 44

Im Osten quillt das junge Licht;
Sein goldner Duft spielt auf den Wellen,
Und wie ein zartes Traumgesicht
Seh' ich ein fernes Segel schwellen.
O könnte ich, der Möwe gleich,
Umkreisen es in lust'gen Ringen!
O wäre mein der Lüfte Reich,
Mein junge lebensfrische Schwingen!

Um dich, Philippa spielt das Licht,
Dich hat der Morgenhauch umgeben;
Du bist ein liebes Traumgesicht
Am Horizont von meinem Leben.
Seh' Deine Flagge ich so fern
Und träumerisch von Duft umflossen,
Vergessen möcht' ich dann so gern,
Daß sich mein Horizont geschlossen;

Vergessen, daß mein Abend kam,
Mein Licht verzittert Funk an Funken,
Daß Zeit mir längst die Flagge nahm,
Und meine Segel längst gesunken.
Doch können sie nicht jugendlich
Und frisch sich neben Deinen breiten,
Philippa, lieben kann ich dich
Und segnend deine Fahrt geleiten.

In einem Brief an Louise Schücking vom 4. März 1844 gibt die Droste eine ausführliche Beschreibung Philippa Pearsalls: *Noch lieber ⟨als die Fürstin Salm⟩ ist mir die Andre, Miss Philippa Persal, Tochter eines englischen Baronets, der sich im Canton St Gallen angekauft hat – ein höchst geniales liebenswürdiges Mädchen von 20 Jahren, in der eine tüchtige Mahlerin und Gesangscomponistin steckt, – sie entwirft ganz reizende Skizzen, sowohl im Genre als nach der heiligen Geschichte, ist von ihrem Vater, einem orginellen Musikenthusiasten, in alle Geheimnisse des Contrapuncts eingeweiht, und singt ihre einfachen aber rührenden Compositionen mit einer wunderbar tiefen erschütternden Stimme, – hübsch ist sie nicht, aber sehr angenehm, bescheiden und geistreich, und so frisch in allen ihren Gefühlen, daß es Einem wohltut nur ihr Gesicht zu sehn wenn sie Etwas interessirt. – Die Gelegenheit wird bestimmen, ob sie noch mahl einen bedeutenden Ruf erlangen, oder ihre Talente halb ausgebildet fürs Haus verbrauchen wird. – Es wär Jammerschade, wenns beim Letzten bleiben müßte!*

Weniger freundlich fällt die Vorstellung Philippas hingegen im Brief an Elise Rüdiger vom 3. April 1844 aus. Dabei fiel ins Gewicht, daß die Droste ihre münsterische Freundin nicht eifersüchtig machen wollte: *Philippa Persal habe ich auch kennen lernen, sie war mit ihrem Vater eine Woche hier – ist wirklich höchst interessant, obwohl häßlich, aber voll Talent, Geist und Leben, und ihre junge originelle Kraft hat mir einen recht erfrischenden Eindruck gemacht, – aber sie ist fast ein Kind überhaupt, und gegen mich vollends, – ein Wesen daß man mit Freude betrachtet, ohne im Mindesten an einen eigentlichen Berührungspunkt zu denken, zudem wohnen sie weit von hier, – ein solcher Besuch ist allemahl für ein ganzes Jahr, – sie ist also an mir vorüber geschwebt wie die Heldin eines Romans, die lebt, solange man liest, und dann ins Blaue zerrinnt. – Aber mein Lies habe ich wirklich, durch 1000 Fäden gegenseitiger Treue, gleicher Ansichten, gleicher Erlebnisse an mich geknüpft, und das bleibt mir auch, bis meine ohnedies halbblinden Augen gar nichts mehr sehn.*

Die tatsächliche Beziehung zwischen beiden Frauen war weit näher, als es in diesem Briefzeugnis anklingt. Philippa Pearsal schien der Droste *eben so attachirt als ich es ihr in der kurzen Zeit wirklich geworden bin* (an Louise Schücking, 4.3.1844). Bedauerlich fand die Droste, daß die große Entfernung zwischen Wartensee und Meersburg häufige Begegnungen nicht möglich machte: *warum haben die Leute nur nicht das neue Schloß ⟨in Meersburg⟩ gekauft wie sie anfangs Willens waren! – Aber Sir Persal wollte ein Landgut, und so wohnen sie jetzt in einer alten bethurmten Ritterburg (Wartensee), sehr romantisch wie ich höre, aber ohne alle Mittel zur Talentausbildung. – d. h. im Mahlen, denn was Musick betrifft besitzt der Papa die Kenntnisse von einem und den Eifer von sechs Lehrern – aber sie hört nie ein Orchestre, das ist doch schlimm* (ebd.). Auch Philippa Pearsal beklagt in einem Brief an die Droste die große räumliche Distanz zwischen den Wohnorten. „... *wir haben einen breiten See zwischen uns und alles was wir bis jetzt von Ihnen sehen können ist Ihre neue Besitzerei bei den Meersburger Rebhügeln* ⟨Fürstenhäusle⟩, *welche seit dem frischen Anstrich sehr deutlich durch das Fernrohr zu sehen ist. Dieses ist aber ein Punkt in der Ferne, bei deßen Anblick immer ein Bedauern in uns rege wird – daß es so weit in der Ferne ist*" (Brief vom 24.8.1844). Das ereignislose Leben auf Schloß Wartensee langweilte die junge Engländerin: „*Das Leben in Wartensee ist ... ein geistiger Hungertod, wo man in dieser Hinsicht beinahe zur schlimmen Noth gedrängt ist, in der Leute sich gezwungen finden ihr eigen Fleisch und Blut zu fressen ... Dieser Zustand der Dinge ist Ursache daß ich Ihnen weder Neuigkeit noch sonst irgend et-*

Schloß Wartensee. Heutige Ansicht.

was von Bedeutung schreiben kann. Wir auf dem Berge – schlafen und eßen und trinken und dann – schläft, ißt, trinkt wiederum Jedermann" (ebd.).
Die Droste widmete Philippa Pearsall noch ein zweites Gedicht, das sie ihrem Brief vom 28. August 1844 beilegte. Auch hier ist die Trennungssituation thematisiert:

So muß ich in die Ferne rufen

So muß ich in die Ferne rufen
Mein Lebewohl an diesem Tag?
Was uns die Stunden gütig schufen,
Zerrinnt es wie der Wellenschlag?
Bleibt mir, für wenig kurze Stunden,
Nur noch der Trost, vom Felsgestein
Zu spähn, ob ich dein Dach gefunden,
Am grauen Turm dein Fensterlein?

Ich kann und mag es nimmer denken,
Dies sei vielleicht zum letzten Mal,
Bleibst du, wenn meine Schritte lenken
Sich nieder in mein heimisch Tal?
Doch, mögen Berg' und fremde Fluren
Uns trennen, nord- und südenwärts,
Glaub' mir, ich folge deinen Spuren
Und bringe Dir ein treues Herz.

Als die Droste im Herbst 1846 ein letztes Mal nach Meersburg kam, sah sie Philippa Pearsall unmittelbar bei ihrer Ankunft wieder, da diese mit ihrem Vater bis zum 6. Oktober auf der Meersburg zu Besuch war. Ein weiterer Besuch Philippa Pearsalls auf der Meersburg läßt sich für die Zeit vom 9. bis zum 13. November 1846 nachweisen. Im Frühjahr 1847 teilte Philippa Pearsall, die inzwischen in Augsburg ihre Ausbildung im Malen und Zeichnen fortzusetzte, der Droste in einem überschwenglichen Brief mit, daß sie sich für das *Geistliche Jahr* begeistere. Im Juni 1847 kam es noch einmal zu einem Besuch Robert Pearsalls auf der Meersburg.

**TEIL 5
SÜDDEUTSCHE REISESTATIONEN DER DROSTE**

REISEN DURCH DIE BIEDERMEIERZEIT

Jetzt bin ich ziemlich wieder auf dem Strumpf ... und kann Euch ... nunmehr Rechenschaft von meinem honetten Betragen in der wilden fremden Welt ablegen, so wie Kunde geben von den „ungeheuerlichen und abentheuerlichen Gefahren", denen ich so um so sicherer entgangen bin, da sie gar keinen Muth gehabt sich zu zeigen, – Es ist kein Dampfkessel zersprungen, weder Land- noch Seeräuber haben sich gezeigt, und (mirabili dictu!) Niemand hat versucht mich zu entführen, was freylich allen Glauben übersteigt! (an Pauline von Droste-Hülshoff, 14.10.1846).

Bis zur Mitte ihres dritten Lebensjahrzehnts hat es den Anschein, als habe die Droste nicht genug in der Welt herumkommen können. Ihre frühesten Reisen führten sie ins Paderborner Land zu den dortigen Verwandten. Seit Mitte der 1820er Jahre kamen Reisen an den Rhein hinzu, wo die Familien ihrer Onkel Werner und Moritz von Haxthausen und die Familie ihres Vetters Clemens von Droste lebten. Mit diesen Reisen verließ die Autorin erstmals die Enge ihrer Familie und fand durch den Kreis der Sibylle Mertens-Schaaffhausen Anschluß an Bonner Künstler- und Literatenzirkel.

Zu touristischen Reisen bestanden außerhalb der angesprochenen Familienbesuche nur sehr eingeschränkte Möglichkeiten. Es ist bezeichnend, daß eine solche Reise, die 1821 nach Holland führen sollte, mehrfach aufgeschoben wurde. Die sehnlichen Hoffnungen zu einer längeren Italienreise, die 1830 nach Nizza und Rom führen sollte, verliefen, wie erwähnt, kläglich im Sande.

Durch die Heirat ihrer Schwester Jenny mit dem Freiherrn von Laßberg im Oktober 1834 taten sich dann für die Droste erstmals weitläufigere Reiseperspektiven auf, die auch für ein „Fräulein von Stand" ungewöhnlich waren. Bei diesen Reisen kam die Autorin mit den Fortschritten des modernen Verkehrswesens in Berührung. Mehrfach bestieg sie in Wesel einen der frühen Rheindampfer, und auch bei der Eisenbahn mischte sie sich 1842 unter die ersten Passagiere. Die Vorzüge der bequemen, zeit- und kostensparenden Fortbewegung lernte sie dabei schnell zu schätzen. Zuletzt waren es nicht mehr 200 Stunden, die das Rüschhaus vom Bodensee trennten, die Fahrzeit war auf die Hälfte zusammengeschmolzen. Das Aufkommen der Dampfschiffahrt wurde dabei von der Droste mit besonderem Interesse verfolgt. Ihr Bericht über den Stapellauf des Rheindampfers „Friedrich Wilhelm" (Oktober 1825) fällt geradezu enthusiastisch aus:

Ein so großes Dampfschiff ist Etwas höchst Imposantes, man kann wohl sagen, Fürchterliches – Es wird, wie du wohl weißt durch Räder fortbewegt, die, verbunden mit dem Geräusch des Schnellsegelns ein solches Gezisch verursachen, daß es auf dem Schiffe schwer halten muß, sich zu verstehen. Doch dieses ist nicht das eigentlich Ängstliche. Aber im Schiffe steht eine hohe dicke Säule, aus der unaufhörlich der Dampf hinausströmt in einer grauen Rauchsäule mit ungeheurer Gewalt und einem Geräusch wie das der Flamme bei einem brennenden Hause. Wenn das Schiff stille steht, oder wenn der Dampf so stark wird, daß er die Sicherheitsventile öffnet, so fängt das Ding dermassen an zu brausen und zu heulen, daß man meint, es wollte sogleich in die Luft fliegen. Kurz das Ganze gleicht einer Höllenmaschine, doch soll gar keine Gefahr dabei sein, und ich möchte diese schöne Gelegenheit wohl benutzen, um nach Koblenz zu kommen, was in fünf Stunden möglich sein soll (an Therese von Droste-Hülshoff, 18.10.1825).

Mit Einführung der Dampfschiffahrt hatte

Schnellpost im Jahre 1834, nach einer zeitgenössischen Darstellung.

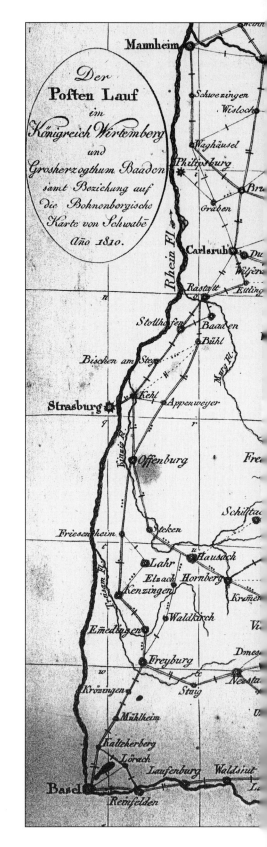

Postverbindungen in Württemberg und Baden (1810)

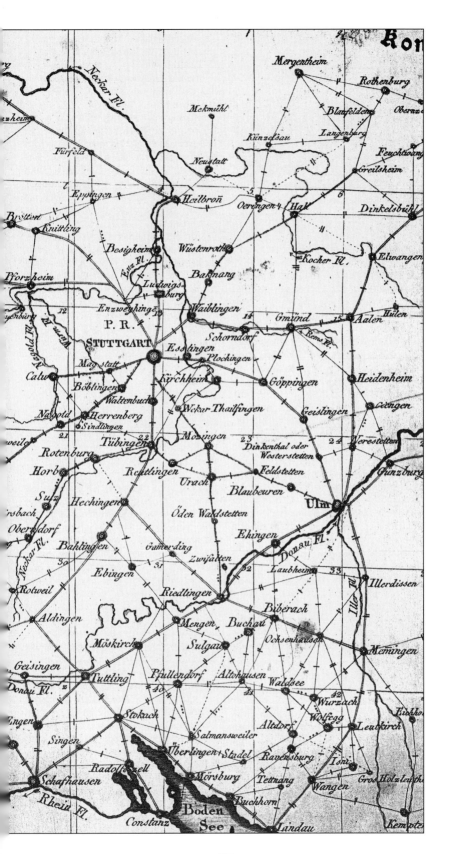

Das Dampfschiff „Friedrich Wilhelm" auf dem Rhein. Lithographie um 1842.

die Personenbeförderung eine weitere tiefgreifende Veränderung erfahren. Die erste regelmäßige Fahrt zwischen Köln und Rotterdam fand im Jahre 1825 statt, ein knappes Jahrzehnt, nachdem das erste Dampfschiff den Rhein befahren hatte. 1827 wurde mit den hölzernen Raddampfern „Concordia" und „Friedrich Wilhelm" die Linie Köln-Mainz eröffnet. Drei Jahre später kam es zur Einrichtung einer unregelmäßigen Linie zwischen Mainz und Mannheim. 1833 erfolgte eine Ausdehnung der rheinischen Dampfschiffahrt bis Kehl. Nach der Kanalisierung des Illflüßchens fuhren die Dampfboote ab 1835 bis Straßburg, und vom Jahre 1829 an bestanden fast tägliche Verbindungen zwischen Köln und Mainz. Während der Schiffahrtsaison 1840 verkehrten insgesamt 32 Dampfschiffe zwischen Basel und Rotterdam. 1837 wurden 150 000 Passagiere auf den Dampfschiffen gezählt, 1849 waren es bereits über eine Million. Das Aufkommen der Rheinschiffahrt ging dabei Hand in Hand mit dem in der ersten Hälfte des 19. Jahrhunderts einsetzenden Rhein-Tourismus. Bereits 1838 gab es eine Art „Kursbuch" für Rheinreisende, in dem die Abfahrtszeiten der Posten und der Dampfschiffe für die größeren Orte angegeben waren. Karl Baedekers „Rheinreise von Basel bis Düsseldorf" lag 1849 bereits in 6. Auflage vor. Auf dem Rheindampfer reiste die Droste, wie wir aus ihren detaillierten Reiseberichten wis-

Ansicht der Nürnberg-Fürther Eisenbahn.

sen, standesgemäß mit der teuersten Klasse. Hier betrugen die Fahrpreise im Jahre 1849 für die einfache Fahrt von Wesel nach Mannheim 12 Taler, ein stattlicher Betrag, wenn man weiß, daß die Droste lediglich eine Leibrente von 300 Talern jährlich bezog.
Die Autorin mußte sich, wie wir aus ihren Briefen wissen, die hohen Kosten für das Reisen mühsam vom Munde absparen. Wäre es nach ihr gegangen, hätte sie sicherlich lieber eine günstigere Klasse gewählt. Sie mußte jedoch Rücksicht auf ihre mitreisende Mutter nehmen, deren Denken noch ganz dem „alten Adel" und seinen Vorstellungen von der Ständetrennung verpflichtet war.
Gespart wurde an anderer Stelle. So legte man, um den teuren Übernachtungen zu entgehen, die Reisen an den Bodensee möglichst schnell zurück. Dabei wurden strapaziöse Nachtfahrten in Kauf genommen, selbst wenn sie mit gesundheitlichen Risiken verbunden waren. Mehrfach trug die Droste von ihren Nachtfahrten auf dem Rheindampfer empfindliche Erkrankungen davon (Husten, rheumatisches Kopfweh, einen Katarrh).
Die Fahrten auf dem Dampfer selbst werden von allen Reisenden – einschließlich der Droste – als höchst angenehm beschrieben. Hierzu trug der hohe Standard bei Komfort und Verpflegung bei. Die Reiseschriftstellerin Johanna Schopenhauer, eine Bekannte der Droste, hielt den Service für so wohl organisiert, wie er nur in „irgend einem Hotel des festen Landes" sein könne.
Die Eisenbahn war für die Autorin nur während der ersten Fahrt im Jahre 1842 ein *heulendes Ungeheuer*. Bei ihrer nächsten Fahrt, zwei Jahre später, diesmal auf der Strecke Offenburg–Mannheim, war der Reiz des Neuen bereits verflogen: *die Eisenbahn machte uns dieses Mahl gar keinen ängstlichen oder seltsamen Eindruck mehr, aber einen höchst langweiligen, ganz als wenn man auf schlechten Wegen langsam voran zuckelt, überall aufgehalten wird und gar nicht voran kömmt, – auf dieser Bahn müssen nämlich die Schienen nicht gut gelegt seyn, so stößt es bedeutend, und das ewige Anhalten bey den Stationen erhöht noch den Eindruck von schlechten Wegen und Langsamkeit, obwohl es pfeilschnell geht, und wir nur etwa fünf Stunden bis Mannheim brauchten* (an Jenny von Laßberg, 30.9.1844). Wenn die Droste fortan das „Dampfroß" bestieg, erwähnte sie dies nur kurz; auf die Fahrten selbst ging sie nicht mehr ein.
Fast alle Reisen der Droste an den Bodensee lassen sich genau rekonstruieren. Man benutzte möglichst weit das Dampfboot, das man entweder in Wesel oder, nach einem Zwischenstopp, in Bonn bestieg. Ab Mannheim wurde die Fahrt – auf unterschiedlichen Routen – über

Land fortgesetzt. War man anfänglich noch umständlich mit der eigenen Familienkutsche unterwegs – dabei wurden an den Posthaltereien neue Pferde angemietet –, so entschied man sich später für die öffentliche Schnellpost, die nicht nur kostengünstiger, sondern auch flexibler war.

Seit 1840 ließ sich die Fahrzeit durch die Benutzung der Eisenbahn wesentlich verkürzen. Dabei benutzte die Droste die „Badische Bahn", eine Staatsbahn, die 1840 auf der Strecke Mannheim–Heidelberg eröffnet und 1843 bis Karlsruhe, 1844 bis Offenburg, 1845 bis Freiburg, 1847 bis Schlingen und 1849 bis Basel verlängert worden war. Die Fahrzeit für die Gesamtstrecke betrug 63 (!) Stunden.

Insgesamt verfügte die Droste über relativ gute Verkehrsverbindungen. Münster war seit je ein Verkehrsknotenpunkt, der, nachdem die Stadt zur preußischen Provinzialhauptstadt erklärt worden war, weiter ausgebaut wurde. Sowohl ihre Reisen ins Paderbornische als auch nach Wesel – dem Ausgangspunkt ihrer Reisen den Rhein hinauf und weiter nach Meersburg – konnte sie auf gut ausgebauten Chausseen durchführen. Der Rhein war zu dieser Zeit eine Hauptverkehrsader, die ganz wesentlich vom Tourismus profitierte und diesen weiter begünstigte. Am Verlauf des Rheins wiederum orientierten sich die Schnellpostverbindungen und der Bau der Eisenbahnstrecken.

DIE HIN- UND RÜCKREISE NACH EPPISHAUSEN 1835/1836

Als die Droste am 15. Juli 1835 mit ihrer Mutter nach Eppishausen aufbrach, reiste sie vermutlich umständlich mit der Familienkutsche. Die Ankunft in Bonn erfolgte erst am 20. Juli, wo man eine Zwischenstation einlegte. Am 11. August traf man in Eppishausen ein. Über den Reiseweg liegen keine Angaben vor. Es ist jedoch zu vermuten, daß man, wie beim Rückweg, möglichst weit das Dampfschiff benutzte, wahrscheinlich bis Karlsruhe.

Die Abreise von Eppishausen erfolgte am 29. Oktober 1836. Sie führte über Sigmaringen, Heidelberg, wo man übernachtete (Ankunft am 1. November), Mainz und Bonn (Ankunft 6. November).

DER ERSTE MEERSBURG-BESUCH 1841/1842

Ihre erste Reise nach Meersburg unternahm die Droste in Begleitung ihrer Schwester Jenny. Am 21. September 1841 brach man von Rüschhaus auf und reiste am ersten Tag bis Lennep. Am nächsten Tag erreichte man Köln und reiste nach Bonn weiter. Nach einer dortigen Zwischenstation wurde die Reise am 24. September mit dem Dampfboot bis Koblenz, am 25. bis Mainz und am 26. bis Mannheim fortgesetzt. Am 28. September machten die Reisenden in Tübingen Station. Am 29. reiste man weiter bis Stockach, wo übernachtet wurde. Am 30. September früh morgens führte der Weg über Ludwigshafen, wo man das Dampfboot bestieg, mit dem man, kurz nach halb acht Uhr, Meersburg erreichte.

Über die Rückreise der Droste Ende Juli/Anfang August 1842 liegen ausführliche Berichte vor. Mit dem Dampfboot erreichten die Reisenden das andere Ufer des Bodensees und setzten von dort ihre Reise mit dem *Hauderer* bis Schaffhausen fort. Nach einem Ausflug zu den Rheinfällen reisten sie am nächsten Morgen, dem 30. Juli 1842, mit der Schnellpost über Stockach weiter, bis sie am 31. Juli

Preußischer Schnellpostwagen 1819. Kolorierte Tuschezeichnung.

1842 zunächst morgens *um halb fünf* Tübingen und später *um zehn* Stuttgart erreichten. Am Abend desselben Tages *um neun* bestiegen die Reisenden wieder die Schnellpost und erreichten am 1. August 1842 *um Elf* Heidelberg. Von dort aus setzten sie ihre Reise mit der Eisenbahn fort, die sie *in einer halben Stunde* nach Mannheim brachte, wo sie sofort auf das Dampfschiff stiegen und noch am selben Abend in Mainz ankamen. Hier trennte sich die Droste von den Wintgens, die nach Wiesbaden weiterfuhren. Nach einer Nacht im Gasthof setzte die Droste am Morgen des 2. August 1842 *um halb fünf* ihre Reise mit dem Dampfschiff fort und erreichte am selben Abend Bonn. Nach acht Tagen Aufenthalt reiste die Droste *am anderen Nachmittag um Vier*, dem 11. August, per Dampfboot weiter und erreichte nach einem Anlegen in Düsseldorf am nächsten Morgen, den 12., *sehr früh* Wesel. Von dort aus fuhr sie mit der Schnellpost nach Münster, wo sie *noch vor Eins* eintraf. *Am anderen Morgen*, dem 13. August 1842, wanderte sie dann zu Fuß zum Rüschhaus hinaus.

DER ZWEITE MEERSBURG-BESUCH 1843/1844

Die Abreise von Rüschhaus – in Begleitung ihrer Mutter und Elise Rüdigers – erfolgte am 20. oder 21. September 1843. Nach mehrtägiger Station in Bonn ging es Ende September weiter. Am 3. Oktober erfolgte die Ankunft in Meersburg. Erneut wird man möglichst weit das „Dampfboot" und anschließend, ab Mannheim, die Eisenbahn benutzt haben.

Am 23. September 1844, morgens fünf Uhr, trat die Droste in Begleitung ihrer Mutter und der Bediensteten Lisette Kappelhoff die Heimreise an. Diesmal benutzte sie eine gänzlich andere Strecke. Die Fahrt ging zunächst mit der Kutsche über Schramberg bis Hornberg, wo übernachtet wurde. Am 24. reiste man bis Offenburg. Dort stieg man auf die Eisenbahn um und fuhr in etwa fünf Stunden bis Mannheim, wo man ein zweites Mal übernachtete. Am 25. ging es mit dem Dampfboot den Rhein hinunter weiter Richtung Düsseldorf (Ankunft abends um halb elf). Am nächsten Morgen, dem 26. September, erfolgte die Weiterfahrt über Dorsten, Haltern und Dülmen, wo ein längerer Zwischenaufenthalt eingelegt wurde. Spät abends wurde Münster passiert und wenig später Rüschhaus erreicht.

Ursprünglich hatte die Droste die Rückreise zu einem Besuch in Tübingen (Hermann Reuchlin) und Stuttgart (Verleger Cotta) nutzen wollen. Diese Pläne wurden jedoch ebenso verworfen wie ein Aufenthalt in Trier, wo die Droste ihren Vetter Max von Kerckerinck-Borg aufsuchen und außerdem den „Trierer Rock", eine berühmte Reliquie, besichtigen wollte.

Über die Rückreise von Meersburg schreibt die Droste: *Unsre Reise ist sehr gut und schnell von Statten gegangen, obwohl sie etwas fatal anfing. – von Mamas Medizingläschen hatte sich nämlich der Pfropfen losgerüttelt, und wir merkten erst an dem Gestank von Assa Foetida daß es zum Theile in Mamas Körbchen und nochmehr in Settchens Mantel ausgelaufen war, – das Fläschelchen wurde zum Wagen hinaus geworfen, das Körbchen weit von unsren Nasen untergebracht, dennoch wurde Settchen nach einiger Zeit ganz übel, und sie mußte sich mehrere Stunden lang, von Zeit zu Zeit zum Wagen hinaus übergeben, bis sie den Mantel abnahm, unter die Sitzpolster legte, und sich in meinem rothen Pelzmantel auf den Bock setzte, wo ihr dann bald besser wurde, und es ist dies das einzige uns auf der Reise zugestoßene Unangenehme, wenn ich den beständigen Regen nicht rechne, vor dem uns jedoch der sehr gut schließende Wagen hinlänglich schützte, und auch Settchen in meinem dicken Pelze und unterm Schirme nicht sehr gelitten hat, – ihr Zahnweh war in Meersburg zurück geblieben, und ist auch nicht wieder gekommen, – sie meint es habe sich vor dem Regen der ihr mitunter in's Gesicht schlug „verschrocken" – Den ersten Tag passirte uns nichts Erzählenswertes, wir hielten nur an um Pferde zu wechseln, und hielten Mittag im Wagen von Eurem Proviant, – es war schon sehr finster als wir in Schramberg kamen, – der Regen hatte aufgehört, aber dicke Wolken ließen den Mond nur wenig durchkommen, so daß die Berge und Felsen sich riesenhaft vergrößerten, und das Städtchen mit seinen rothglühenden Schmelzöfen und den vielen weißleuchtenden Lampenglocken in den langen Fabrikssäälen*

Rüschhaus. Tenne mit Kutsche.

sich wirklich feenhaft ausnahm. Dort rieth uns der Postmeister dringend ab im Finstern über Wolfach zu gehen, da der erste Theil des Weges über schmale Klippenwände führe, und erst vor einigen Tagen dort ein großes Unglück geschehn, und ein Wagen mit Menschen und Pferden Nachts in den Tobel gestürzt sey. – Das war uns doch zu viel und verlangten wir es auch gar nicht, sondern fuhren nach Hornberg, und machten dort, da der Regen wieder in Strömen goß, unser erstes Nachtquartier, – Am andern Morgen kamen wir etwa eine halbe Stunde vor Abgang der Eisenbahn in Offenburg an, die Eisenbahn machte uns dieses Mahl gar keinen ängstlichen oder seltsamen Eindruck mehr, aber einen höchst langweiligen, ganz als wenn man auf schlechten Wegen langsam voran zuckelt, überall aufgehalten wurde und gar nicht voran kömmt, – auf dieser Bahn müssen nämlich die Schienen nicht gut gelegt seyn, sie stößt bedeutend, und das ewige Anhalten bey den Stationen erhöht noch den Eindruck von schlechten Wegen und Langsamkeit, obwohl es pfeilschnell geht, und wir nur etwa fünf Stunden bis Mannheim brauchten. Ohngefähr die letzte Hälfte des Weges über hatten wir einen Berliner Baron in unserem Wagen, der von Trier und Johanna Droste anfing, die Sache „entsetzlich" fand, „man habe ihr ein Stückchen vom heiligen Rocke eingegeben", et cet. – man sah deutlich, daß er den Erzbischof für stark betheiligt bey der Sache hielt. – desto verlegener wurde er, als wir ihm den wahren Hergang der Sache erzählten, und er merkte wie bekannt uns die Familie sey, er überschlug sich fast vor Zorn über die öffentlichen Blätter, die es wagten eine Sache so zu entstellen, und that uns nachher alle mögliche Höflichkeiten an, lief z. B. wie ein Courier voraus an den Rhein um uns Billetter zu lösen (obwohl er selbst in Mannheim blieb) da der Eisenzug ungewöhnlich spät ankam, eines andern Wagenzugs halber, der sich uns anschließen sollte und uns lange warten ließ. – Am Rhein angekommen fand sich, daß das Schiff mit dem wir fahren sollten, und was für diesen Abend das letzte war, Schaden genommen hatte und nicht fahren konnte, so mußten wir denn nothgedrungen in Mannheim bleiben. – Abends im Bette revidierte Mama unsre Kassen, und fand daß ihr das Geld ausgehn würde wenn sie über Trier gienge, auch fürchtete sie sich überhaupt vor der Reise, vor der wahrscheinlichen Schwierigkeit Quartier zu bekommen, und was sonst Alles für Elender wenig gereißten Frauenzimmern bey solchem Volksandrange leicht zustoßen können, und so gab sie dann diesen Plan auf, und wir fuhren am dritten Tage den Rhein hinauf bis Düsseldorf, wo wir Abend um halb Elf ankamen (an Jenny von Laßberg, 30.9.1844)

DER DRITTE MEERSBURG-BESUCH 1846/1848

Bei ihrer letzten Reise nach Meersburg wollte die Droste zunächst die öffentliche Schnellpost benutzen. Es war geplant, daß sie vorausreise und ihre Mutter in Bonn erwarte. Erneut war eine andere Fahrmöglichkeit überlegt worden. Man wollte diesmal nicht *unsern Wagen … mitnehmen*, sondern bis Duisburg mit einem *Hauderer* fahren. Von Duisburg aus sollte es über Köln *fortan immer ⟨mit der⟩ Eisenbahn oder ⟨dem⟩ Dampfboot weitergehen, so weit es irgend geht, – (ich glaube bis Basel oder gar noch weiter, Werner hat uns den Weg aufgezeichnet, ich weiß ihn aber nicht auswendig) so bleibt nur noch ein kleines Stück Weges übrig, was wir mit der Schnellpost, oder wenn Mama sich zu müde fühlen sollte, mit einem Hauderer abmachen werden, – unsre Koffer nehmen wir mit soweit die Rheinfahrt dauert, weil man da keine Fracht zahlt, und geben sie dann zur Post* (an Jenny von Laßberg, 17.6.1846).

Banditen in Italien. Zeitgenössische Darstellung.

Aufgrund ihrer schlechten gesundheitlichen Verfassung mußte die Droste jedoch kurze Zeit später ihren Reiseplan aufgeben und ihre Mutter allein abreisen lassen. Sie selbst brach, obwohl noch immer sehr schwach, Mitte September 1846 nach Meersburg auf. Bis Bonn wurde sie im Eilwagen von ihrem Neffen Heinrich von Droste-Hülshoff begleitet. Nach einem etwa 14tägigen Aufenthalt bei Pauline von Droste-Hülshoff in Bonn setzte sie, noch immer gesundheitlich stark angegriffen, die Reise nach Meersburg allein fort. Die Fahrt führte zunächst mit dem Dampfboot bis Mainz, wo die Autorin übernachtete. Am 29. September reiste sie mit der „Delphin", einem *kleinen unbequemen Fahrzeug*, bis Mannheim. Dort nahm sie noch am selben Abend *ein Stück Eisenbahn bis Karlsruhe vorweg*, benutzte also erneut die „Badische Bahn", und zwar auf einer erst im Vorjahr eröffneten Strecke. Am 30. September nahm sie in Karlsruhe den ersten Zug und war bereits um *elf Uhr Morgens* in Freiburg. Dabei hatte sie zunächst nach eineinhalbstündiger Fahrt Baden-Baden erreicht. Von dort betrug die Fahrzeit bis Offenburg 1 3/4 Stunden und bis Freiburg 4 1/4 Stunden. Nachdem sie einige Stunden in Freiburg geruht hatte, gab sie ihren ursprünglichen Plan, mit der Extrapost weiterzufahren, auf und nahm statt dessen nachmittags um drei Uhr die Eilpost, mit der sie nachts das Höllental durchquerte und morgens am 1. Oktober um 10 Uhr in Stockach eintraf. Von dort reiste die Droste vermutlich mit der Extrapost nach Meersburg weiter, wo sie mittags gegen 2 Uhr ankam.

In ihrer Reiseschilderung ist erstmals bei der Droste von einem Omnibus die Rede. Dabei handelte es sich um eine „Art Fiacker oder Stadtdiligencen, die sehr elegant so gebaut sind, daß sich die Fahrenden der Länge nach gegenüber sitzen und die 16 Personen fassen ... Da sie Allen (omnibus) bestimmt sind, erhielten sie ihren Namen" (Encyclopädisches Wörterbuch, Bd. 15, 1831).

Diese letzte Reise nach Meersburg hat die Droste in zwei Briefen ausführlich geschildert: *Auf der ersten tour bis Mainz konnte Kopf und Magen sich noch gar nicht mit der Erschütterung des Dampfboots befreunden, mir war mordschlecht zu Muthe; indessen kam mir hier die vortreffliche Einrichtung des Schiffes zu Statten, das, außer dem Pavillon, noch ein Extrazimmer für die Damen hat, mit so breiten Kanapees, daß man fast so bequem darauf liegt wie auf Bette; – Auch kann ich die große Zuvorkommenheit des Conducteurs nicht genug loben; Er kam alle 2–3 Stunden sich nach meinem Befinden und Wünschen zu erkundigen, gab mir den ausführlichsten Rath für jede Reisestation, und schon jetzt alle Karten/Billets, (sogar für den nöthigen Omnibus) bis Freyburg, bey der Ankunft in Mainz führte er mich durch das Gedränge zum Fiacre, besorgte meine Effeckten sogleich auf das Dampfboot, das ich am nächsten Morgen besteigen mußte, und empfahl mich sogar dem Conducteur desselben schriftlich ... Die Nacht in Mainz war schlecht, ich mußte mich fortwährend übergeben, und fühlte mich so krank, daß wenn ich nicht schon so weit voraus bezahlt gehabt hätte, ich mich unfehlbar wieder würde zu Euch in Abrahams Schooß geflüchtet haben; so aber reute mich doch mein Geld, und ich segelte in Gottes Namen auf Mannheim los, es wurde mir auch stündlich besser, obwohl der Delphin ein kleines unbequemes Fahrzeug, ohne hinlänglichen Raum, sehr schwach an Erfrischungen, und sein Conducteur, obgleich immerhin höflich genug, doch nur ein matter Abglanz meines gestrigen Juwels war. – In Mannheim kam ich so früh an, daß ich noch am selben Abende ein Stück Eisenbahn bis Karlsruhe vorweg nehmen, und am nächsten Tage, mit dem ersten Zuge, bereits um elf Uhr Morgens in Freyburg seyn konnte. – Beyde mahle verschafften mir die späte Jahrszeit und dreißig Kreutzer Trinkgeld einen Waggon ganz für mich allein, wo*

Der Berliner Kremser, Lithographie um 1825.

Zwölfsitziger Omnibus. Tuschezeichnung.

ich bald liegend, bald in Pascha's- oder Schneider-Majestät thronend, mich wirklich mehr erquickt als angegriffen, und nach mehrstündiger Ruhe in Freyburg so gestärkt fühlte, daß ich noch desselben Nachmittages, um drey Uhr, es wagte den eigentlichen sauern Apfel der ganzen Reise, ich meine die nächtliche Eilwagenfahrt durch das Höllenthal, den Schwarzwald, et cet, bis Stockach zur Hand zu nehmen. – Das war aber eine Kreuzigung! – grade um Mitternacht auf der höchsten Höhe des Schwarzwaldes – die Luft dort kalt wie im December ein Wagen nicht viel größer wie eine Chatouille, – höchstens für vier Mann Raum, und acht hinein gepreßt – wir saßen einander fast auf dem Schooße, und wer vor Schläfrigkeit etwas wacklig wurde, sties seinem vis a vis an den Kopf; Diesem Umstande habe ich es auch allein zu verdanken daß ich nicht umgefallen bin, denn ich weiß wirklich nicht wohin ich hätte fallen sollen. – Meine Reisegefährten (wahrscheinlich Leute aus der Umgegend) schienen sich indessen schon völlig in die Anforderungen des Wagens hinein gelebt zu haben, sie schliefen Alle, in kerzengrader Stellung, und mir allein blieb das Vergnügen den holden Mond anzuseufzen, und es jedesmahl zu bemerken, wenn die Pferde an einem steilen Hange fast hinten über schlugen, nicht mehr voran konnten, und der Wagen einige male um mehrere Schritte zurück rollte; – Endlich erschien der Tag, – und endlich endlich! um Zehne das ersehnte Stockach, – ein elendes Nest! – das Erste was ich dort hörte, war, daß in jeder Woche ein Tag ausfalle, wo keine Eilpost nach Meersburg gehe, und daß ich grade diesen glücklichen Tag getroffen, somit die schönste Gelegenheit habe bis zum nächsten Nachmittag die Reitze der Stadt zu bewundern, die in dem beständigen Staubregen (mit dem fast meine ganze Reise gesegnet war) genau aussah wie ein altes Weib, das ein Bettlacken um den Kopf gehängt hat, – Das war mir aber zuviel! so begieng ich denn aus Ungeduld den dummen Streich, nach kaum halbstündiger Ruhe wieder los zu fahren, in dem besten Lohnfuhrwerke der Stadt. – wie nenne ich es? – Cabriolet ist nicht passend – Carriölchen!! – einspännig – ohne Verdeck – den Kutscher neben mir, denn von einem Bocke war keine Rede. – so bin ich, Abends sechs Uhr, in Meersburg herein triumphirt; – d. h. nicht ganz herein, sondern bis zu einem Wirthshause vor dem Thore, um keine Irrungen zu veranlassen, da der Grosherzog von Baden ebenfalls am selben Abende durchpassiren sollte (an Pauline von Droste-Hülshoff, 14.10.1846).

Einige Monate später berichtet die Droste Elise Rüdiger über ihre Reise: sie ⟨Pauline von Droste Hülshoff⟩ hatte Alles gethan mir die Reise zu erleichtern, mir alle Karten für Dampfboote und Eisenbahnen, sogar für die Omnibus, bis Freyburg verschafft, (diese Anstalten stehn mit einander in Berechnung) und zugleich ein Empfehlungsschreiben von Director der Cölnischen Dampfschiffahrt, was an sämmtliche Wagen und Schiffconducteure gerichtet, ihnen jede Rücksicht für mich auf die Seele band, so bin ich übergekommen fast so bequem wie in meinem Bette (d. h. bis Freyburg) – die Herrn Conducteure führten mich immer gleich in den Pavillon, nahmen andern Kanappes ihre Kissen um es mir bequem zu machen, versorgten mein Gepäck, banden mich den Marqueurs so eng aufs Gewissen, daß fast jede Viertelstunde Einer kam nach-

zusehn ob ich etwas bedürfe, und wenn wir angekommen waren, ließen sie mein Gepäck gleich auf das morgige Dampfboot bringen, und führten mich selbst an den Omnibus; – Auf der Eisenbahn gieng es eben so, – ich bekam beyde Mahle einen Waggon für mich allein, und fast bey jeder Station erschien ein Gesicht am Wagenschlage um zu fragen ob ich Etwas bedürfe. – und doch hat dies Alles meine Reise nur unbedeutend vertheuert, – die Conducteure nahmen Nichts, und meine männlichen Wartfrauen waren am Rheine mit einem Gulden, weiterhin schon mit 30 Kreuzern, überglücklich. – Sie sehen, lieb Lies, ich bin wie in einem verschlossenen Kästchen gereißt, und habe (außer meinen lieben Wartfrauen) kein fremdes Gesicht gesehn, nicht mal in den Gasthöfen, wo ich mir gleich ein eignes Zimmer geben ließ, wenn ich auch nur eine halbe Stunde blieb; – so fühlte ich mich in Freyburg so wenig erschöpft, daß statt (wie früher beschlossen) Extrapost zu nehmen, ich mich dem Eilwagen anzuvertrauen beschloß, obwohl er Abends abgieng. Meine Empfehlungen waren zu Ende, aber mein Glück verließ mich auch hier nicht, ich hatte bis Mitternacht einen Beywagen ganz für mich allein, – dann muste ich freylich in den allgemeinen Rumpelkasten, voll schnarchender Männer und Frauensleute, die brummend und ächzend zusammenrückten als ich mich einschob, – dann gieng das Schnarchen wieder an, ich allein war wach bey dieser scheuslichen Bergfahrt, und merkte allein, wie den Pferden die Kniee oft fast einbrachen, und der Wagen wirklich schon anfing rückwärts zu rollen; mein Vis a vis stieß mich unaufhörlich mit den Knieen, und die Köpfe meiner Nachbarn baumelten an mir herum. – doch gottlob nicht lange! es war noch stockfinster als wir mit der Post nach Constanz zusammen trafen, und siehe da! meine ganze Bagage kugelte und kletterte zum Wagen hinaus, und ich war wieder frey! frey!, und machte mir ein schönes Lager aus Kissen und Mantel, auf dem ich es sehr leidlich aushalten konnte, bis nach Stockach, wo ich um Zehn ankam, gleich Extrapost nahm, und in Meersburg die Meinigen noch bey Tische traf. Sehn Sie, lieb Lies, dies ist mein Reiseroman, einen so ledernen haben Sie wohl Ihre Lebtage nicht gelesen (Brief vom 16.2.1847).

**TEIL 6
DER AUFENTHALT IN DER SCHWEIZ**

LITERARISCHES VORSPIEL

Bereits viele Jahre bevor die Droste erstmals in die Schweiz reiste, hatte sie sich mit dem Land literarisch beschäftigt. Mit ihrem Epos *Das Hospiz auf dem großen St. Bernhard* beteiligte sie sich an einem literarischen Alpinismus, der seit Anfang des 19. Jahrhunderts grassierte. Spätestens seit Albrecht von Hallers Gedicht „Die Alpen" (1732) und Salomo Geßners „Idyllen" (1756) war die Schweiz zu einem arkadischen Hirten- und Schäferland Rousseauscher Prägung stilisiert worden, während sie zuvor als ein „felsiges, unwirtliches Land" galt, „bewohnt von Kühen ... Werwölfen und einer Art Wilden, von denen man nicht genau wußte, ob sie überhaupt bekleidet gingen und sich in einer richtigen Sprache verständigen konnten" (Wolfgang Griep). In den 1770er Jahren setzte ein touristischer Alpinismus ein, der sich im 19. Jahrhundert schnell ausbreitete.

Ausschlaggebend für die Stoffwahl der Droste beim *Hospiz* waren in erster Linie literarische Vorbilder – Goethe, Matthisson, Friederike Brun, möglicherweise auch ein Werk des mit der Familie Droste gut bekannten Friedrich Leopold von Stolberg, der 1794 fünfbändig seine „Reise in Deutschland, der Schweiz, Italien und Sicilien" erscheinen ließ. Im Brief an Sprickmann vom 8. Februar 1819 weist die Droste selbst auf verschiedene Lesefrüchte hin, bemerkt dort überraschenderweise aber, daß die Schweiz eine nur geringe Anziehungskraft auf sie ausübe: *meine Lieblingsgegenden sind, Spanien, Italien China, Amerika, Afrika da hingegen die Schweiz und Otaheite, diese Paradiese, auf mich wenig Eindruck machen, warum? das*

Entwurf zu *Das Hospiz auf dem großen St. Bernhard.*

weiß ich nicht ich habe doch davon viel gelesen und viel erzählen hören, aber sie wohnen nun mahl nicht so lebendig in mir.

Daß sie mit dem *Hospiz* dennoch ein literarisches Alpenpanorama entwarf, mag mit dem Umstand zusammenhängen, daß 1819 die „Kavalierstour" ihres Bruders Werner in die Schweiz geführt hatte (was zudem in der Figur des *Carl* und dessen Bericht von seiner Schweizreise in der Droste-Novelle *Ledwina* einen Nachhall fand). Unter die möglichen Quellen wird auch „die lebhafte Schilderung der Hochgebirgsnatur und des Rhonethales" gerechnet, die sich die Droste im Mai 1828 von der Tochter ihrer Freundin Wilhelmine von Thielmann, Julie, erzählen ließ. Jene hatte sich mehrere Monate bei ihrem Onkel, einem Salinendirektor zu Devens bei Bex am Fuße des Großen Sankt Bernhard, aufgehalten. Zeitungsberichte über den zu Beginn des Jahres 1827 ungewöhnlich schneereichen Schweizer Winter mögen ein übriges bewirkt haben, um das Interesse an der Gegend des Großen St. Bernhard zu schüren. Im „Westfälischen Merkur", der Hauspostille der Droste, ist in jener Zeit wiederholt von heftigen Schneefällen und Lawinenkatastrophen zu lesen.

Im *Hospiz* geht es um das Schicksal des alten Benoit und seines Neffen Henri, die in der gefährlichen Alpenwelt herumirren. Nach einer Rast am „Pain du Sucre" gelangt Benoit bei einbrechender Dunkelheit an die Tür einer Totengruft. Der Versuch, der grausigen Stätte zu entfliehen und das nahe Hospiz zu errreichen, scheitert, der Greis stirbt vor Erschöpfung. Im zweiten Gesang des Epos werden das nächtliche Hospital und das Treiben der Mönche geschildert. Alarmiert von dem Bernhardinerhund „Barry", der den fast erfrorenen Henri rettet, brechen die Mönche auf, um nach möglichen weiteren Opfern der kalten Winternacht zu suchen. Die gefährliche Bergung Benoits wird in aller Ausführlichkeit geschildert.

Die Schwächen der ersten beiden Gesänge sollte der dritte Gesang wettmachen, der zwischen 1832 und 1834 entstand. Lokalkolorit und volkskundliche Einsprengsel sollten retten, was zu retten war. Hilfreich waren der Autorin ausführliche Auskünfte, die ihr Laßberg zur Verfügung gestellt hatte. In einem 30seitigen Heft hatte er sie eingehend über lokale, ethnologische, biologische und klimatologische Details informiert. Der dritte Gesang des *Hospiz* bietet eine genaue Beschreibung des Ortes St. Remy und der dazugehörigen Bergschlucht. Beschrieben wird der Aufstieg Roses, die auf dem Weg zum Hospiz ihren Vater Benoit lebendig antrifft; dieser war, wie sich herausstellt, nur scheinbar dem Kältetod erlegen, hatte einen Scheintod erlitten.

Die Arbeit am *Hospiz* war für die Droste ein ernster literarischer Prüfstein. Sie beschäftigte sich mit dem zuletzt *endlos gezupften Gedicht* über zehn Jahre. Die ständigen Überarbeitungen dokumentieren ihre Unsicherheit hinsichtlich der Konzeption des Werkes, mit dem sie ihr literarisches Debüt geben wollte.

Die Droste konnte sich nicht entschließen, den dritten Gesang mit in ihre erste Gedichtsammlung aufzunehmen, die 1838 im münsterischen Aschendorff-Verlag erschien. Christoph Bernhard Schlüter, Betreuer der Ausgabe, überredete sie jedoch, einen Auszug aus dem dritten Gesang zum Druck freizugeben:

Fragment

Savoyen, Land beschnei'ter Höh'n,
Wer hat dein kräftig Bild gesehn,
Wer sah in deiner Wälder Nacht,
Sah auf zu deiner Wipfel Pracht,
Wer stand an deinem Wasserfall,
Wer lauschte deiner Ströme Hall,
Und nannte dich nicht schön?
Du Land des Volks, dem Reiche weihen
Ruhmvoll den Namen des getreuen,
Bist herrlich, wenn der Frühlingssturm
Die Berggewässer schäumend führt,
Und deiner Fichte schlanker Thurm
Sich mit der jungen Nadel ziert;
Bist reizend, wenn die Sommerglut
Erzittert um den Mandelbaum;
Doch in des Herbstes goldner Flut
Du ruhst gleich dunkeln Auges Traum.
Dann treibt der Wind kein rasselnd Laub
Durch brauner Haiden Wirbelstaub;
Wie halb bezwungene Seufzer wallen,
Nur leis' die zarten Nadeln fallen,
Als wagten sie zu flüstern kaum.

Der Tag bricht an; noch einsam steht
Das Sonnenrund am Firmament;
Am Strahl, der auf und nieder streicht,
Gemach der Erdbeerbaum entbrennt;
Noch will das Genzian nicht wagen
Die dunkeln Wimpern aufzuschlagen;
Noch schläft die Luft im Nebel dicht.
Welch' greller Schrei die Stille bricht?
Der Auerhahn begrüßt das Licht;
Er schaukelt, wiegt sich, macht sich breit,
Er putzt sein stattlich Federkleid;
Und langsam streckt ihr stumpf Gesicht
Marmotte aus hohlen Baumes Nacht:
Das Leben, Leben ist erwacht;
Die Geier pfeifen, Birkhahn ruft,
Schneehühner flattern aus der Kluft;
Die Fichten selbst, daß keiner säume,
Erzählen flüsternd sich die Träume.
Und durch Remi geht überall
Ein dumpf Gemurr von Stall zu Stall.

Das Epos brachte nicht den erhofften literarischen Durchbruch. Die Ausgabe, die zwei weitere Epen und einen Anhang mit Gedichten enthält, war überhaupt ein Mißerfolg, nur wenige Exemplare wurden verkauft. Dennoch hielt die Droste an ihrem Werk fest und nahm es in ihre zweite Gedichtausgabe noch einmal auf.

ERSTE PLÄNE ZU EINEM BESUCH IN DER SCHWEIZ

1830 kam im Familienkreis, ausgehend von einem Reiseplan Werner von Haxthausens, eines Onkels der Droste, erstmals der Gedanke zu einer Reise nach Italien auf, die auch über Eppishausen im Kanton Thurgau, dem Wohnsitz Joseph von Laßbergs, führen sollte. Die Droste, ihre Mutter und ihre Schwester Jenny wurden zur Mitreise eingeladen.
Werner von Haxthausen und Laßberg kannten sich seit dem Wiener Kongreß 1814. Laßberg, Sohn eines Fürstenbergischen Geheimen Rats und Oberjägermeisters aus Donaueschingen, begleitete damals seine Gönnerin, die Fürstin Elisabeth von Fürstenberg (→ S. 101), auf den Kongreß. Zwischen Haxthausen und ihm entstand eine lebenslange Freundschaft.
Die politischen Umstände (Julirevolution 1830 in Paris) machten alle Pläne der Hülshoffer zu einer Italienreise zunichte. Die Teilnahme wurde im letzten Moment abgesagt, als die Koffer bereits gepackt und vorausgesandt waren. Es ließ sich jedoch einrichten, daß Jenny – ohne Begleitung der Droste – 1831 der Haxthausenschen Familie bis in die Schweiz entgegenreiste. Damals soll Laßberg seiner späteren Frau auf dem Gipfel des Rigi seine Liebe gestanden haben – eine romantisch anmutende Geschichte mit einem Kern Wahrheit.
Nach Jennys Rückkehr begann zwischen Rüschhaus und Eppishausen ein reger Brief- und Geschenkaustausch, an dem sich bald auch die Droste beteiligte. Laßberg lebte damals – nach dem Tod der Fürstin – mit sich und der Welt unzufrieden und zudem enttäuscht über die politische Entwicklung in der Schweiz in Eppishausen wie ein Einsiedler. Für ihn wurde die Verbindung mit Jenny von Droste-Hülshoff ein neuer Lebensanfang.

LASSBERG UND DIE DROSTE

Die Droste lernte Laßberg im September 1834 kennen. Dieser kam damals – schon 64jährig – nach Westfalen, um die Einwilligung zur Heirat mit Jenny Droste zu erbitten. Die Hochzeit fand am 18. Oktober 1834 in Hülshoff statt. Am Zustandekommen der Ehe scheint die Droste nicht unbeteiligt gewesen zu sein. Einem etwas anekdotischen Bericht Johann Adam Pupikofers (→ S. 155) zufolge habe Laßberg einen Brief „von einer Fräulein Droste" ⟨Annette von

Joseph von Laßberg. Zeichnung von Leonhard Hohbach, 1846.

Droste-Hülshoff⟩ erhalten, in dem diese sich erkundigt habe, weshalb er sein Versprechen, nach Westfalen zu kommen, nicht einhalte. Pupikofer habe Laßberg den Brief gegeben: „Er reiste hin, wurde Bräutigam." Während seines Besuches in Hülshoff versprach Laßberg der Droste, sich um einen Verleger für das genannte Epos zu bemühen, ein Vorhaben, das jedoch aus ungeklärten Gründen scheiterte.
Das persönliche Verhältnis zwischen der Droste und Laßberg gestaltete sich nicht ganz einfach. Gedanklich lebten beide in unterschiedlichen Welten. Das betraf zum einen Laßbergs Schwärmerei für die Literatur des deutschen Mittelalters. Die Droste charakterisierte ihn einmal mit den Worten: *mein Schwager lebt in Nichts Anderm, und erst jetzt wird mir die seltsame Ortographie seiner Briefe klar, Er hat sich, in der That, im schriftlichen Style unsrer heutigen Redeformen theilweise entwöhnt, – ich glaube, unwillkührlich, – und man trifft überall auf Spuren des Nibelungen-Liedes, des Lohengrin, des Eggen-Liedes et cet.* (an Schlüter, 19.11.1835).
Im Bereich der Literatur war kaum eine Annäherung möglich. Laßbergs Urteil über die erste Gedichtausgabe der Droste im Brief an seinen Freund Franz Pfeiffer vom 24. Juni 1841 fiel denn auch wenig günstig aus: „Nette's gedichte gefallen Inen also ser wol! – mir gefallen sie nicht! Originalität, Erfindung und dichterischen Schwung kann man inen zwar nicht absprechen; aber sie ermangeln der classischen Reinheit der Sprache gar zu ser! und welches Heer dem nicht Westphalen ganz unverständlicher Provinzialismen". Die Droste hatte kein besseres Urteil erwartet. Vorsorglich hatte sie schon vor Erscheinen der Ausgabe einer Verwandten geschrieben, daß Laßberg ein Beleg-

exemplar wohl nur *als Höflichkeitsbeweis … erwarte …, während es ihm, im Grunde, nicht den Brief werth wäre, den* er *darauf schreiben müste* (an Sophie von Haxthausen, 6.2.1838). Mehrfach versuchte Laßberg, die Droste für eigene Projekte zu gewinnen, etwa für eine hochdeutsche Übertragung seines „Liedersaals" oder des Gedichts „Kaiser Otto mit dem Barte". Der „moderne" Schücking schrieb der Droste diesbezüglich am 11. Januar 1844: „Den Liedersaal übersetzen? Das kann nicht Ihr Ernst sein! Ich bitte Sie!!!"
Ganz konnte sich die Droste solchen Verpflichtungen jedoch nicht entziehen. Mäßiges Ergebnis ihrer literarischen Zusammenarbeit mit Laßberg waren 66 Verse einer Übertragung von Konrad von Würzburgs Versnovelle „Heinrich von Kempten" ⟨*Ein Kaiser Otto war genannt*⟩. Von ihrem ursprünglichen Plan, die Verlagsgespräche für ihre 1844er Gedichtausgabe durch Laßberg führen zu lassen, nahm die Autorin ebenfalls bald Abstand. Der einzige Punkt, in dem sich die literarischen Interessen beider trafen, betraf die gemeinsame Vorliebe für altdeutsches Liedgut.
Die Droste zweifelte zwar nicht an Laßbergs wohlmeinender Art, stieß sich aber an so manchen Eigenheiten und häuslichen Wunderlichkeiten des Eigenbrötlers, besonders an seiner Umständlichkeit, die (nicht nur) ihr oft nach Pedanterie aussah. Für Laßberg wiederum war die Droste ein „entsetzlich gelehrtes Frauenzimmer" (an Leonard Hug, 6.12.1836), das sich „Apollo und den Musen" nur deshalb „in die Arme geworfen" habe, weil „sie keinen Mann gefunden" (Brief Laßbergs an Leonard Hug, 26.11.1841).
Während des letzten Aufenthalts der Droste auf der Meersburg erfuhr das persönliche Verhältnis eine merkliche Besserung. Am 14. Oktober 1846 schrieb die Autorin an Pauline von Droste-Hülshoff: *Ich habe ihn* ⟨Laßberg⟩ *bis jetzt nur in glänzender Laune gesehn, und hoffe es sey etwas Haltbares daran, denn da er überhaubt mit zunehmendem Alter sehr an Umgänglichkeit zunimmt, so kann er in den zwey Jahren meiner Abwesenheit hübsche Progressen gemacht haben. – So wie er jetzt ist, kann man sehr wohl mit ihm auskommen, – und Jenny ist mit ihrer Lage völlig zufrieden, das bleibt doch die Hauptsache).*
Während ihres Krankenlagers 1847/1848 besuchte Laßberg die Autorin jeden Nachmittag eine Stunde in ihrer „Spiegeley". Den Tod der Dichterin soll er stundenlang beweint haben.

AUFBRUCH NACH EPPISHAUSEN

Schon bald nach Jennys Umzug nach Eppishausen (1834) wurden in der Familie Pläne zu einem Wiedersehen geschmiedet. Bei der Droste trafen solche Ansinnen zunächst auf wenig Gegenliebe. Sie schrieb Christoph Bernhard Schlüter: *Zur Reise in die Schweiz kann ich mich nicht so recht oder vielmehr gar nicht freuen, man hört und liest viel Herrliches davon, aber ich mag fremde Länder nur durchreisend sehn, – ein Sperling in der Hand ist besser wie eine Taube auf dem Dache, – wär Jenny nicht dort oder gieng Mama nicht mit, dieses gelobte Land möchte, meinetwegen, bey*

Schloß Eppishausen bei Erlen im Kanton Thurgau (Schweiz) von Süden. Zeichnung Jenny von Laßbergs. Das Schloß beherbergt heute ein Seniorenheim, das von den Bonitas-Dei-Schwestern geführt wird.

Schloß Eppishausen von Süden. Zeitgenössische Darstellung.

seinem Namensbruder in Asien wohnen (Brief vom 2.1.1835).
Im Frühjahr hatten die Reisevorbereitungen bereits konkrete Züge angenommen. Von einer Vorfreude war jedoch bei der Droste nichts zu spüren: Am 27. März 1835 erläuterte sie Schlüter: *meine gute Schwester schreibt oft, und sehr zufrieden, – ihr Mann trägt sie auf den Händen, und überhäuft sie mit solchen Geschenken die ihr Freude machen, z.b. mittelalterlichen Seltenheiten, und Treibhauspflanzen, die Gegend ist unvergleichlich, die Nachbarn zuvorkommend, dabey hat sie Schwäne, die aus der Hand fressen, Pfauen, die weiß, und Vögel, die gar zu zahm und lieb sind, und dennoch, – o Himmel, wie jammert sie nach Uns! ich habe wohl gedacht, daß es nachkommen würde, warum ist sie mit dem fremden Patron fortgegangen! – Nun müssen wir nur aufpacken, und durch gute und böse Wege hinrumpeln, damit die armen Seelen Ruh bekommen, d.h. die Ihrige, und die Unsrigen dazu, – … meine Schwester säh ich gewiß gern, aber jedenfalls reisen wir jetzt nicht vor dem Ende July, bleiben dann den Winter über aus, im Frühlinge, wo die Schweiz am Schönsten ist, wird man Uns auch nicht ziehen lassen, – kurz, ein Jahr wird hingehn, eh wir wieder münsterischen Boden fühlen – ach! ein Jahr ist eine lange Zeit! ich bin nie ein Jahr abwesend gewesen; ohne merkliche Lücken zu finden wenn ich wiederkam!* Wenig später, am 4. Juni, wiederum in einem Brief an Schlüter, bemerkt sie, schon vorab von Heimwehgefühlen geplagt: *die Zeit verrinnt, jeden Abend wundere ich mich, daß wieder ein Tag dahin, und die Stunde meiner Abreise mir um einen großen Schritt näher getreten ist, und ich zittre vor dem Augenblick wo der Schlagbaum niederfällt zwischen mir und so Manchem was mir theuer ist, für eine Zeit über die ich nicht hinaus zu rechnen wage …*

Am 15. Juli 1835 aber war es soweit, die Droste trat die Reise in Begleitung ihrer Mutter an. Nach einem längeren Besuch bei Verwandten in Bonn traf die kleine Reisegesellschaft, der sich noch ein Onkel der Droste, Carl von Haxthausen, hinzugesellt hatte, am 11. August in Eppishausen ein. Der Aufenthalt dort dauerte fast eineinviertel Jahre bis zum 29. Oktober 1836.
Anfangs genoß die Droste den ungestörten Aufenthalt und die weitgehende Befreiung von Verpflichtungen. Sie führte, wie sie Schlüter schrieb, ein *wahres geistiges Schlaraffenleben*, unternahm ohne Begleitung zahlreiche ausgedehnte Spaziergänge und, soweit es ihre Gesundheit erlaubte, auch Kletterpartien.
Aus dieser frühen Phase des Aufenthalts stammt einer der farbigsten Briefe der Autorin, ein Schreiben, das allen Ansprüchen an einen literarischen „Kunstbrief" genügt. Er war an Schlüter gerichtet, dem die Autorin eine baldige Nachricht aus der Schweiz versprochen hatte. Fast vier Wochen – vom 22. Oktober bis zum 19. November – brauchte die Droste, bis sie den Brief, der über 15 1/2 Druckseiten umfaßt, zum Abschluß brachte. Die Droste nimmt den fast völlig erblindeten Schlüter gleichsam an die Hand und erschließt ihm Stück für Stück die Schönheit der Schweizer Alpenwelt. Das weite Landschaftspanorama konzentriert sich schließlich auf ein einsames Plätzchen, *ein Gar-*

Schloß Eppishausen von Norden. Zeichnung von Jenny von Laßberg.

tenhäuschen an der höchsten Stelle des Waldes, zu dem zwei Wege führen: *Sie mögen gewählt haben wen Sie wollen, wir sind jetzt jedenfalls oben, – ja mein theurer theurer Freund! Wir sind oben, dieses ist der Platz, wo ich immer bey Ihnen bin, und Sie bey mir – ich glaube mit Wahrheit sagen zu können, ich war nie oben ohne Sie – es ist ein einsamer Fleck Erde, – sehr reizend und sehr großartig ... – das Thal selbst ist schmal und leer, die Gebirge gegenüber sehr nah, und mit Nadelholz bedeckt, was sie schwarz und starr aussehn läßt, so nun Berg über Berg, ein Collossales Amphitheater, und zuletzt die Häupter der Alpen mit ihrem ewigen Schnee, – links, – die Länge des Tals vom Bodensee geschlossen, (d. h. die Perspektive, der See selbst ist zwey Stunden von hier) dessen Spiegel im Sonnenschein mich blendet, und der überhaupt mit seinen bewegten Wimpeln und freundlichen Uferstädtchen hinüberleuchtet, wie das Tageslicht in einen Grotteneingang.*

Diese Ausführungen sind wiederum nur die Hinführung zu mehreren eigenständigen Erzählepisoden, die jede für sich spannungsreich aufgebaut sind. So nimmt es nicht wunder, daß dieses Schreiben später mehrfach als Exempel für mustergültige Briefprosa diente. Hier die Exposition des sogenannten Eppishausen-Briefes, in der die Droste ihr neues Do-

Blick auf die Schweizer Berge.

Blick von Eppishausen auf das Dorf Erlen.

mizil und die Umgebung von ihrem Zimmerfenster aus beschreibt: *Hätte ich Ihnen früher schreiben können, theuerster meiner Freunde, ich hätte es gethan, – aber grade Ihnen kann ich nicht zu jeder Stunde schreiben, und Sie dürfen Sich immerhin für Etwas halten, wenn ich sage, für Sie ist mir noch keine Stunde passend gewesen, – ich habe mich indessen mit allerley umher geschlagen, viel Ausflüge in die Gegend, viel Besuche aus dem Hause, und viele in's Haus, – abwechselnd den anmuthigen Gast und die erfreute dienstfertige Wirthin gemacht, aus dem Geräusch in Abspannung, aus der Abspannung wieder in die Zerstreuung, – glauben Sie mir, es gehört was dazu, bis man Jedem sein Recht widerfahren lassen, und alles Plaisir ausgestanden hat, wozu man praedestiniert worden, – aber jetzt bin ich, so Gott will, in's Standquartier eingerückt, und wahrlich das Plätzchen ist nicht übel, – namentlich das, was ich in diesem Augenblick einnehme – wollen Sie es kennen? – es ist das Fenster eines alterthümlichen Gebäudes, am Berge, aber nicht gar hoch, die Kirchthurmspitze des Dorfes drunten könnte uns den Wein aus dem Keller stehlen, wäre sie nicht so christlich erzogen, wer weiß, was geschäh – also – das Dorf grade unter dem Fenster, – fast unmittelbar daran stoßend ein Zweytes, dann ein Drittes, Viertes – bis zu einem Siebenten, – Alle so nah, daß ich die Häuser zähle, (Versteht sich, mit der Lorgnette) und unsre gute alte Burg drinn, wie das kleine Wien in seinen großen Vorstädten, sans comparaison – mitten durch's Thal eine Chausseè, auf der es ärger rappelt und klappert als auf der besten in ganz Westphalen, denn Sie müssen wissen, daß hier halb satt Essen und Ellbogen dör de Maue bey Weitem nicht so untrügliche Zeichen der Armuth sind als Wasser Trinken und zu Fuß gehn, – besser ohne Brod als ohne Most, und das muß ein vom Schicksal Verlassener seyn, für den weder der Himmel ein Rozinante, noch der Wagner ein Karriölchen geschaffen hat, – wer dies nicht kennt, und obendrein kurzsichtig ist wie ich, meint, das ganze Volk bestehe aus reichen Leuten – doch um nicht den Faden zu verlieren – ferner über die Chausseè hinaus, die lieblichsten mit Laubholz bewachsenen Gebirge, und – wie's im Liede heist „Auf jedem Gipfel ein Schlößchen, ein Dörfchen aus jeder Schlucht" von diesem Fenster sehe ich Ihrer dreißig – gezählt habe ich sie nicht, und auch jetzt nicht Lust dazu, aber glaubwürdige Leute sagen es – das ist lieblich, das ist schön anzusehn! vor Allem beym Sonnenschein, ja selbst Sturm und Nebel können so viel Leben und Fröhlichkeit nicht zu Grunde richten, – drum bin ich, bey heitrer geselliger Stimmung nirgends lieber als in diesem Zimmer, welches schon an sich selbst so hell und heiter ist, und angefüllt mit den zierlichsten Dingen, Muscheln, Schnitzeleyen in Holz, Elfenbein, geschnittne Steine, Münzen et cet, – wenn ich nun sehe, wie die Meinigen so Alles um mich versammelt haben, was mich freut und unterhält, da zweifele ich kaum, daß man auch alle diese Dörfer und blanken Schlößchen mir zu Liebe hingebaut hat, und nur zu meiner Unterhaltung sich dieses Menschen-Spiel auf der Chausseè treibt, grade nah genug, um nicht störend zu werden ...* (19.11.1835).

Jenny von Laßberg.

Für den Eppishausen-Besuch liegen ebenfalls – allerdings nicht für die gesamte Dauer – stichpunktartig Tagebuchaufzeichnungen Jenny von Laßbergs vor. Ansonsten ist die Quellenlage dürftig, da nur vier Briefe der Droste aus diesem Zeitraum überliefert sind.
Insgesamt verlief der Aufenthalt für die Droste enttäuschend. Dies lag zum einen an der versteckten Lage des Schlosses, das den Winter über fast ganz von der Außenwelt abgeschlossen war: *es ist doch nun schon über ein Jahr*

Schloß Eppishausen, Südseite. Heutige Ansicht.

daß wir von Haus sind! – wir haben viel ausgestanden in diesem Jahr! obgleich Niemand Schuld daran ist, denn Laßberg und Jenny haben zu unsrer Erheiterung gethan was sie konnten, und unter andern Umständen würden wir uns vielleicht hier sehr wohl befunden haben, aber vorerst hast du kaum Begriff von der Oede eines hiesigen Winters, wenigstens wie wir ihn erlebt haben, – fast 6 Monate lang Schnee – schon im October lag er einige Mal so tief, daß man nicht wuste wie man die Weinlese bewerkstelligen solle – von der Mitte November an blieb er liegen, ohne Einen Tag Thauwetter bis hoch in den Merz, und noch fast den ganzen April war es den einen Tag grün und den andern weiß, das Schlimmste war ein Nebel, aus dem man Brey hätte kochen können, der gar nicht fort ging, und ich kann ohne Uebertreibung sagen, daß ich das unmittelbar vor Uns liegende Dorf mehrere Monate lang, nur gehört aber nicht gesehn habe ... (an Carl von Haxthausen, etwa Ende August 1836).
Mehr noch litt die Droste unter dem Mangel an geistiger Abwechslung. Unter Laßbergs gelehrten Freunden konnte sie kaum interessante Gesprächspartner finden. Im erwähnten Brief an Schlüter heißt es: *außer den Thurnschen Damen betritt kein Frauenzimmer dies Haus, nur Männer von Einem Schlage, Alterthümler, die in meines Schwagers muffigen Manuskripten wühlen möchten, sehr gelehrte, sehr geachtete, ja sehr berühmte Leute in ihrem Fach – aber langweilig wie der bittre Tod, – schimmlich, rostig, prosaisch wie eine Pferde-Bürste, – verhärtete Verächter aller neueren Kunst und Litteratur, – mir ist zuweilen als wandle ich zwischen trocknen Bohnen-Hülsen und höre Nichts als das dürre Rappeln und Knistern um mich her, und solche Patrone können nicht enden, vier Stunden muß man mit ihnen zu Tisch sitzen, und unaufhörlich wird das leere Stroh gedroschen! – nein, Schlüter, ich bin gewiß nicht unbillig, und verachte keine Wissenschaft, weil sie mir fremd ist, aber dieses Feld ist zu beschränkt und abgegrast, das Distel-Fressen kann nicht ausbleiben, was, zum Henker, ist daran gelegen, ob vor drey hundert Jahren, der unbedeutende Prior eines Klosters was nie in der Geschichte vorkommt, Ottwin oder Godwin geheißen, und doch sehe ich, daß dergleichen Dinge viel graue Haare und bittre Herzen machen.* Wie sehr die Droste des Umgangs mit anderen bedurfte, wissen wir aus einem Zeugnis Schlüters, der bescheinigte: „Das Fräulein selbst, als vornehmlich in der Phantasie lebend, hatte das Bedürfnis mannigfacher und wechselnder Anregung durch neue Individualitäten."
Möglicherweise trug sich die Droste mit dem Gedanken, von Eppishausen aus die gescheiterte Italienreise nachzuholen. Aus einem Brief

Laßbergs an Werner von Haxthausen vom 19. September 1835 geht hervor, daß sie „große Lust" zu einem Ausflug nach Mailand verspüre. Als im Februar 1836 die Eheschließung Carl von Gaugrebens mit Emma von Thurn-Valsassina (→ S. 149) stattfand, sollte sie das Ehepaar auf deren Hochzeitsreise nach Mailand begleiten. Aus dem Plan wurde ebensowenig etwas wie aus einer Einladung Amalie von Heereman-Zuydtwycks an die Droste vom 5. April 1836, sie in Genua zu besuchen.

▶ Schloß Eppishausen liegt im Ort Erlen an der Straße von Weinfelden nach Amriswil (N 14). Aus Richtung Amriswil kommend, biegt man am Ortseingang Erlen links in die Schloßstraße ein und gelangt von dort zum Schloß Eppishausen, das heute als Senioren- und Pflegeheim dient und von den Bonitas-Dei-Schwestern geführt wird. Im Salon befindet sich eine kleine Droste-Bibliothek und ein Droste-Bild. Das Zimmer der Droste, das ehemalige Fürstenzimmer, ist heute in vier kleinere Zimmer umgebaut. Die Schloßanlage ist umgeben vom Golf-Club Erlen. Der von der Droste beschriebene Aussichtspunkt (→ S. 142) ist Teil des Golfplatzes.

EPPISHAUSENER BEKANNTSCHAFTEN

Einige Eppishausener Bekanntschaften wurden der Autorin lieb und teuer. Hierzu gehörten die Begegnungen mit den im folgenden angeführten Personen.

CARL HEINRICH IMHOFF

Der Freiherr Carl Heinrich Imhoff wurde als Sohn eines Landjunkers am 27. September 1773 zu Öhringen geboren. Bei der Auflösung des Deutschen Reiches (1806) weigerte er sich, dem König von Württemberg zu huldigen, und mußte unter Verzicht auf das Familienerbe fliehen; seitdem lebte er von der Miniaturmalerei. 1801 und 1808 trat er zudem mit eigenen Gedichtsammlungen auf.
Nach zahlreichen Reisen durch Europa ließ er sich im Alter bei seiner Cousine, der Frau von Gonzenbach-Imhoff, im Schloß zu Hauptwil (→ S. 156) in der Nachbarschaft Eppishausens nieder. Als Freund Johann Adam Pupikofers (→ S. 155) war er seit etwa 1830 ein häufiger und gern gesehener Gast Laßbergs. Die erste Begegnung zwischen der Droste und Imhoff fand Ende August 1835 statt. Über den Verlauf der Beziehung liegen keine Zeugnisse vor. Im Nachlaß der Autorin findet sich jedoch ein Manuskript, das mit *Imhoffs Gedichte* überschrieben ist. Es enthält Auszüge aus 16 Gedichten Imhoffs. Die Droste hat die Exzerpte vermutlich angefertigt, um sich zur eigenen literarischen Weiterarbeit inspirieren zu lassen.

Daß Imhoffs Persönlichkeit einen bleibenden Eindruck bei ihr hinterließ, geht daraus hervor, daß sie auf seinen Tod (14.12.1843) das Gedicht *Ein braver Mann* verfaßte.
Es ist lediglich ein Brief Imhoffs an die Droste (vom 12.9.1836) überliefert. Gegenbriefe der Autorin liegen nicht vor. Im Brief an die Schwester vom 29. Januar 1839 bedankt sie sich für ein Bildchen, das ihr Imhoff zugesandt hatte.

DR. KNABENHANS
Den Eppishausener Arzt Dr. Knabenhans zählte die Droste zu den Personen, die sie *nicht sehr liebe* (an Therese von Droste-Hülshoff, 24.10.1837). Trotzdem war sie begierig, Neues über ihn und seine Familie zu erfahren.

JOHANN PFISTER → **BIESSENHOFEN**

JOHANN ADAM PUPIKOFER → **BISCHOFSZELL**

FAMILIE VON SCHERB → **BISCHOFSZELL**

LEONHARD SCHILLIG → **SULGEN**

OTTMAR FRIEDRICH HEINRICH SCHÖNHUTH
Am 4. Dezember 1835 besuchte Ottmar Friedrich Heinrich Schönhuth (1806-1864), ein Freund Laßbergs, Schloß Eppishausen und stellte der Droste seine Gedichte vor. Schönhuth hatte während seines Theologiestudiums in Tübingen (1826-1829) Ludwig Uhland und über diesen auch Joseph von Laßberg kennengelernt. Bis 1837 war er Pfarrverweser auf dem Hohentwiel und anschließend Pfarrer in verschiedenen Gemeinden. Durch Bearbeitungen alter Volksbücher, Veröffentlichungen zur Geschichte, Landschaft und Kultur des Hohentwiel, literarhistorische und eigene literarische Arbeiten machte er sich als Geschichtsschreiber und Volksschriftsteller einen Namen. Die Droste übersandte ihm 1836 ihr Gedicht *Schloß Berg*, dem Schönhuth in der Zeitschrift „Alpina" zur Publikation verhelfen wollte. Hierzu kam es erst 1847 unter dem Titel „Der Schweizermorgen" in der von Schönhuth herausgegebenen Zeitschrift „Monat-Rosen. Blätter aus Franken zu Unterhaltung und Belehrung".

LUDWIG STANTZ → **MEERSBURG**

FAMILIE VON STRENG → **KONSTANZ/SCHLOSS GUGGENBÜHL**

FAMILIE VON THURN-VALSASSINA → **SCHLOSS BERG**

Schloß Eppishausen, Nordseite. Heutige Ansicht.

BERNHARD ZEERLEDER VON STEINEGG

Bernhard Zeerleder von Steinegg wurde 1788 als jüngster Sohn des Bankiers Ludwig Zeerleder in Bern geboren. Seine Mutter war die jüngste Tochter des Arztes, Naturforschers und Dichters Albrecht von Haller. Nachdem er weder Lust noch Willen zum Studium aufgebracht und sich in Kriegs- und Reiseabenteuer gestürzt haben soll, ließ er sich auf dem von ihm erworbenen Schloßgut Steinegg bei Hüttwilen nieder und wurde so Nachbar Joseph von Laßbergs. Seit 1830 lassen sich, zunächst in großen Abständen, Besuche Zeerleders in Eppishausen nachweisen. Obwohl diese Besuche um 1835 häufiger wurden, kam es zu keiner näheren Beziehung zwischen Laßberg und dem als „Original" und „kuriosen Kauz" bezeichneten Zeerleder, der auch als Literat auftrat und 1837 seine „Erinnerungen eines Nachtwandlers" herausgab.

Die Droste traf während ihres Aufenthaltes in Eppishausen, dem Tagebuch ihrer Schwester zufolge, nur ein einziges Mal (4.–6.9.1836) mit Zeerleder zusammen. In einem Brief Therese von Droste-Hülshoffs an Sophie von Haxthausen liegt die lapidare Bemerkung vor: „Solche wunderlichen Heeren ⟨!⟩ (wie Herr von Streng) gibt's hier mehrere. So haben wir auch Herrn von Zeerleder zwei Tage hier gehabt. Der Mensch ist nicht dumm, auch nicht schlecht. Aber er hat das, was man einen Stich nennt, er ist nicht gescheit." Insgesamt war man in Eppishausen wenig von Zeerleder und seinen Besuchen angetan, die Droste reihte ihn anfangs denn auch unter die Kategorie jener Schweizer ein, *die ich nicht sehr liebe*.

Zeerleders Besuche in Eppishausen und später auf der Meersburg scheinen für einen Zeitraum von acht Jahren ganz oder fast ganz ausgesetzt zu haben; im Tagebuch Jenny von Laßbergs sind sie erst wieder ab dem 2. Mai 1844, von da an jedoch sehr häufig verzeichnet. Über einen dieser Aufenthalte berichtet Jenny von Laßberg der Droste am 17. März 1845, Zeerleder sei nun „ganz umgewandelt" und „voll Artigkeit".

Im Zusammenhang mit dem Schweizer Sonderbundkrieg wurde Zeerleder in Bern wegen Landesverrats gefangengenommen. Aus der Haft schickte er überraschenderweise der Droste – er mußte also von ihrem Aufenthalt auf der Meersburg erfahren haben – mehrere Briefe, die im Tagebuch Jenny von Laßbergs erwähnt werden: „Brief an Nette vom guten Zeerleder aus Bern, wo er gefangensitzt" (8.12.1847); „Briefe von Zeerleder an Nette. Er ist wieder frei" (16.12.1847).

Im Zuge seiner Verbannung suchte Zeerleder in der Folgezeit Zuflucht auf der Meersburg, wurde aber dort gefangengenommen. Die hektische Abfolge der Geschehnisse ist erneut im Tagebuch Jenny von Laßbergs beschrieben: „Abends hatten wir großen Schrekken. Der arme Zeerleder wurde auf Ansuchen der Berner Regierung vom hiesigen Amt arretiert und zum Spiegel in Verwahrung gebracht" (11.2.1848); „Luise Streng besuchte Zeerleder; er ist sehr trübselig" (13.2.1848); „Luise und Nette besuchten Zeerleder. Der Vater ⟨Laßberg⟩ hat seinetwegen an Markgraf Wilhelm geschrieben …" (15.2.1848); „Ich war bei Zeerleder" (18.2.1848); „Brief des Markgrafen Wilhelm an Laßberg, daß Zeerleder frei sein soll" (20.2.1848); „Nette und Kinder waren bei Zeerleder" (22.2.1848); „Ich besuchte Zeerleder, als er gerade seine Freilassung bekam" (23.2.1848); „Zeerleder will abreisen" (28.2.1848); „Zeerleder bringt täglich abends Rapport zu Nette" (2.3.1848). Ob es nach diesen Begegnungen bis zum bald darauf erfolgten Tod der Droste noch zu weiteren Zusammentreffen kam, ist dem Tagebuch nicht zu entnehmen.

Nach einer erneuten Gefangennahme im Herbst 1849 kehrte Zeerleder am 31. Dezember 1849 nach Steinegg zurück. Das nun sehr gute Verhältnis zwischen der Familie Laßberg und ihm hatte noch über den Tod Laßbergs, der mit dem literarisch interessierten Zeerleder zuletzt einen regen Brief- und Bücheraustausch führte, Bestand. Zeerleder starb am 5. Dezember 1862.

LITERARISCHE AUSBEUTE

Auch in literarischer Hinsicht war der Aufenthalt in Eppishausen für die Droste unergiebig. Es waren nur einige wenige Gedichte, die die Autorin mit nach Hause brachte, darunter *Am Weiher*, *Der Säntis* und der Gedichtzyklus *Des alten Pfarrers Woche*. Hinzu kamen die Gedichte *Schloß Berg* (eine Auftragsarbeit der Familie von Thurn-Valsassina, → S. 149) und *Am grünen Hang ein Pilger steht*. Daneben entstanden Lektürenotizen, die sie jedoch nicht für die literarische Weiterarbeit benutzte.

Der Besuch stand ansonsten im Zeichen der Vorbereitung der ersten Gedichtausgabe der Droste. Sie fertigte damals für den Kölner Verleger Dumont-Schauberg eine neue Abschrift ihrer Epen an – eine Verlagsaussicht, die sich jedoch zerschlug. Das ihr in Eppishausen ⟨von Schönhuth?⟩ unterbreitete Angebot, das *Hospiz* als Fortsetzung in einer Zeitung abzudrukken, hatte sie zuvor abgelehnt.

Anders sah es im Bereich der Musik aus. Die Droste stellte wohl bei diesem Besuch in Eppishausen eine Liste mit 38 Anfängen altdeutscher Lieder mit Nachweis der Komponisten auf. Sie wurde außerdem von Laßberg mit der Abschrift des von Hans Ferdinand Maßmann angefertigten ‚Faksimiles' der Handschrift des „Lochamer Liederbuches" (38 Lieder) betraut, eine Arbeit, die sich – im Kontakt mit Laßberg – über mehrere Monate erstreckte. Am 21. August 1836 übersandte Laßberg Uhland für dessen Sammlung „Alte hoch- und niederdeutsche Volkslieder" (1844–1846) die von der Droste besorgten Abschriften aus dem „Lochamer Liederbuch". Die Droste hatte zu jedem Lied einen Baß gesetzt, so daß sich die Lieder gut mit Klavierbegleitung spielen ließen.

Weiterhin wissen wir, daß die Droste Laßberg sechs in ihrem Besitz befindliche Liedersammlungen der Komponisten Leonhard Lechner, Jakob Regnart, Franz Joachim Brechtel, Gregorio Turini und Otto-Siegfried Harnisch schenkte. Es entstanden die Kompositionen (nach fremden Texten): *Gott grüß mir die im grünen Rock …*; *Dass ihr euch gegen mir …*; *Minnelied (Ich habe g'meint …)*; *Mein Freud' möcht' ich wohl mehren …*; *All' meine Gedanken …*; *Mein Mut ist mir betrübet gar …*; *Wach auf, mein Hort …*; *Reihenlied (Ich spring an diesem Ringe …)*.

AUSFLÜGE RUND UM EPPISHAUSEN

ALTNAU

In Altnau, einem Ort am südlichen Seeufer zwischen Konstanz und Romanshorn etwa 8 Kilometer von Eppishausen, kam es am 9. Mai 1836 zu einem folgenschweren Unfall. Bei einem Ausflug, der nach Heiligenberg (→ S. 101) führen sollte, verunglückten das Ehepaar Laßberg und die Droste mit dem Pferdegespann. Laßberg trug eine lebenslange Gehbehinderung davon, die Droste erlitt eine Ohnmacht und wurde am Hinterkopf verletzt. Sie laborierte acht Tage an einer fiebrigen Erkrankung und einer längeren Appetitlosigkeit. Die gesundheitliche Schwächung hielt bis zum Juni des Jahres an.

Über den Unfallhergang liegt ein ausführlicher Bericht Therese von Droste-Hülshoffs vor: „Am 9. dieses Monats mußte Laßberg eine Reise nach Heiligenberg machen … Sie ⟨Laßberg, Jenny von Laßberg und die Droste⟩ reisten gleich nach Tische ab. Du kannst Dir aber meinen Schrecken denken, da gegen 7 Uhr Nette allein in Begleitung eines fremden Mädchens in einem einspännigen Wägelchen wieder zurückkam. Wir mußten sie ins Haus tragen und gleich zu Bett bringen. Die Pferde waren nämlich 2 Stunden von hier flüchtig geworden und hatten den Wagen (nachdem der Kutscher vom Bock gefallen) erst eine Weile mitgeschleppt und zuletzt in einen Chausseegraben geworfen, worauf sie sich mit dem Vorderwagen losgerissen und in alle Welt gelaufen. Zum Glück ist dies letzte in einem Dorfe (Altnau) geschehen, wo die Armen gleich Hülfe gefunden. Jenny ist am wenigsten beschädigt, Laßberg am meisten, Nette (obschon man sie ohnmächtig in ein Haus getragen und sie einen Schlag am Hinterkopf und viele Schmerzen in der Seite hatte, auch im Gesicht ganz geschunden war) hat darauf bestanden, wieder hierhin gebracht zu werden, und das war ein Glück, denn sie bekam noch dieselbe Nacht ein heftiges Fieber, und das hat acht Tage repetiert. Jetzt ist sie insoweit besser, hat aber immer noch Schmerzen in der Seite und wenig Appetit. Was nun aber Laßberg und Jenny anbelangt, so sind sie immer noch in Altnau, in einem miserablen Wirtshause. Es ist ein Elend. Laßberg ist an der Hüfte beschädigt, sie ist aber weder gebrochen noch gequetscht. Er leidet beständig viele Schmerzen und kann daher nicht transportiert werden" (Brief an Werner von Droste-Hülshoff vom 22.5.1836).

Laßberg mußte mehrere Wochen in Altnau bleiben, bis er transportfähig war. Aus dieser Zeit ist ein Brief der Droste an Jenny von Laßberg überliefert, die sich bei ihrem Mann in Altnau aufhielt: *es geht mir wieder ziemlich gut, bis auf die verflixte Seite, wo es noch nicht heraus will … könnte ich euch andern armen Blüten nur helfen, aber das ist so betrübt, daß man das in Nichts kann, weil ihr in dem Wirthshause liegt, wo man statt Erleichterung nur mehr Last und mehr Kosten bringt, wenn man herüber kömmt …* (Mai 1836). Noch Ende August 1836 klagte die Droste: *Ich habe diesmahl zwar auch viel abgekriegt, und spüre die Folgen zuweilen noch, aber es kömmt mir doch wie Nichts vor, wenn ich den armen Laßberg mit seinen Krücken herumschleichen sehe, und täglich mehr die Hoffnung verlieren, daß er sie je wird ganz fortlegen können* (an Carl von Haxthausen).

Später schildert Laßberg rückblickend den Ablauf der Ereignisse in einem Brief an Carl Friedrich von Brenken: „Am 9ten May letzten Jahres wollte ich mit meiner frau und schwägerin Nette nach Heiligenberg faren, in dem dorfe Altenau am Bodensee giengen die pferde, durch ungeschiklichkeit des kutschers, bergab mit uns durch, schmissen uns in den graben, und ich wurde schreklich gequetscht und noch eine streke geschleift. man trug mich in einen nahe gelegene baurenkneipe, wo ich durch vier wochen auf dem rücken liegen musste, bis ich mich nach hause tragen lassen konnte, da brauchte ich bäder, und am 5 august gieng ich auf vier wochen nach Baden in der Schweiz,

Die Ebenalp, Panoramakarte.

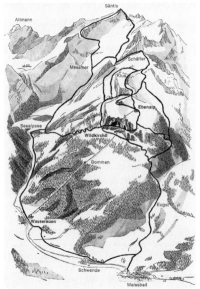

von wo ich gestern zurük kam, wenig wirkung von meiner badekur verspürend, indem ich immer noch an krüken gehen muß und mein linkes bein, im oberschenkelgelenke, wenn auch nicht ganz, doch großen teils, gelämet ist".

APPENZELLER LAND – WILDKIRCHLI – SEEALPSEE – ⟨BAD PFÄFERS⟩

Schon bald nach der Ankunft der Droste in Eppishausen war von einem Ausflug ins Appenzeller Land die Rede. Eine am 23. August 1835 begonnene Reise nach Weissbad mußte jedoch wegen schlechten Wetters vorzeitig in Gais abgebrochen werden. Die Rückkehr nach Eppishausen erfolgte am Abend des 25. August. Erneut schlechtes Wetter verhinderte im Mai/Juni 1836 einen weiteren Ausflug ins Appenzeller Land. Dieser kam erst am 9. August 1836 zustande. Ziel der Reise, an der Therese von Droste-Hülshoff sowie Carl und Emma von Gaugreben teilnahmen, war das Wildkirchli, eine Höhle im Ebenalpstock im Kanton Appenzell. Die Rückreise erfolgte gegen den 12. August. Unmittelbar vor der Abreise schrieb die Droste an Jenny von Laßberg: *Wir werden Dienstag Morgen etwas vor 5 Uhr hier ausfahren … wenigstens ist es so beschlossen, und ich glaube auch, es wird ausgeführt werden, da es höchst nöthig ist, wenn wir noch Abends in Appenzell sein wollen, wo wir dann am andren Tag Messe hören können.* Eine kurze Schilderung der Reise findet sich im Brief an Carl von Haxthausen: *wir, nämlich Mama und ich mit noch vier Anderen, haben vor 14 tagen eine kleine Bergreise gemacht, in die Appenzeller Alpen, wo wir fleißig Milch getrunken, Alpenrosen gepflückt, und mitten im August im Schneefelde gestanden haben, das Merkwürdigste aber ist, daß wir binnen 4 Tagen, drey verschiedene Kutscher gehabt haben, wovon uns der Erste umwarf, der Zweite ein noch ungebrauchtes … und der Dritte ein kollriges Pferd vorspannte, so daß wir dreymahl in die höchste Lebensgefahr gerathen sind.* Im Gegensatz zu dieser eher zurückhaltenden Reiseschilderung fällt die Beurteilung in einem späteren Brief an Elise Rüdiger geradezu euphorisch aus. Anläßlich einer Reise Luise von Bornstedts in die Schweiz bedauert die Droste: *daß die Damen aber das Appenzeller Land mit meinem lieben Saentis nicht besucht, kann ich ihnen kaum vergeben, – dort giebt es wunderschöne Punkte, z. b. das Bad Pfeffers in seinem kleinen Felsenschlunde, wo man nichts sieht als Klippen und Tropfstein, und fast eine Viertelstunde lang, über zwey schmale Bretter, am thurmtiefen Abgrunde hingeht, wenn man nicht etwa, auf halbem Wege, den Hals gebrochen hat, – und dann das Wildkilchli am Säntis, dicht unter dem Schnee, in einer doppelten Höhle, von denen die Eine des Eremiten Klause enthält, die andre die Kapelle, Kanzel, Beichtstuhl, Altar, Alles aus dem Felsen gehauen, und diese Doppelhöhle in einer Klippenwand, fünfmahl so hoch wie Lamberti Thurm, ohngefähr grade in der Mitte, wie eingesprengt, zu der man nur durch in der Luft hängende Gallerien gelangen kann, und gerade drunter ein See, so blau wie Ultra Marin, – das ist wohl schön, und sehenswerth! – dabey der schönste gewandteste und in jedem Betracht poetischste Menschenschlag der ganzen Schweiz, vor Allem die Frauen, die nicht auf die Alp ziehn, sondern alle die Stickereyen in weißen Musselin verfertigen ... man kann nichts Lieblicheres sehn, als diese mitunter bildschönen Geschöpfe, in der reizenden Landestracht, Alle zierlich geschmückt, der Fremden wegen, mit schneeweißen Händen, und die kleinen Rahmen mit der reinlichen Arbeit vor sich, – dabey gracieusses zum Verlieben, jedem Vorübergehenden zunickend, und auf jede Frage mit einer witzigen Antwort bereit. – so Etwas findet sich in der ganzen Schweiz nicht wieder* (Brief vom 1.9.1839).

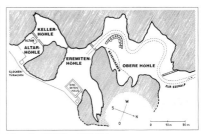

Plan der Wildkirchlihöhlen.

Bei dem hier beschriebenen Wildkirchli „handelt es sich um eine kulturhistorisch sehr interessante Doppelhöhle im Ebenalpstock, dem östlichen Ausläufer der nördlichen Säntiskette. Die schon in prähistorischer Zeit besiedelten Höhlen baute man im 17. Jh. zu einer Einsiedelei aus. Die kleinere der beiden Höhlen wurde an der Rückseite mit einer Mauer versehen und mit Marmoraltar und Betstühlen ausgestattet. Im Eingang der größeren entstand ein Eremitenhäuschen, das noch bis 1851 bewohnt war. Zu erreichen sind die Höhlen über einen in die Felswand gesprengten Pfad, der an seiner gefährlichsten Stelle ca. 26 m hoch liegt" (Bernd Kortländer). Am Wildkirchli befindet sich eine Gedenktafel, die an den Besuch der Droste erinnert.

Vom Wildkirchli aus blickt man auf den Seealpsee, der auch von der Droste erwähnt wird. „Wie ein Stück verborgenen Himmels liegt er da im tiefen Erdental, im Schatten dunkler Tannen, im steinernen Kessel himmelan strebender Felswände, die sich in seinem kristallenen Auge widerspiegeln, als ob in seiner Tiefe noch eine schönere Alpenwelt zu finden sei. Wir verstehen jene Sage, die, entsprungen aus der innersten Poesie des Volksgemüthes, erzählt, wie Gott einst herabsah auf die unvergleichliche Schönheit dieses Tales und eine Freudenträne weinte, die zum Alpsee geworden" (Emil Bächler).

▶ Man erreicht das Wildkirchli in der Nähe des Säntis über St. Gallen und Appenzell, wo man weiter in Richtung Weißbad-Wasserauen fährt. Die Talstation der Luftseilbahn Ebenalp in Wasserauen liegt etwa 6 km südlich von Appenzell. Die Seilbahn fährt täglich zwischen 8.30 Uhr und 16.30 Uhr (in Saisonzeiten auch länger). Der Fahrpreis (hin und zurück) beträgt 21 SFr. Die Wanderung von der Bergstation hinab zu den Wildkirchli-Höhlen dauert etwa 15 Minuten. Es ist möglich, von Wasserauen den Weg zu Fuß hinauf zu machen (ca. 2 Stunden). Im umliegenden Gebiet gibt es weitere vielseitige Wandermöglichkeiten, so die Wanderung Ebenalp-Schäfler-Säntis (ca. 4 1/4 Stunden).

Die Wildkirchli-Höhlen wurden durch prähistorische Funde weltberühmt. Die ausgegrabenen Skelette von Höhlenbären sowie verschiedene Steinwerkzeuge belegen, daß in diesem Gebiet in der Altsteinzeit Jäger auf Bärenjagd gingen. Im Eremitenhaus auf der Südseite der Höhlen sind noch Knochenfunde und Steinwerkzeuge aus jener Zeit zu sehen. Die Altarhöhle zeugt von der Frömmigkeit der Einsiedler, welche die Höhle von 1658 bis 1853 zu einer Stätte der Andacht auserkoren.

BAD PFÄFERS

Im Brief an Elise Rüdiger erwähnt die Droste den Ausflug ins Appenzeller Land und Bad Pfäfers bei Bad Ragatz in einem Atemzug. Die *kleine, nur viertägige Bergreise* ins Appenzeller Land im August 1836 kann jedoch unmöglich zu den beiden weit auseinanderliegenden Reisezielen geführt haben. Ob überhaupt und wann die Droste Bad Pfäfers besuchte, lassen die Quellen offen.

SCHLOSS BERG

Das etwa 6 Kilometer westlich von Eppishausen gelegene Schloß Berg bei Berg im Thurgau war im Besitz der Familie von Thurn-Valsassina. Das Geschlecht führt seine Abstammung auf das Mailänder Geschlecht der De la Torre (Turiani) zurück, das im 11. bis 14. Jahrhundert eine bedeutende Rolle in der Mailänder Politik spielte. Ende des 14. Jahrhunderts verzweigte sich die Familie und wurde etwa zwei Jahrhunderte später im Thurgau ansässig. Eine erneute Teilung dieses Zweiges begründete 1712 die Linie Thurn-Valsassina zu Berg. Schloß Berg, *zwey Stunden von hier* ⟨Eppishausen⟩, war für

Schloß Berg von Süden. Heutige Ansicht.

die Droste *einer der schönsten Punkte des Landes* (an Schlüter, 19.11.1835).
Damaliger Hausherr war der Graf Johann Theodor von Thurn-Valsassina (1768–1836), ein enger Freund Laßbergs, *ein alter, grundehrlicher, über die Maßen gutmüthiger Mann*. Zwischen beiden Schlössern bestand reger nachbarschaftlicher Verkehr, der auch nach dem Umzug der Familie Laßberg nach Meersburg fortbestand. Hierin war auch die Droste einbe-

Emma von Gaugreben, geb. von Thurn-Valsassina. Ölgemälde von F. Mosbrugger, 1829.

zogen, die von Meersburg aus gerne ihre *sehr lieben Leute* in Berg besuchte.
Besonders nahe stand ihr die *schöne, kluge* und *sehr gefühlvolle* Emma von Gaugreben (1809–1871), geb. von Thurn-Valsassina. Bei der Anbahnung ihrer Heirat mit dem westfälischen Freiherrn Carl von Gaugreben (1803–1881), Erbherr zu Bruchhausen im Sauerland, hatte sie *einigermaßen die Hand … mit im Spiele* (an Jenny von Laßberg, 1.7.1841). Nach dem Tod des alten Grafen und nur wenige Wochen nach der Hochzeit übernahm Carl von Gaugreben den Thurnschen Besitz, doch schon bald hören wir in den Briefen der Droste von wirtschaftlichen Schwierigkeiten und einer möglichen Veräußerung von Schloß Berg. Die Droste kommentierte, Gaugreben sei *äußerst nachlässig, eigensinnig und neige zu gränzenloser Unordnung*. Er sei nicht gerade ein idealer Ehemann: *Emma hätte wohl ein besseres Glück machen können* (an Jenny von Laßberg, 1.7.1841).
Ein eindrucksvolles Zeugnis für die Sympathie der Droste Emma von Gaugreben gegenüber ist ihr Gedicht *Die junge Mutter*, dessen biographische Hintergründe im Brief an die Mutter vom 29. Oktober 1841 anklingen. Emma von Gaugreben war am 4. September 1841 von ihrer dritten Tochter Thekla entbunden worden. Nach der Geburt schwankten Mutter und Kind *lange zwischen Leben und Tod*. Während sich die Mutter langsam erholte, starb der Säugling nach sechs Wochen am 14. Oktober 1841: *Betrübt ist's daß sie ⟨Emma⟩ auch ihr Kindchen verloren hat, doch hat sie diese Nachricht ziemlich gut ertragen, da sie es, wegen großer Schwäche und aus Mangel an Milch, kaum einmal gesehn hatte, – die Andern im Hause haben sich aber sehr erschreckt, da man es mit Einmal sterbend in der Wiege fand, nachdem es ein paar Minuten zuvor, ganz gesund getrunken hatte, und dann schlafend hingelegt worden war.*
Der beschriebene Schicksalsschlag bildet den Hintergrund des genannten Droste-Gedichts.
Eine ganze Reihe von Besuchen der Droste auf Schloß Berg läßt sich nachweisen, im Jahre 1835 am 10. September, vom 6. bis 9. und 23. bis 29. Oktober; im Jahre 1836 vom 14. bis 27. Juni, Ende Juli/Anfang August; 1842 vom 20. bis 25. April; 1843 vom 25. November bis 10. Dezember. Der Aufenthalt Ende Oktober 1835 ist im Eppishausen-Brief an Schlüter eindrucksvoll beschrieben: *vorerst war ich acht Tage lang bei Thurns … ich habe auf diesem Gute … die meiste Zeit am Fenster zugebracht, man sieht die Alpen wie auf unserm Rebhügel, – dort sah ich zuerst das Alpen-Glühen, nämlich dieses Brennen im dunklen Rosenroth, beym Sonnen-Auf- und Untergang, was sie glühendem Eisen gleich macht, und, so häufig die Dichter damit um sich werfen,*

Reinschrift des Gedichts *Die junge Mutter*.

doch nur bey der selten zutreffenden Vereinigung gewisser Wolken-Lagen und Beschaffenheit der Luft statt findet, – eine dunkel lagernde Wolken Masse, in der sich die Sonnenstrahlen brechen, gehört allemahl mit dazu, aber noch sonst Vieles – nun hören Sie – ich sah, daß eine tüchtige Regen-Bank in Nordwest stand, und behielt desto unverrückter meine lieben Alpen im Auge, die noch, zum Greifen hell, vor mir lagen, die Sonne, zum Untergang bereit, stand dem Gewölk nah, und gab eine seltsam gebrochne, aber reizende, Beleuchtung – ich sah nach den Bergen, die recht hell glänzten, aber weiß wie gewöhnlich, als wenn die Sonne sonst auf den Schnee scheint – hatte kein Arg aus einer allmählig lebhafteren, gelblichen, dann röthlichen Färbung, bis sie, mit einem Maale, anfing sich zu steigern, – rosenroth – dunkelroth – blauroth – immer schneller – immer tiefer – ich war außer mir, und hätte in die Knie sinken mögen – ich war allein, und mochte Niemanden rufen aus Furcht etwas zu versäumen, nun zogen die Wolken an das Gebirge, – die feurigen Inseln schwammen in einem schwarzen Meere, – jetzt stieg das Gewölk – Alles ward finster – ich machte mein Fenster zu, steckte den Kopf in die Sopha-Polster, und mochte vorläufig Nichts Anderes sehn noch hörn – Ein anderes Mahl sah ich eine Schneewolke über die Alpen ziehn, während wir hellen Sonnenschein hatten, sie schleifte sich wie ein schleppendes Gewand, von Gipfel zu Gipfel, nahm jeden Berg einzeln unter ihren Mantel, und ließ ihn, bis zum Fuße, weiß zurück, sie zog mit unglaublicher Schnelligkeit, in einer halben Stunde viele Meilen weit, es nahm sich vortrefflich aus ...

Während dieses Aufenthalts wurde die Droste gebeten, ein Gedicht auf des Schloß und seine Bewohner zu verfassen. Ihr Text *Schloß Berg* war ein besonderer Gunstbeweis für die Familie, insbesondere für Johann Theodor von Thurn-Valsassina. Schlüter beschreibt sie die Umstände der Entstehung: *ich hätte ihnen auch gern Etwas zu Liebe gethan, da gab mir denn Emma unter den Fuß, den Papa werde nichts mehr freuen, als ein Gedicht auf sein liebes Schloß Berg, – o weh! das war eine harte Nuß! – was ich soll, das mag ich nie ... indessen machte ich gute Miene zum bösen Spiel, – aber nun wurde mir das Schema vorgelegt ... hören Sie was man einem Menschen zumuthen kann – zwölf Cantone sollt' ich namentlich anführen, ohngefähr eben so viele Haupt-Gebirge, ohngefähr doppelt so viele Haupt-Orte, – die Namen von vier Königreichen – von verschiedenen Gewässern, und die Zahl aller übrigen Orte, welche die Aussicht darbietet ... ich aber sagte mit Wilhelm Tell „fordre was menschlich ist!" und machte ihm begreiflich,*

Schloß Berg von Süden. Heutige Ansicht.

daß Zahlen sich weit besser in einer Rechnung ausnehmen, als in einem Gedicht, – er begriff nur halb, gab nur wenig nach … Nach einiger Anstrengung konnte die Droste schließlich vermelden: *Victoria!* es ist geschehn, und, was das Beste ist, Prosa und Poesie haben noch einen ziemlich guten Accord miteinander getroffen, wenn der Graf Thurn E i n Auge zudrückt, und das Publikum auch E i n s, so wird es schon gehn …

Schloß Berg

Meinem väterlichen Freunde, dem Grafen Theodor, und meinen Freundinnen, den Gräfinnen Emilie und Emma von Thurn-Valsassina, gewidmet.

Ein Nebelsee quillt rauchend aus der Aue,
Und duft'ge Wölkchen treiben durch den
                                                         Raum,
Kaum graut ein Punkt im Osten noch, am
                                                         Thaue
Verlosch des Glühwurms kleine Leuchte kaum.
Horch! leises leises Zirpen unterm Dache
Verkündet daß bereits die Schwalbe wache,
Und um manch' Lager spielt ein später Traum.

Die Stirn gedrückt an meines Fensters Scheiben
Schau sinnend ich in's duft'ge Meer hinein,
Und wie die hellen Wölkchen treiben,
Mein Blick hängt unverwendet an dem Schein.
Ja, dort, dort muß nun bald die Sonne steigen,
Mir ungekannte Herrlichkeit zu zeigen,
Dort ladet mich der Schweizermorgen ein!

So steh ich wirklich denn auf deinem Grunde,
Besung'nes Land, von dem die Fremde
                                                         schwärmt,
Du meines Lebens allerfrühste Kunde,
Aus einer Zeit, die noch das Herz erwärmt,
Als E i n e*, nie vergessen doch entschwunden,
So manche liebe hingeträumte Stunden
An allzu theuren Bildern sich gehärmt.

Wenn sie gemahlt, wie mahlet das Verlangen,
Die Felsenkuppen und den ewgen Schnee,
Wenn um mein Ohr die Alpenglocken klangen,
Vor meinem Auge blitzte auf der See.
Von Schlosses Thurm, mit zitterndem
                                                         Vergnügen,
Ich zahllos sah die blanken Dörfer liegen,
Der Königreiche vier von meiner Höh'.

Mich dünkt noch seh ich ihre blauen Augen,
Die aufwärts schaun mit heiliger Gewalt,
Noch will mein Ohr die weichen Töne saugen,
Wenn echogleich sie am Clavier verhallt;
Und drunten, wo die linden Pappeln wehen,
Noch glaub' ich ihrer Locken Wald zu sehen,
Und ihre zarte schwankende Gestalt.

Wohl war sie gut, wohl war sie klar und milde,
Wohl war sie Allen werth die sie gekannt!
Kein Schatten haftet an dem reinen Bilde,
Man tritt sich näher, wird sie nur genannt.
Und über Thal und Ströme schlingt aufs Neue
Um Alles was sie einst umfaßt mit Treue,
Aus ihrem Grabe sich ein festes Band.

Ihr, ruhend noch in dieser frühen Stunde,
Verehrter Freund, und meine theuren Zween,
Emilia und Emma, unserm Bunde
Gewiß wird lächelnd sie zur Seite stehn;
Ich weiß es, denkend an geliebte Todten
Habt ihr der Fremden eure Hand geboten,
Als hättet ihr seit Jahren sie gesehn.

So bin ich unter euer Dach getreten
Wie eines Bruders Schwelle man berührt,
Eu'r gastlich Dach, wo frommer Treu, im steten
Gefolge, aller Segen wohl gebührt.
Wo Friede wohnt; was kann man Liebres
sagen?
Mag Maylands Krone** dann ein Andrer
tragen,
Und seinen Scepter, den ihr einst geführt!
Schlaft sanft, schlaft wohl! – Ich aber steh' und
lausche
Nach jedem Flöckchen das vergoldet weht,
Ists nicht, als ob der Morgenwind schon
rausche?
Wie's drüben wogt, und rollt, und in sich dreht,
Nun breitet sichs, nun steht es überm Schaume.
Was steigt dort auf? – ein Bild aus kühnem
Traume,
O Säntis, Säntis, deine Majestät!
Bist du es dem ringsum die Lüfte zittern,
Du weißes Haupt mit deinem Klippenkranz?
Ich fühle deinen Blick die Brust erschüttern
Wie überm Duft du riesig stehst im Glanz.
Ja, gleich der Arche über Wogengrimmen
Seh ich in weiter Wolkenflut dich schwimmen,
Im weiten weiten Meere, einsam ganz.

Nein, einsam nicht, – dort taucht es aus den
Wellen,
Caesapiana hebt die Stirne bleich,
Dort ragt der Glärnisch auf – dort seh' ichs
schwellen,
Und Zack' an Zack' entsteigt der Flut zugleich,
O Säntis, wohl mit Recht trägst du die Krone,
Da sieben Fürsten stehn an deinem Throne,
Und unermeßlich ist dein luftig Reich!
Tyrol auch sendet der Verbündung Zeichen,
Es blitzt dir seine kalten Grüße zu;
Welch Hof ist wohl dem deinen zu vergleichen,
Mein grauer stolzer Alpenkönig du!
Die Sonne steigt, schon Strahl an Strahl sie
sendet,
Wie's droben funkelt, wie's das Auge blendet!
Und drunten Alles Dämmrung, Alles Ruh.

So sah ich, unter Mährchen eingeschlafen,
In Träumen einst des Winterfürsten Haus,
Den Eispallast, wo seinen goldnen Schafen
Er täglich streut das Silberfutter aus;
Ja, in der That, sie sind hinab gezogen,
Die goldnen Lämmer, und am Himmelsbogen
Noch sieht man schimmern ihre Wolle kraus!

Doch schau, ist Ebbe in dies Meer getreten?
Es sinkt, es sinkt, und schwärzlich in die Luft
Streckt das Gebirge nun, gleich Riesenbeeten,
Die waldbedeckten Kämme aus dem Duft;
Ha, Menschenwohnungen an allen Enden!
Fast glaub' ich Geis zu sehn vor Fichten-
wänden,
Versteckt nicht Weisbad jene Felsenkluft?

Und immer sinkt es, immer zahllos steigen
Ruinen, Schlösser, Städte an den Strand,
Schon will der Bodensee den Spiegel zeigen
Und wirft gedämpfte Stralen über Land,
Und nun verrinnt die letzte Nebelwelle,
Da steht der Aether, glockenrein und helle,
Die Felsen möcht man greifen mit der Hand!
Wüßt' ich die tausend Punkte nur zu nennen,
Die drüben lauschen aus dem Waldrevier –
Mich dünkt, mit freyem Auge müßt ich kennen
Den Sennen, tretend an die Hüttenthür;
Ob meilenweit, nicht seltsam würd' ichs finden
Säh' in die Schluchten ich den Jäger schwinden,
Und auf der Klippe das verfolgte Thier.

So klar, ein stählern Band, die Thur sich
windet,
Und wie ich lauschend späh' von meiner Höh,
Ein einzger Blick mir zwölf Cantone bindet;
Wo drüben zitternd ruht der Bodensee,
Wo längs dem Strand die Wimpel lässig gleiten,
Vier Königreiche seh' ich dort sich breiten,
Erfüllt ist Alles, ohne Traum und Fee.

Mein stolzer edler Grund, dich möcht ich
nennen
Mein königlich' mein kaiserliches Land!
Wer mag dein Bild von deinen Gletschern
trennen,
Doch Liebres ich in deinen Thälern fand; –
Was klinkt an meine Thür, nach Geisterweise?
Horch! „guten Morgen, Nette" flüsterts leise,
Und meine Emma bietet mir die Hand.

* Auguste, Gräfin von Thurn-Valsassina, Stiftsdame in Freckenhorst, starb an den Folgen des
Heimwehs.
** Die Grafen von Thurn-Valsassina sind ein
ausgewanderter Zweig des lombardischen Ge-
schlechts Della Torre.

Die im Gedicht erwähnte Auguste von Thurn-
Valsassina war eine Schwester des Grafen
Theodor von Thurn-Valsassina. Zur Jugendzeit
der Droste war sie Stiftsdame in Freckenhorst
und hatte gelegentlich Hülshoff besucht.
Auch über den Besuch der Droste in Schloß
Berg vom 20. bis 25. April 1842 wissen wir
Näheres: *Gleich nach Empfang deines Brie-*
fes ... kam Gaugreben, entführte mich nach
Berg, erkältete sich auf dem See, mußte sich
gleich am Abende mit geschwollenem Halse
legen, und ich habe vierzehn Tage nichts tun
können als von einem Bette zum andern wan-
dern, – in dem einen die lahme Frau, im an-
dern dem Ersticken nahe Mann ... (an
Schücking, 5.5.1842). Über denselben Aufenthalt berichtet die Autorin ihrer Mutter: *Ich war*
in Berg, Jenny und Laßberg brachten mich
hin, und da Carl grade seit dem vorigen Tage
Catharr hatte, wollte ich wieder mit zurück,
was sie aber durchaus nicht zugaben, und Carl

Schloß Berg von Osten. Heutige Ansicht.

meinte am andern Tage wieder besser zu seyn, – statt dessen bekam er einen Catharr recht nach Noten, und war dabey so aprehensiv und kläglich wie möglich, dennoch ließen sie mich nicht fort, und ich sah auch wohl daß Emma, die sich mit ihren lahmen Füßen und gesundem Herzen natürlich sehr ennuyirt, mein Bleiben aufrichtig wünschte, auch Carl, so bin ich denn fast 14 Tage geblieben …
Weiterhin enthält der Brief Nachrichten über die Gaugrebenschen Kinder sowie die ebenfalls auf dem Schloß wohnende Tante Emilia von Thurn-Valsassina (gest. 1843). Abschließend bemerkt die Droste, daß sie *froh* gewesen sei, wie sie *die Thür hinter* sich *hatte* (an Therese von Droste-Hülshoff, 15.5.1842).

Auch 1842 gab es über die Familie Gaugreben nichts Erfreuliches zu berichten: *In dieser Zeit hatten wir Hagelschlag diesseits und dann übern See weg auch jenseits, aber in einem so kleinen Strich, daß wir uns anfangs nicht viel darum bekümmerten, bis wir erfuhren, daß es gerade den armen Gaugreben getroffen hatte, so daß ihm auch nicht eine Traube am Stock nicht ein Apfel auf dem Baum geblieben ist …
Der 〈Carl von Gaugreben〉 kann auch von einem Unglücksjahr nachsagen von Leiden und Kosten! Emma so elend – Er so krank, das Kind todt, Hagelschlag – Alles auf einmal!* (an Therese von Droste-Hülshoff, 24.8.1842)

Die letzten Informationen, die wir aus den Briefen der Droste über die Familie von Gaugreben erhalten, beziehen sich auf deren finanzielle Situation, die sich vorübergehend gebessert hatte: *Uebrigens wirst Du aus dem von Mama mitgebrachten Güteretat sehn, daß die Gaugrebenschen Güter sich, seit Carl fort ist, um 800 Reichsthaler reine revenuen gebessert haben, – das sind 1,400 Gulden, wozu 35,000 Gulden Capital gehören würden, – Wenn man nun bedenkt, daß Emma'n nur die Hälfte der Verkaufssumme von Berg gehört, und daß Berg doch noch wohl nicht rein durchgebracht ist, so kann man annehmen, daß die Vermögensumstände sich bisher noch um Nichts verschlimmert haben* (an Jenny von Laßberg, 1.7.1846). Carl von Gaugrebens mangelnder Geschäftssinn führte schließlich dazu, daß der Verkauf des Besitzes im Jahre 1852 unumgänglich wurde. Anschließend zog die Familie nach Bruchhausen in Westfalen.

➤ Von Konstanz aus erreicht man Schloß Berg auf der Straße nach Bischofszell. Im Zentrum des Ortes Berg biegt man rechts in die Leberenstraße ab; am Ende der Straße fährt man rechts und sofort wieder links in die Schloßstraße. Das Schloß ist heute ein Senioren- und Pflegeheim. Es ist nur eine Außenbesichtigung möglich.

BIESSENHOFEN

Die Droste besuchte mehrfach in Biessenhofen die Messe. In ihren nach Eppishausen und später Meersburg adressierten Briefen vergißt sie kaum einmal, dem dortigen Pastor Johann Pfister (gest. 1841) Grüße auszurichten.

➤ Der Ort Biessenhofen liegt etwa zwei Kilometer östlich von Eppishausen.

BISCHOFSZELL

Auch im nächstgrößeren Ort, dem etwa 7 Kilometer südlich von Eppishausen gelegenen

Diese *haarfeine Ausschneiderey für die Emma Gaugreben* zeigt das *Thurnsche Gütchen*, einen Wohnsitz der Familie von Thurn-Valsassina. Die Droste fertigte den Scherenschnitt im Frühjahr 1844 an. Er sei zwar *sehr hübsch geworden, hat mich aber vier Wochen Arbeit und meine halben Augen gekostet* (an Elise Rüdiger, 3.4.1844). Heute befindet sich der Scherenschnitt in Hülshoff.

Bischofszell im Thurgau. Ölbild, Ende 18. Jahrhundert.

Bischofszell, besuchte die Droste gelegentlich sonntags die Messe. Im einem Brief an Schücking aus dem Juni 1844 gibt sie an, sie müsse vor ihrer Heimreise noch einen Abschiedsbesuch in Bischofszell unternehmen. Insbesondere zu dem protestantischen Pfarrer Johann Adam Pupikofer (1797-1882) bestand ein näherer Kontakt. Pupikofer war nach dem Studium der Theologie zunächst Pfarrer in Güttingen am Bodensee. Seit 1820 war er mit Laßberg bekannt und teilte mit ihm die Vorliebe für historische Studien über die Geschichte des Kantons Thurgau. Die Beziehung zwischen Laßberg und Pupikofer, der damals bereits regelmäßig Eppishausen besuchte, gestaltete sich noch enger, als Pupikofer 1821 die Stelle eines Diakons in Bischofszell antrat. Zwischen Laßberg und Pupikofer entwickelte sich eine literarische Zusammenarbeit, die sich für Pupikofers Hauptwerk, die „Geschichte des Thurgaus" (1828 u. 1830), und zahlreiche Arbeiten Laßbergs förderlich erwies und Pupikofer zum „intimsten Kenner des wissenschaftlichen Lebens und Treibens auf dem Schlosse" werden ließ (Otmar Scheiwiller).

Während des Aufenthaltes der Droste in Eppishausen 1835/36 kam es vermutlich zu zahlreichen Begegnungen mit Pupikofer. Über die näheren Umstände des Kontaktes ist jedoch so gut wie nichts bekannt. In den Briefen der Droste wird Pupikofer lediglich in den Grußkatalogen der nach Eppishausen adressierten Briefe genannt. In einem Schreiben Pupikofers vom 9. Oktober – dem einzigen erhaltenen der Korrespondenz Droste-Pupikofer – läßt sich der Schreiber über die „poetischen Ergüsse" eines namentlich nicht genannten „gemeinschaftlichen Freundes" aus; ansonsten ist der Brief von geringem Informationswert.

Außer Pupikofer wird auch die Familie des Bischofszeller Arztes Jacob Christoph Scherb (1771-1848) mehrfach brieflich erwähnt, allerdings ebenfalls ausschließlich in den langen Grußkatalogen.

Kirche in Biessenhofen. Heutige Ansicht.

Haus Guggenbühl bei Erlen.

GLÄRNISCH
Der Glärnisch wird von der Droste zu *meinen lieben Alpen* gezählt (an Schlüter, 19.11.1835), obwohl sie den Bergstock der Glarner Alpen nur aus der Ferne kannte. Erwähnt wird der Gebirgsstock in dem Gedicht *Schloß Berg*.

GUGGENBÜHL
Die Besitzung Guggenbühl bei Erlen in der unmittelbaren Nähe Eppishausens wurde von 1817 bis 1835 von der Familie des Freiherrn Baptist von Streng bewohnt, die 1835 nach Konstanz verzog. Über die Beziehung der Droste zu dieser Familie → S. 110.

▶ Um den kleinen Ort Guggenbühl zu erreichen, biegt man in Erlen in die Poststraße ein, passiert den Bahnhof und setzt den Weg in Richtung Andwil fort. Unmittelbar in Lenzenhaus biegt man rechts nach Guggenbühl ab.

HAUPTWIL
Mehrfach werden im Briefwechsel Daniel und Wilhelmine von Gonzenbach, geb. von Imhoff, erwähnt. Gonzenbach war über Johann Adam Pupikofer mit Laßberg bekannt geworden. Sein Besitztum, Schloß Hauptwil, lag neun Kilometer südlich von Eppishausen. Hauptwil war zeitweilig auch Wohnsitz Carl Heinrich von Imhoffs (→ S. 145), der seine letzten Lebensjahre im Hause seiner Cousine Wilhelmine verbrachte.

Hauptwil. Radierung von J.J. Aschmann.

▶ Der Ort Hauptwil befindet sich etwa 2 Kilometer südlich von Bischofszell an der Straße Richtung St. Gallen. Etwa 200 Meter nach der Kirche vor einer scharfen Linkskurve liegt Schloß Hauptwil auf der rechten Seite. Heute ist dort ein Senioren- und Pflegeheim untergebracht (nur Außenbesichtigung möglich).

ÖTLISHAUSEN

Laßberg hatte das Landgut Ötlishausen, zwei Kilometer nördlich von Bischofszell, als Wohnsitz Therese von Droste-Hülshoffs während ihres Besuches in der Schweiz 1837/1838 angemietet. Die erste Zeit ihres Aufenthalts verbrachte die Mutter der Droste allerdings in Eppishausen: *Mama ist noch in Eppishausen, und sie leben wie die Engel im Himmel, so daß sie noch gar keine Anstalt macht ihr Ötlishausen zu beziehn, wo Mariechen wirthschaftet „weh! einsam und alleine!"* (an Sophie von Haxthausen, 23.10.1837).
Der Einzug ins neue Quartier erfolgte am 8. Dezember 1837. In der Folgezeit kam Therese von Droste-Hülshoff jeweils samstags nach Eppishausen, um „den Sonntag mit Jänny zur Kirche" zu fahren (Brief an die Droste, 10.12.1837). Die Mutter fand an Ötlishausen ihr Gefallen: *Mama ist in Ötlishausen sehr vergnügt, und schreibt „ich thue was ich will, esse und trinke was ich will, habe einen guten Ofen, und fühle mich ganz heimisch* (an Sophie von Haxthausen, 30.12.1837). Ob die Droste das Landgut jemals zu Gesicht bekam, ist nicht bekannt.
▶ Schloß Öttlishausen (heute ein Wirtschaftshof) liegt etwa 5 km südlich von Eppishausen. Man erreicht das Anwesen über Heldswil, wo man in Richtung Hohentannen (Bischofszell) fährt. Eine Abzweigung scharf rechts führt nach Ötlishausen. Zum Schloß, das 1176 erstmals erwähnt wurde, führt an der Kapelle rechts der Schloßweg.

Schloß Hauptwil. Heutige Ansicht.

Postkarte von Schloß Ötlishausen.

St. Gallen mit Säntis. Aquatinta von J.B. Isenring.

RIGI

Der Rigi, ein Bergstock zwischen dem Vierwaldstätter und dem Zuger See, war schon zur Droste-Zeit ein beliebtes touristisches Ausflugsziel. Hier soll Laßberg seiner späteren Frau Jenny seine Liebe gestanden haben. Die Droste kannte den Rigi nur aus Erzählungen, erwähnt ihn aber in ihrem Romanfragment *Bei uns zu Lande auf dem Lande*. Dort heißt es in der Einleitung über einen Edelmann aus der Lausitz: *... habe studirt in Bonn, in Heidelberg, auch auf einer Ferienreise vom Rigi geschaut und die Welt nicht nur weitläufig, sondern sogar überaus schön gefunden.*

SÄNTIS

Den Säntis, höchster Berg der Appenzeller Alpen, konnte die Droste von ihrem Eppishauser Quartier aus sehen. Sie beschreibt ihn Christoph Bernhard Schlüter mit den Worten: *Die Alpen-Häupter ..., denen nicht viel mehr Luft als Keine geblieben, scheinen oft so nah, daß man nur sogleich hinan gehn möchte, ich unterscheide jede Schlucht am Sentis so genau, daß ich meine, wenn ein Gemsjäger daraus hervor träte, ich müßt es sehn, und doch sinds sechs gute Stunden, bergauf, bergab, bis zum Fuße dieses alten Herrn, und zu seinem Gipfel* (Brief vom 19.11.1835).
Ihre Tour ins Appenzeller Land (→ S. 148) führte die Autorin auf den Ebenalpstock unterhalb des Säntis. In einem Zeugnis spricht die Droste von ihrem *lieben Säntis* (an Elise Rüdiger, 3.9.1839). Mit dem folgenden Gedicht hat sie dem Berg ein literarisches Denkmal gesetzt.

Der Säntis

Frühling
Die Rebe blüht, ihr linder Hauch
Durchzieht das thauige Revier,
Und nah' und ferne wiegt die Luft
Vielfarb'ger Blumen bunte Zier.

Wie's um mich gaukelt, wie es summt
Von Vogel, Bien' und Schmetterling,
Wie seine seidnen Wimpel regt
Der Zweig, so jung voll Reben hing.

Noch sucht man gern den Sonnenschein
Und nimmt die trocknen Plätzchen ein;
Denn Nachts schleicht an die Gränze doch
Der landesflücht'ge Winter noch.

O du mein ernst gewalt'ger Greis,
Mein Säntis mit der Locke weiß!
In Felsenblöcke eingemauert,
Von Schneegestöber überschauert,
In Eisespanzer eingeschnürt:
Hu! wie dich schauert, wie dich friert!

Sommer
Du gute Linde, schüttle dich!
Ein wenig Luft, ein schwacher West!
Wo nicht, dann schließe dein Gezweig
So recht, daß Blatt an Blatt sich preßt.

Kein Vogel zirpt, es bellt kein Hund;
Allein die bunte Fliegenbrut
Summt auf und nieder über'n Rain
Und läßt sich rösten in der Glut.

Sogar der Bäume dunkles Laub
Erscheint verdickt und athmet Staub.
Ich liege hier wie ausgedorrt
Und scheuche kaum die Mücken fort.

O Säntis, Säntis! läg' ich doch,
Dort, – grad' an deinem Felsenjoch,

Wo sich grad' sich die kalten, weißen Decken
So frisch und saftig drüben strecken,
Viel tausend blanker Tropfen Spiel;
Glücksel'ger Säntis, dir ist kühl!

Herbst
Wenn ich an einem schönen Tag
Der Mittagsstunde habe Acht,
Und lehne unter meinem Baum
So mitten in der Trauben Pracht:

Wenn die Zeitlose über's Thal
Den amethystnen Teppich webt,
Auf dem der letzte Schmetterling
So schillernd wie der frühste bebt:

Dann denk' ich wenig drüber nach,
Wie's nun verkümmert Tag für Tag,
Und kann mit halbverschlossnem Blick
Vom Lenze träumen und von Glück.

Du mit dem frischgefall'nen Schnee,
Du thust mir in den Augen weh!
Willst uns den Winter schon bereiten:
Von Schlucht zu Schlucht sieht man ihn gleiten,
Und bald, bald wälzt er sich herab
Von dir, o Säntis! ödes Grab!

Winter
Aus Schneegestäub' und Nebelqualm
Bricht endlich doch ein klarer Tag;
Da fliegen alle Fenster auf,
Ein Jeder späht, was er vermag.

Ob jene Blöcke Häuser sind?
Ein Weiher jener ebne Raum?
Fürwahr, in dieser Uniform
Den Glockenthurm erkennt man kaum;

Und alles Leben liegt zerdrückt,
Wie unterm Leichentuch erstickt.
Doch schau! an Horizontes Rand
Begegnet mir lebend'ges Land.

Du starrer Wächter, lass' ihn los
Den Föhn aus deiner Kerker Schooß!
Wo schwärzlich jene Riffe spalten,
Da muß er Quarantaine halten,
Der Fremdling aus der Lombardei;
O Säntis, gib den Thauwind frei!

Erwähnt wird der Säntis auch in ihrem Gedicht *Schloß Berg* (→ S. 152).

SULGEN

Näheren Kontakt unterhielt die Droste zu Leonhard Schilling († 1845). Er war von 1817 bis 1842 Pfarrer in dem vier Kilometer westlich von Eppishausen gelegenen Sulgen, wo die Droste regelmäßig den Gottesdienst besuchte. Schilling, seine Haushälterin (*Hauserin*) und auch deren Neffe Seppi werden in den Briefen nach Eppishausen mit guten Wünschen bedacht. Im Dezember 1837 berichtet Therese von Droste-

Kirche von Sulgen. Heutige Ansicht.

Hülshoff ihrer Tochter: „der Pfarrer von Sulchen friert wie immer, und wird täglich tauber er hat jetz die schönste Katze die ich je gesehn habe, ich muß immer dabey an dich denken, ich habe sie ihm schon abkaufen wollen! aber wenn ich davon anfange denn ist er stocktaub, der alte Herr bahnt noch jede Woche nach Eppishausen, aber eigentlich nicht Er, sondern ⟨die Pferde⟩ Hans und Liese statt seiner, er wird immer abgeholt, und nach Tisch bringen die Kinder ihn wieder zurück" (Brief vom 10.12.1837).
Im Jahr 1842 ging Schillig in Pension: *Der Pfarrer von Sulchen ist mit einer ziemlich guten Pension in den Ruhestand versetzt worden, und nach Bischofszell gezogen, sie sollen sehr traurig gewesen seyn beym Abzuge, die Hauserinn schickte mir durch Lisebeth noch eine Schachtel mit Münzen und Schwefel-Abdrükken die sie Dir früher hatte mitgeben wollen, und ich kaufte ihr dagegen eine recht hübsche Tasse beym Vogel ...* (an Therese von Droste-Hülshoff, 15.5.1842). Von Meersburg aus hat die Droste zumindest noch einmal, am 4. August 1844, Sulgen besucht, wie wir aus dem Tagebuch Jenny von Laßbergs wissen.

▶ Der Ort Sulgen liegt etwa 3 km westlich von Eppishausen auf halber Strecke zwischen Konstanz und Bischofszell.

WILDKIRCHLI → APPENZELLER LAND

ZIHLSCHLACHT

In Zihlschlacht, einem Ort etwa drei Kilometer südöstlich von Eppishausen, wohnte eine Frau, die in den Briefen der Droste und ihrer Mutter

Kirche von Zihlschlacht. Heutige Ansicht.

nur unter dem Namen *Mys Chind von Zielschlacht* erscheint. Ihre Identität konnte nicht aufgehellt werden. Die Droste lernte sie möglicherweise bei einem Besuch in Zihlschlacht am 20. Oktober 1835 kennen. Aus einem Brief Therese von Droste-Hülshoffs an die Droste erfahren wir: „Mies chind von Zielschlacht befindet sich jetz sehr wohl, sie ist seitdem um einen hübschen dicken jungen reicher geworden, den sie in Folge eines Traumes Emanuel genannt hat" (Brief an die Droste, 10.12.1837).

➤ Der Ort Zihlschlacht liegt etwa 3 km südöstlich von Eppishausen an der Straße von Amriswil nach Bischofszell.

LITERATUR (Auswahl)

Werke und Briefe Annette von Droste-Hülshoffs (gekennzeichnet durch *kursive* Schrift) wurden nach der Historisch-kritischen Droste-Ausgabe, hg. von Winfried Woesler, Tübingen 1978 ff. zitiert.

Helmut Bender: *Bodensee- und Hegau-Perspektiven. Land und Leute durch die Jahrhunderte. Von Sebastian Münster bis Ludwig Finckh.* Waldkirch 1984 (Badische Reihe. Nr. 13).

Annette von Droste-Hülshoff. Historisch-kritische Ausgabe. Werke, Briefwechsel. Hg. von Winfried Woesler. Tübingen 1978 ff; insbesondere:

Bd. IX,2: Briefe 1839–1842. Kommentar. Bearbeitet von Jochen Grywatsch. 1997.

Bd. X,2: Briefe 1843–1848. Kommentar. Bearbeitet von Winfried Woesler. 1996.

Maria von Droste-Hülshoff: *Das Fürstenhäuschen der Dichterin Annette Freiin Droste zu Hülshoff. Unveröffentlichte Familienbilder, Briefe, Urkunden.* Meersburg 1926. 2. Aufl. 1928. Neue vermehrte Aufl. hg. von Helen von Bothmer-Davis. Meersburg 1953.

Peter Faessler (Hg.): *Bodensee und Alpen. Die Entdeckung einer Landschaft in der Literatur.* Sigmaringen 1985.

Ulrich Gaier: *Annette von Droste-Hülshoff und ihre literarische Welt am Bodensee.* Marbacher Magazin 66/1993 (Sonderheft).

Walter Gödden: *Annette von Droste-Hülshoff auf Schloß Meersburg.* Meersburg 1993.

Walter Gödden: *Tag für Tag im Leben der Annette von Droste-Hülshoff . Daten, Texte, Dokumente.* Paderborn 1. und 2. Aufl. 1996.

Walter Gödden: *Sehnsucht in die Ferne. Annette von Droste-Hülshoffs Reisen durch die Biedermeierzeit.* Düsseldorf 1996.

Walter Gödden/Jochen Grywatsch: *Annette von Droste-Hülshoff unterwegs. Auf den Spuren der Dichterin durch Westfalen.* Münster 1996.

Martin Harris: *Joseph Maria Christoph Freiherr von Lassberg 1770–1855. Briefinventar und Prosopographie. Mit einer Abhandlung zu Lassbergs Entwicklung zum Altertumsforscher.* Heidelberg 1991.

Karlleopold Hitzfeld: *Hornbach an der Schwarzwaldbahn. Vergangenheit und Gegenwart der Stadt des Hornberger Schießens.* Hornberg. o. J.

Erich Hofmann: *Bilder vom Bodensee. Die Darstellung einer Landschaft von der Buchmalerei bis zur Postkarte.* Texte von Andrea Hofmann. Konstanz 1987.

Adolf Kastner: *Laßberg auf der alten Meersburg.* In: *Joseph von Laßberg. Mittler und Sammler. Aufsätze zu seinem 100. Todestag.* Hg. von Karl S. Bader. Stuttgart 1955, S. 299–377.

Bernd Kortländer: *Droste-Brief an Jenny von Laßberg (August 1836)* ⟨*Die Droste in der Schweiz*⟩, in: Beiträge zur Droste-Forschung. Hg. von Winfried Woesler, Nr. 3, 1974/1975, S. 124–132.

Hubert Naessl: *Die Meersburg. Geschichte, Kunst und Führung.* München, Zürich 1954. 8. Aufl. 1993.

Otmar Scheiwiller: *Annette von Droste-Hülshoff in ihren Beziehungen zur Schweiz.* Teil 1 u. 2. Einsiedeln 1921/1922 u. 1922/1923.

Die Bodenseelandschaft. Alte Ansichten und Schilderungen. Hg. von Max Schefold. 3. Aufl. Sigmaringen 1986.

Doris und Dieter Schiller: *Literaturreisen Bodensee.* Stuttgart 1990.

Thekla Schneider: *Schloß Meersburg am Bodensee. Annette von Droste-Hülshoffs Dichterheim.* 2. Aufl. Friedrichshafen 1925.

Franz Schwarzbauer: *„Das Städtchen ist so angenehm". Annette von Droste-Hülshoff in Meersburg,* in: *Annette von Droste-Hülshoff. Zwischen Fügsamkeit und Selbstverwirklichung.* Ausstellungskatalog hg. im Auftrag der Stadt Münster von Hans Galen. Münster 1997, S. 133–142.

BODENSEE-REISEFÜHRER (Auswahl)

Auto-, Rad- und Wanderatlas Bodensee. rv-Verlag 1992. DM 19.80.

HB Bildatlas Nr. 70. Bodensee – Oberschwaben. DM 16.80.

HB Kunstführer Nr. 14. Konstanz und der Bodensee. 1985. DM 18.80.

ADAC Reisemagazin Nr. 37. Bodensee special. März/April 1997. DM 14.80.

Merian Bodensee. 7/95. DM 14.80.

Der Bodensee. Reiseführer rund um den Bodensee mit zahlreichen Stadt- und Übersichtsplänen. Kunstverlag Edm. von König. Heidelberg 1997. DM 7.00.

Der Bodensee. Touristischer Reiseführer entlang dem gesamten Ufer mit einem Ausflug zum Rheinfall. Kraichgau-Verlag Upstadt-Weiher 1997. DM 9.80.

WEITERE INFORMATIONEN

Tourist Information Konstanz. Bahnhofsplatz 15. 78462 Konstanz.

Kur- und Verkehrsverwaltung Meersburg. Kirchplatz 4. 88709 Meersburg.

Altes Schloß Meersburg. 88709 Meersburg.

Neues Schloß Meersburg. 88709 Meersburg.

Fürstenhäusle. Stettener Straße. 88709 Meersburg.

Verkehrsbüro St. Gallen. Bahnhofsplatz 1a. CH-9001 St. Gallen.

Kurverwaltung Überlingen. 88662 Überlingen.

Bücher im TURM-VERLAG, Meersburg

Walter Gödden
**Annette von Droste-Hülshoff
auf Schloß Meersburg**
Die Lebensjahre am Bodensee im
Spiegel ihrer Dichtung und Briefe

Mehrere Jahre hat Annette von
Droste-Hülshoff am Bodensee zugebracht, eine Zeit, die bleibende biographische und literarische Spuren
hinterlassen hat. Hier entstanden
viele ihrer schönsten Gedichte, und
von hier schrieb sie Briefe, die zu
den besten der deutschen Briefliteratur zählen.
Walter Gödden geht solchen Spuren
nach und kann dabei aus vielen bisher unbekannten Quellen schöpfen.

1993, 143 Seiten, 27 Abb.,
DM 22,80 ISBN 3-929874-00-8

Doris Maurer
**Annette von Droste-Hülshoff –
Biographie**

Sprachlich lebhaft, unterhaltsam und
mit großer Sachkompetenz porträtiert Doris Maurer das Leben der
großen deutschen Dichterin. Sie
rückt Klischees und Mystifizierungen zurecht und läßt Raum für
eigene Schlüsse.
Ein Buch, das nicht zuletzt durch
zahlreiche Briefstellen und Zitate
eine lebendige Begegnung mit
Annette von Droste-Hülshoff
ermöglicht. Ein Buch für jeden
Droste-Verehrer, aber gerade auch
für junge Leute, die einen Zugang
zum Leben und Werk der Dichterin
suchen.

1996, 2. Ausgabe 1997, 263 Seiten,
42 Abb., DM 26,80
ISBN 3-929874-01-6

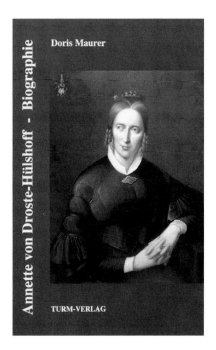

BILDQUELLEN

Fotoarchiv Karl Heinz Baltzer: S. 10, 11, 12, 14, 22, 23, 24, 25, 30, 37, 40 (beide), 42, 43, 44, 45, 46, 47, 48, 50, 51, 59, 62, 65, 66, 68, 71 (unten), 73, 74, 82 (unten), 83, 84, 85, 93, 96 (unten), 97, (oben), 104, 105, 107, 109 (unten), 113, 117 (beide), 122, 130, 137, 141, 142 (unten), 144 (beide), 146, 152; Fotoarchiv Dr. Jochen Grywatsch: S. 99 (unten), 101 (unten), 143, 150 (oben), 154 (oben), 155 (unten), 156 (oben), 157 (oben), 159, 160; Museum für Post und Kommunikation, Bonn: S. 125, 129, 190; Schloß Hersberg, Immenstaad: S. 106; Rosgartenmuseum Konstanz: S. 13, 19, 27, 28, 32, 56 (oben), 57, 61, 64 (beide), 81, 96 (oben), 97 (unten), 98 (unten), 101 (oben), 110, 111, 112, 113 (beide), 115, 116, 120 (beide); Schiller Nationalmuseum/Deutsches Literaturarchiv, Marbach am Neckar: S. 33 (beide), 119; Stadtarchiv Meersburg: S. 15, 56 (unten), 63, 69, 71 (oben), 75, 76, 77, 86, 89, 99 (oben), 102/103; Fürstenhäusle, Meersburg: S. 72, 82 (oben); Westfälisches Amt für Denkmalpflege, Münster: S. 20, 21, 26, 35, 49, 88, 139, 140, 142 (oben), 150 (unten), 151; Westfälisches Landesmuseum für Kunst und Kulturgeschichte, Münster: S. 128 (oben); Landesvermessungsamt Baden-Württemberg, Stuttgart: S. 94/95, 126/127; Bildvorlagen: S. 55 nach Historisch-kritische Droste-Ausgabe. Hrsg. von Winfried Woesler. Bd. X,2: Briefe 1843–1848. Kommentar. Tübingen 1996, Abb. 1; S. 98 nach Der Bodensee in alten Bildern. Hrsg. von Maria Schlandt. Innsbruck 1977; S. 108 nach Karlleopold Hitzfeld: Hornbach an der Schwarzwaldbahn. Vergangenheit und Gegenwart der Stadt des Hornberger Schießens. Hornberg o. J.; S. 109 (oben) nach Erich Hofmann: Bilder vom Bodensee. Die Darstellung einer Landschaft von der Buchmalerei bis zur Postkarte. Konstanz 1987, S. 76; S. 118, 155 (oben), 156 (unten), 158 nach Die Bodenseelandschaft. Alte Ansichten und Schilderungen. Hrsg. von Max Schefold. 3. Aufl. Sigmaringen 1986, S. 135, 248, 257, 258; S. 128 (unten) nach Zug der Zeit – Zeit der Züge. Ausstellungskatalog. Berlin 1985; S. 131, 132 nach Walter Gödden: Sehnsucht in die Ferne. Annette von Droste-Hülshoffs Reisen durch die Biedermeierzeit. Düsseldorf 1996, S. 36, 58; S. 154 (unten) nach Karl Schulte Kemminghausen, Winfried Woesler: Annette von Droste-Hülshoff. 4., in Text und Bild völlig veränd. Aufl. München 1981, S. 23.

ANNETTE IN WESTFALEN

Annette von
Droste-Hülshoff
unterwegs

Auf den Spuren der
Dichterin durch Westfalen

von Walter Gödden
und Jochen Grywatsch

4. Auflage
188 Seiten,
165 Abbildungen,
DM 19,80,
ISBN 3-87023-076-2
Ardey Verlag

Das Buch der beiden renommierten Droste-Forscher Walter Gödden und Jochen Grywatsch führt Sie durch Westfalen mit den Augen der Droste. Ausgewählte Stationen ihres Lebens werden durch ausführliche Textpassagen und zeitgenössische Bilder vorgestellt und illustriert. Dieses Buch beschränkt sich nicht auf literarische „Highlights", sondern schildert in anschaulicher Weise das alltägliche Leben Annettes. Der Leser nimmt an den vielen Reisen durch Westfalen teil, und erfährt dabei viel vom persönlichen Umfeld der berühmten Autorin, den Beziehungen zu Verwandten und Freunden, den Veränderungen, Hoffnungen und auch Enttäuschungen, kurz, dem Menschen hinter der Schriftstellerin. Besonderer Augenmerk wurde auf die Wiederauffindbarkeit der Stätten durch den heutigen Leser gelegt.
Sehen Sie Westfalen, wie sie es sah!

In jeder Buchhandlung erhältlich.
Ardey Verlag, Bohlweg 22, 48147 Münster

REGISTER

Nicht aufgenommen wurden Namen, die nur beiläufig, z. B. in den Briefen der Droste, erwähnt sind.

Arndts, Bertha 51
Arnim, Bettina von (geb. Brentano) 62

Bannhard, Friedrich 111
Baumbach, Wilhelm von 39, 58, 60, 68
Benn, Gottfried 48
Bocholtz-Asseburg, Familie von 50
Bornstedt, Luise 58, 148
Bothe, Friedrich Heinrich 34
Bothmer, Heinrich von 88
Bothmer, Helen von (geb. Davis) 88
Brechtel, Franz Joachim 147
Brenken, Carl Friedrich von 148
Brenken, Familie von 50, 93, 104
Brenken, Reinhard von 21, 24
Brentano, Clemens 62
Brentano, Maximiliane (geb. von Franck, gen. von La Roche) 62
Brun, Friderike 137

Cotta von Cottendorf, Johann Georg 15, 34, 40, 43, 81, 130

Droste-Hülshoff, Betty von 65, 74
Droste-Hülshoff, Carl von 88
Droste-Hülshoff, Clemens von (Vetter) 125
Droste-Hülshoff, Elisabeth von (Nichte) 51
Droste-Hülshoff, Heinrich von 131
Droste-Hülshoff, Marie von (geb. von Bothmer) 88
Droste-Hülshoff, Pauline von 15, 65, 74, 75, 131, 133, 140
Droste-Hülshoff, Therese von (geb. von Haxthausen) 20, 21, 29, 35, 39, 50, 60, 62, 68, 69, 75, 87, 116, 128, 130, 139, 146, 147, 157, 160
Droste-Hülshoff, Werner von 86, 87, 131, 138
Droste-Vischering, Johanna von 131
DuMont-Schauberg, Carl Joseph Daniel 147

Figel, Johann Baptist 7, 28, 66, 68, 72, 74, 75, 77
Flink, Johannes 64, 65, 75
Freiligrath, Ferdinand 36, 40, 42
Frommann, Georg Karl 34
Fürstenberg, Carl Egon von 31
Fürstenberg, Elisabeth von 101, 104, 139

Gaugreben, Carl von 29, 145, 148, 150, 153, 154
Gaugreben, Emma von (geb. von Thurn-Valsassina) 145, 148, 150, 153
Gaugreben, Familie 68, 110
Gaugreben, Thekla von 150
Geßner, Salomon 137
Goethe, Johann Wolfgang von 137
Gonzenbach, Familie von 145, 156

Görres, Guido 36
Görres, Joseph 36
Görres, Maria (geb. Vespermann) 36
Grimm, Jacob 30, 33

Haller, Albrecht von 137, 146
Harnisch, Otto Siegfried 147
Hassenpflug, Amalie 115
Hassenpflug, Ludwig 115
Hauff, Hermann 68, 69
Haxthausen, August von 15, 21, 36, 39, 110, 115
Haxthausen, Carl von 141, 148
Haxthausen, Moritz von 125
Haxthausen, Sophie von 50, 85, 146
Haxthausen, Werner von 16, 115, 125, 139, 145
Heereman-Zuydtwyck, Amalie von 145
Herwegh, Georg 28
Hibschenberger, Christian 74
Hoffmann von Fallersleben, August Heinrich 30
Holbein, Franz Ignatz von 70
Hufschmid, Maximilian 24, 58, 60
Hug, Johann Leonard 24

Imhoff, Karl Heinrich von 145, 156
Ittner, Charlotte von 110

Jung, Alexander 58, 59, 65, 67
Junkmann, Wilhelm 40, 59

Kappelhoff, Lisette 130
Kerckerinck-Borg, Maximilian von 115, 130
Kerner, Justinus 30
Kessel, Familie von 25, 58, 60, 61, 62, 68
Knabenhans, (Dr.) 145
Konrad von Würzburg 140
Kotzebue, August von 56
Kraus, (Dr.) 63, 67

Laßberg, Alexander von 37
Laßberg, Carl von 26
Laßberg, Familie 35
Laßberg, Hildegard und Hildegunde von 22, 24, 25, 26, 36, 48, 65, 68, 72, 86, 88
Laßberg, Jenny von (geb. von Droste-Hülshoff) 11, 13, 16, 20, 21, 24, 25, 26, 32, 37, 42, 43, 48, 50, 51, 58, 61, 65, 67, 68, 69, 70, 72, 81, 82, 85, 86, 88, 89, 93, 97, 100, 104, 108, 111, 113, 125, 129, 139, 141, 144, 146, 147, 148, 153, 157, 158
Laßberg, Joseph von 7, 19, 20, 21, 22, 24, 26, 30, 31, 32, 33, 37, 38, 39, 44, 48, 51, 52, 60, 66, 67, 68, 72, 76, 89, 93, 100, 101, 104, 106, 107, 108, 111, 113, 114, 115, 116, 119, 125, 139, 140, 144, 145, 146, 147, 153, 158
Lebrun, Franz 70

Lechner, Leonhard 147
Lenau, Nikolaus 81
Liebenau, Hermann von 51, 101
Luschka, August 63
Luschka, Hubert 63, 68, 88

Madroux, Ludwig von 51
Maßmann, Ferdinand 147
Matthisson, Friedrich von 137
Meinhold, Wilhelm 111
Mertens-Schaaffhausen, Sibylle 125

Nabholz, Philipp 64, 65

Oken, Lorenz 33

Pearsall of Willsbridge, Robert Lucas 120, 121, 122
Pearsall, Philippa 25, 43, 83, 105, 119, 120, 121, 122
Pestalozzi, Johann Heinrich 64
Pfeiffer, Franz 39, 118, 119, 139
Pfister, Johann 145, 154
Pupikofer, Johann Adam 139, 145, 155

Regnard, Jacob 147
Reuchlin, Hermann 34, 35, 36, 97, 130
Richter, Ludwig 57
Roth zu Bußmannshausen und Orsenhausen, Familie von 81
Rüdiger, Elise (geb. von Hohenhausen) 13, 15, 24, 26, 28, 33, 35, 39, 49, 73, 77, 81, 84, 87, 98, 106, 121, 130, 133, 148, 149

Salm-Reifferscheidt, Auguste von 108
Salm-Reifferscheidt, Charlotte von (geb. Prinzessin zu Hohenlohe-Waldenburg-Bartenstein-Jagstberg) 25, 45, 48, 50, 105, 106, 107, 108, 119
Salm-Reifferscheidt, Constantin Fürst von 105, 106
Scherb, Familie 145, 155
Schillig, Leonhard 145, 159
Schlüter, Christoph Bernhard 21, 59, 138, 141, 144, 151, 158
Schönhuth, Ottmar 31, 145, 147
Schopenhauer, Johanna 128
Schott, Albert 36, 118
Schücking, Levin 7, 12, 13, 14, 21, 22, 24, 25, 27, 28, 29, 30, 31, 32, 37, 38, 39, 40, 42, 43, 44, 45, 46, 47, 48, 61, 63, 67, 68, 69, 71, 72, 73, 74, 75, 76, 77, 85, 112, 113
Schücking, Louise (geb. von Gall) 25, 29, 40, 43, 46, 47, 75, 76, 77, 78, 121
Schwab, Gustav 30
Senft, Rupert 89
Spiegel, Ferdinand August Graf von 34
Spitzweg, Carl 58
Sprickmann, Anton Mathias 137
Stadelhofer, Joseph 75
Stadelhofer, Karl 75

Stälin, Christoph Friedrich 118, 119
Stantz, Ludwig 39, 65, 68, 110, 111, 145
Stiele, F. Xaver 56, 66, 67, 68, 110, 111
Stolberg, Friedrich Leopold zu 137
Streng, Familie von 58, 110, 145, 156
Streng, Johann Baptist von 110, 111
Streng, Luise von 146

Thielmann, Julie von 138
Thielmann, Wilhelmine von (geb. von Charpentier) 138
Thumb, Peter 93
Thurn-Valsassina, Auguste von 153
Thurn-Valsassina, Familie von 111, 144, 145, 147, 149
Thurn-Valsassina, Johann Theodor von 150, 151
Tscheppe, Ferdinand 63, 67, 69
Turini, Gregorio 147

Uhland, Ludwig 30, 33, 36, 38, 81, 145

Vogel, Johann 67, 69, 159

Weber, Karl August 58, 65
Wessenberg, Ignatz Heinrich von 33, 34, 110, 111
Wilhelm I. von Württemberg 112
Wintgen, Anna von 117
Wintgen, Rosine von 35, 116, 117
Wintgen, Schwestern von 35, 93, 119
Wolff-Metternich, Friederich von 116
Wurschbauer (Theaterleiter) 70, 71

Zeerleder von Steinegg, Bernhard 50, 146, 147